Hanspeter Brode

Günter Grass

Verlag C.H. Beck
Verlag edition text + kritik

Die ‚Autorenbücher‘ sind eine Gemeinschaftsproduktion
der Verlage C. H. Beck und edition text + kritik

Dem Andenken meiner verstorbenen Eltern
Dr. Hans Brode und Gertrud Brode
gewidmet

CIP-Kurztitelaufnahme der Deutschen Bibliothek

Brode, Hanspeter:
Günter Grass / Hanspeter Brode. – München: Beck;
[München]: Verlag edition text + kritik, 1979.
  (Autorenbücher 17)
  ISBN 3 406 07437 5

ISBN 3 406 07437 5

Umschlagentwurf von Dieter Vollendorf, München
Foto: Isolde Ohlbaum, München
© C.H.Beck'sche Verlagsbuchhandlung (Oscar Beck), München 1979
Gesamtherstellung: C. H. Beck'sche Buchdruckerei, Nördlingen
Printed in Germany

Inhalt

I. Vorbemerkung

Der internationale Erfolg der ‚Blechtrommel'-Verfilmung von Volker Schlöndorff (Goldene Palme in Cannes, 1979) unterstrich einmal mehr, daß Günter Grass am Ende der siebziger und zu Beginn der achtziger Jahre europäische Beachtung findet; sein Name gilt weit über die einheimischen Grenzen hinaus als Gütesiegel nicht nur der deutschen, sondern der Literatur der westlichen Welt überhaupt. Das vorliegende Autorenbuch möchte den Zugang eröffnen zu dem vieldiskutierten und bei aller Verbreitung doch überaus schwierigen Oeuvre dieses Schriftstellers.

Da es sich hier zunächst um eine Einführung handelt, stehen im Mittelpunkt der Abschnitte über einzelne Werke jeweils möglichst exakte Inhaltsbeschreibungen – allerdings nicht als unprofilierte Stoffanhäufung, sondern jeweils zugeschnitten auf bestimmte Gesichtspunkte und Problemaspekte. Die Interpretationsfeindlichkeit Grasscher Texte – manchem ein Schrecken, für viele aber auch Anreiz – hat der Leserschaft dieses Autors noch stets Mühe bereitet. Gerade deshalb erscheint es notwendig, Vororientierung, Verständnishilfe, aber ebenso Leseanregung zu vermitteln. Wert gelegt wurde vor allem darauf, Konstruktionsprinzipien der Grass-Werke offenzulegen. Grass ist ein konsequenter Textingenieur, der seine Großprojekte quasi am Reißbrett entwickelt, auch wenn dies auf Anhieb gerade jenen Lesern nicht einleuchten mag, die sich von der Phantasiegewalt dieses Schriftstellers in Bann schlagen lassen. Der Grundriß der voluminösen, allein schon vom Umfang her überaus anspruchsvollen Bücher läßt sich erst nach mehrfacher intensiver Lektüre überblicken. Mit diesem Autorenbuch wird dem Leser – als Vademecum gewissermaßen – ein Hilfsmittel an die Hand gegeben, das den schwierigen Lernprozeß, den die Auseinandersetzung mit Grass-Texten nun einmal bedeutet, vielleicht um einiges abkürzt und erleichtert.

Denken, Schreiben und Agieren von Grass sind als Einheit zu begreifen. Wer sich auf Grassche Werke einläßt, darf auch die politische Tätigkeit dieses Schriftstellers nicht aus dem Blick verlieren – den von Anhängern wie Gegnern oft behaupteten Bruch zwischen künstlerischer Produktion und politischem Engagement gibt es schwerlich. Der Zusammenhang etwa zwischen den Grasschen Wahlreden von 1965 und dem 1966 aufgeführten Theaterstück ‚Die Plebejer proben den Aufstand‘ ist so zwingend, daß seine Vernachlässigung unvertretbar erscheint. Lyrik und politische Theorie, Theaterarbeit und Prosawerk, Graphik und Vers hängen bei Grass, der immer auf mehreren Feldern zugleich tätig und produktiv war, unbestreitbar zusammen. Die politischen Reden von Grass enthalten zahllose Winke, die sich der Interpret des Erzählwerkes nutzbar machen sollte.

Grass trat Ende der fünfziger Jahre als heftiger Provokateur auf; moralische und kirchliche Tabus und die Verdrängung der Nazizeit waren die wichtigsten Gegenstände, an denen sein Fabulieren sich entzündete. Die Liberalisierung der bundesdeutschen Gesellschaft seit Mitte der sechziger Jahre brachte einen tiefgreifenden Wandel des Grass-Bildes mit sich; dazu trug gewiß auch das eher gemäßigte, zu Zeiten der Kanzlerschaft Willy Brandts geradezu staatstragende Wahlkampfengagement von Grass bei. Er, der zunächst mit Prädikaten wie ‚Pornograph‘ und ‚Blasphemiker‘ ausgestattet wurde und dessen sogenannte ‚Ferkeleien‘ denjenigen zupaß kamen, die mit kraftvollen Feindbildern zu operieren gedachten, wurde vom literarischen ‚Blechtrommler‘ und Bürgerschreck zum anerkannten Meister, zuletzt gar zu einer ,,Art Thomas Mann der siebziger Jahre" (SP 18/79, 184), wie der SPIEGEL aus Anlaß der ‚Blechtrommel‘-Verfilmung vermutete.

Auch das Grassche Selbstverständnis scheint gewandelt: Zunehmend meldet er sich in der auswärtigen Publizistik, etwa in USA, Italien und Frankreich zu Wort. Grass hat beste Chan-

cen, zu einem der literarischen Sprecher des zusammenrücken-
den Europa zu werden. Sein Weg stellt sich folglich dar als
Aufstieg vom Störenfried und Tabuzertrümmerer der deutschen Adenauerjahre zum multimedial verbreiteten EG-Klassi-
ker. Diese Karriere von ihrer deutschen Startbasis aus wenigstens andeutungsweise nachzuzeichnen, gehört zu den Aufgaben des Autorenbuches.

II. Biographische Aspekte

Günter Grass wurde am 16. Oktober 1927 in Danzig geboren. Zu Herkunft und häuslichem Milieu hat er sich verschiedentlich geäußert. „Der Hintergrund war bei meinem Vater", so sagte er 1979 zu der französischen Publizistin Nicole Casanova, „Arbeiter und Handwerker, Tischler. Mein Großvater väterlicherseits hatte zum Schluß eine mittelgroße Tischlerei mit Gesellen und Lehrlingen, so wie ich es in den ‚Hundejahren' beschrieben habe." Ein zentraler Schauplatz jenes Romans von 1963 ist in der Tat Werkstatt, Wohnhaus und zugehöriger Hof der Tischlerei des „Friedrich Liebenau" in Danzig-Langfuhr. Das „zweite Buch" des Romans stammt aus der Feder des Tischlersohns „Harry Liebenau", er schreibt im Rahmen eines fiktiven Autorenkollektivs: ein Panorama der Nazi-Jahre zwischen 1933 und 1945. Von diesem großväterlichen Tischlerhof stammt der Rüde „Harras", der den Hund „Prinz" zeugt, welcher dann als Hitlers Lieblingstier zum Angelpunkt des großen Romans wird; auf ihn verweist die Metapher der „Hundejahre" im wörtlichen Sinne.

Der Vater von Grass war Inhaber eines Kolonialwarenladens in der Danziger Vorstadt. Autobiographische Zeugnisse hierzu scheint es kaum zu geben; das Kleinbürgermilieu der ‚Blechtrommel' mit ihrem regional engen Zuschnitt rund um den Langfuhrer „Labesweg" legt jedoch beredtes Zeugnis ab von Kindheitsstätte und Sozialklima, aus denen Grass kommt.

Zur Herkunft der Mutter hat Grass angemerkt: „Mütterlicherseits kommen die Kaschuben" – ein altslawischer Stamm mit eigener Sprache und Kultur, Grass hat jedoch nie Kaschubisch gelernt – „vom Land, und ein Teil der Familie lebt heute noch dort." Im ‚Tagebuch einer Schnecke' gibt Grass Auskunft über die damalige und heutige Situation jener Kaschuben im Umkreis des Städtchens Karthaus, heute Kartuzy (Ta 148 f.), wenige Kilometer südwestlich von Danzig. Einen Besuch bei seinen ungläubig staunenden Anverwandten, bei der „kaschubischen Großtante Anna" nämlich („Erst als ich ihr meinen Paß zeigte, glaubte sie mir: ‚Nu Ginterchen, biss abä groß jeworden'"), hat Grass geschildert (Mb 84); und noch im ‚Butt' (1977) heißt es mit unverhohlenem Stolz: „Schließlich sind wir Kaschuben alle über paar Feldwege miteinander verwandt" (Bu 636). In der Tat hat es Grass trefflich verstanden, sich mittels oftmaliger Hinweise aufs mütterlich Kaschubische eine Art östlicher Exotik zuzulegen[1], ein Gutteil seines Werkes mag aus dem, abermals laut ‚Butt', „kaschubischen Legendensumpf" (Bu 371) stammen.

Das soziale Milieu, aus dem die Familie mütterlicherseits herrührt, hat Grass näher beleuchtet: „Die haben so kleine Bauernhöfe gehabt, mit Hühnern, einer Kuh, zwei Schweinen und ein paar Morgen Kartoffelland, ein bißchen Gerste, ein paar Apfelbäumen. Das reichte nie ganz. Und entweder der Bauer oder sein Bruder oder die Kinder des Bauern haben außerdem noch in der ländlichen Industrie gearbeitet." Besonders das knapp skizzierte Umfeld der Großmutter Anna Koljaiczek im ersten und zweiten Buch der ‚Blechtrommel' gibt davon einen Begriff. „Dieser ländliche proletarische Hintergrund", fügte Grass im Gespräch mit Nicole Casanova hinzu, „veränderte sich in dem Moment, in dem die Eltern meiner Mutter vom Land in die Stadt gingen, nach Danzig. Sie wurden Stadt-Kaschuben, sprachen dann deutsch und hatten natürlich den Hang, wie Proletarier der ganzen Welt ... sie wollten Kleinbürger werden" (SP 14/79, 219).

Damit ist jene soziale Schicht benannt, auf welche Grass sich als Erzähler immer wieder berufen hat, der er Legitimation wie Selbstverständnis verdankt. So äußerte er 1965 gegenüber dem SPIEGEL: „Ich bin selbst in kleinbürgerlichen Verhältnissen aufgewachsen. Ich schildere, was ich weiß und was ich gesehen habe, mit literarischen Mitteln; das heißt: Die Dinge stellen sich selbst dar. Daß es dabei zur Groteske kommt, liegt auf der Hand. Aber mit einer antibürgerlichen Haltung ließe sich das

11

Kleinbürgertum gar nicht darstellen" (PW 47). Und ergänzend in der 1967 in Israel vorgetragenen ‚Rede von der Gewöhnung', und zwar über seine deutschen Landsleute ganz allgemein: ,,Mit Vorliebe zeichne ich den Mief ihrer kleinbürgerlichen Träume nach, ob er nun sozialistisch oder christlich, konservativ oder liberal gefärbt ist. Ich komme aus solch kleinbürgerlichen Verhältnissen und habe Anteil an diesem Mief",(Se 129).

Der Aspekt des ‚Kleinbürgerlichen' scheint so bedeutsam für Werk und Denken von Grass, daß er immer wieder zu betonen und als Schlüsselgesichtspunkt für die Gesamtexistenz dieses Schriftstellers im Auge zu behalten ist. Denn Grass kann als Politiker wie als Künstler weder im herkömmlich bürgerlichen Vorstellungsrahmen verstanden werden wie manche seiner mit Abitur und Hochschulstudium versehenen schreibenden deutschen Zeitgenossen (etwa Walser und Enzensberger); noch gibt es auffällige und provokativ antibürgerliche Züge bei ihm. Dies gilt vor allem auch für seine politische Arbeit, für ein Feld also, auf dem der Einzelgänger Grass sich besonders markant von bürgerlichen wie antibürgerlichen Moden zu distanzieren pflegt.

Ebensowenig jedoch läßt sich Grass auf eine proletarische, ‚plebejische' Tradition verpflichten. Wenn der mit politischem Kleinkram sich herumschlagende ‚Bürger' Grass sein Verhältnis zur Sozialdemokratie kennzeichnet – so 1971 im Gespräch mit Leo Bauer –, hält er fest: ,,Ich bin kein geborener Sozialdemokrat, sondern ein gelernter, was wiederum heißt, daß Sozialdemokratie für mich kein fixer Zustand ist, sondern aufgrund der Evolutionstheorie ein Zustand, der dauernd im Wechsel begriffen ist" (Bü 98): Bei Grass vereint sich also Mangel an herkunftsgeprägten Denkzwängen mit intellektueller Mobilität, beides ableitbar aus den kleinbürgerlichen Startbedingungen.

Verfolgen wir zunächst chronologisch die Lebensumstände von Grass. Als ,,Hintergrund, in dem ich aufgewachsen bin" hat der Schriftsteller überliefert: ,,Eine Zweizimmer-Wohnung ohne Bad mit winziger Küche und Toilette auf dem Flur für vier Mietparteien. Ich habe also nie ein eigenes Zimmer gehabt als Kind, was sehr prägend für mich gewesen ist" (SP 14/79, 219). Im ‚Schneckentagebuch‘, das überhaupt als autobiographischer Versuch gelesen werden kann, steht dazu im einzelnen: „Als ich zwölf war" – nämlich Ende 1939 – „war der Krieg sechs Wochen alt." Statt eines eigenen Zimmers hatte Grass als Kind eine „Nische unter dem rechten Fensterbrett". Seine um drei Jahre jüngere Schwester (sie wurde später in der Schweiz Hebamme) Waltraut besaß die Nische „unter dem Fensterbrett des linken Wohnzimmerfensters". Den üblen Zeitläuften gemäß habe er in seiner Nische „schön gezackte Granatsplitter gesammelt". Psychoanalytisch geschulte Betrachter werden folgenden Satz aufmerksam registrieren: „Denn als ich zwölf war und meine Schwester Waltraut neun, hörte ich, weil ich wach lag im Dunkeln, alles: den fortgesetzten Streit, die Liebe im Bett als Geräusch und den Schlaf der Eltern" (Ta 299f.). Gewiß hat der wilde Protest, den Oskar Matzerath angesichts kleinbürgerlicher Perspektivenlosigkeit und beklemmender Familienenge aufs Blech trommelt, hier seine autobiographischen Wurzeln.

Günter Grass war fünf Jahre alt, als die Nazis in Deutschland die Macht ergriffen; seine Jugend stand notgedrungen unter diesem Vorzeichen, auch wenn die Heimatstadt Danzig zunächst vom Völkerbund als Freistaat verwaltet und erst nach Kriegsbeginn und militärischer Ausschaltung Polens dem Deutschen Reich einverleibt wurde. Grass durchlief die normalen Stationen jener Hitlerjahre: „Mit zehn Jahren war ich Mitglied des Jungvolkes, mit vierzehn Jahren in die Hitlerjugend eingegliedert. Als Fünfzehnjähriger" – also etwa 1943 – „nannte ich mich Luftwaffenhelfer. Als Siebzehnjähriger war ich ein Panzerschütze" (Se 91), führte Grass 1966 in einer Wahlrede aus. Als Schüler bereits zeichnete und malte Grass, als 13jähriger soll er, angeregt durch ein Preisausschreiben der NS-Schulzeitschrift „Hilf mit!", einen nicht erhaltenen Roman ‚Die Kaschuben‘ zu Papier gebracht haben (SP 36/63, 66).

Bis etwa 1943, also bis zum 15. Lebensjahr, besuchte Grass Danziger Schulen, zuletzt ein Gymnasium – ‚Blechtrommel‘, ‚Katz und Maus‘ und ‚Hundejahre‘ spiegeln noch sehr greifbar wider, welchen fast magischen Glanz jene Bildungsstätten für den kleinbürgerlichen Außenseiter Grass ausstrahlten. Kriegsbedingt, gewiß auch familiär motiviert, brach die Grassche Bildungskarriere gegen Ende des Krieges ab, vermutlich vor der mittleren Reife. Noch die kraus autistischen Lernanstrengungen Oskar Matzeraths in der ‚Blechtrommel‘, wo der Held ja nicht einmal zur Primarschule zugelassen wird und sich auf eigene Faust ‚bilden‘ muß, reflektieren in grotesker Verzerrung ein weiteres Charakteristikum von Grass: die originelle, völlig eigenwillige Aneignung dessen, was im stockigen Lernalltag als ‚Bildungsgüter‘ firmiert. Inhaltliches und methodisches Wissen und Können, kulturelle Normen und Werthaltungen – Grass hat sie nicht auf dem Wege normalbürgerlicher Sozialisation mitbekommen, vielmehr sah er sich genötigt, sich zu ihnen selbsttätig Zugang zu verschaffen. Von den damit verbundenen Isolations- und Fremdheitsängsten ist vieles in den verzweifelten outcast Oskar eingegangen, bei dem offenbar neben anderem auch soziale Minderwertigkeit umgesetzt ist in psychosomatische Defekte.

Bezeichnend ist, daß Grass nach dem Krieg einen neuerlichen Versuch, das Abitur in Göttingen nachzumachen, alsbald abbrach: ,,Als der Geschichtslehrer von der Emser Depesche anfing, hatte ich die Nase voll'' (SP 36/63, 69), berichtete er später. Die bildungsbürgerliche Kulturlaufbahn kam also nicht infrage, Grass studierte auf eigene Faust jene Materien, die später Voraussetzung von künstlerischer Hervorbringung und politischem Handeln wurden.

Im schon erwähnten Interview mit Nicole Casanova hieß es denn auch: ,,Ich bin ein ausgesprochener Autodidakt. Ich bin ein ungebildeter oder nur partiell gebildeter junger Mann gewesen. Mit 15 Jahren hörte bei mir die Schule auf, und als ich ernsthaft zum erstenmal ein längeres Manuskript zu schreiben begann, beherrschte ich nicht einmal die deutsche Rechtschreibung. Die Erstfassung der ‚Blechtrommel' . . . steckt voller Rechtschreibfehler." Dennoch liegen gerade im Bereich des Autodidaktischen anerkannte Qualitäten von Grass; nicht umsonst sprach Walter Jens, seinerseits Gelehrter von abendländischer Weite und damit Vertreter einer Position, die häufig genug im diametralen Gegensatz zu Grass stand, im Zusammenhang der ‚Hundejahre' von der „Klugheit", dem „lexikalischen Ungestüm" und der „Bildungsbesessenheit des echten Autodidakten": „Wie er, mit wahrer Emphase, für ein paar Seiten, die disparatesten Gebiete durchforscht: Ballett und Faustballspiel, Bergwerkskunst und Kynologie – wirklich, das verdient Bewunderung" (Lo 87).

Grass fühlt sich, wie jeder Autodidakt, der es zu etwas gebracht hat, keineswegs gehandicapt, sondern pflegt mit gewissem Selbstbehagen die Vorzüge seiner bildungsmäßigen Außenseiterschaft zu akzentuieren: „Der Vorteil von Menschen, die kein Abitur haben, ist der, daß sie ihr Abitur lebenslänglich machen. Sie sind also dauernd bemüht, das auszugleichen, während Leute, die ihr Abitur machen oder gar den Doktor, bei diesem Wissensstand stehenbleiben." Polemiken dieser Art entspringen wohl dem Stolz des self-made-man kraft eigener Bestimmung: „Dieser Gefahr war ich nie ausgesetzt. So hat sich meine Neugierde, mein Wissensdurst, mein Wissensdrang erhalten. Ich habe alles, was ich weiß und was ich für meine Art zu existieren brauche, mir selbst erarbeitet" (SP 14/79, 220 f.).

Nun fällt aber auf, das Grass' Beziehung zur Tradition durchaus ambivalent ist, sowohl literarisch als auch politisch. Er schreibt ja, zumindest was das Handwerkliche angeht, durchaus traditionalistisch, und seine Beziehung zur kulturellen Überlieferung kehrt er gern und voller Selbstüberzeugung hervor. Sehr häufig hat Grass als Antrieb für seine politische Tätigkeit die Beziehung zur „europäischen Aufklärung" unterstrichen; auf die Frage nach seinen literarischen Ahnherren hat der Schriftsteller mehrfach seinen gegen den Strich erworbenen Bildungsfundus in Form langer Listen mitgeteilt: Rabelais und Grimmelshausen werden da genannt, Jean

Paul, Fischart, Lessing, Lichtenberg und die englischen Humoristen, allen voran Laurence Sterne, ferner Döblin, Faulkner und Melville. Auch auf Goethe, James Joyce und Dos Passos wies Grass hin, machte auf seine ,,Affinität" zur ,,europäischen Romantradition" aufmerksam und beanspruchte für sich die prägende Vorbildlichkeit sowohl des pikaresken wie auch des Bildungsromans (Blo 214, TK 6).

Neben dem ,Kleinbürgerlichen', und durchaus im Zusammenhang damit, sei also das ,Autodidaktische', die vollkommen eigenwillige, stets mit Protesthaltungen verbundene Aneignung kultureller und literarhistorischer Traditionen als zweiter maßgeblicher Gesichtspunkt für Produktion und Werdegang von Grass betont. Ein weiterer Beleg hierfür aus einem 1970 geführten Gespräch: ,,So schwer es mir und meiner Generation unmittelbar nach Kriegsende gefallen ist – weil wir ja, im Nationalsozialismus aufgewachsen, all das neu erarbeiten mußten, was wir gar nicht hatten, z. B. das Verhältnis zu einer unterbrochenen Literaturtradition, zum Expressionismus etc., das dieser jungen Generation via Schule und Universität ja ohne großen Widerstand erreichbar gewesen ist" – Grass meint die deutschen Nachkriegsautoren –, ,,gerade das ... macht es für die jüngere Generation weit schwerer: sie muß aufwachsen ohne diese Pseudowiderstände, die wir hatten" (TK 2). Grass betrachtet seine Situation also nicht nur vom klassenspezifischen Standpunkt her – Ausschluß etwa des Kleinbürgers von den höheren Bildungsinstitutionen –, sondern durchaus auch im generationstypischen und allgemeinhistorischen Zusammenhang: Vorm Hintergrund von Kriegs- und Nachkriegswirren überkreuzen sich Klassenschicksal und Generationserleben.

Im April 1945, angeblich an Hitlers letztem Geburtstag, wurde Grass bei Kottbus verwundet, nachdem er als Siebzehnjähriger einen ,,sogenannten Kampfeinsatz" mit hohen Blutopfern unter seinen Alterskameraden über sich ergehen lassen mußte. Grass sah diesen Vorgang als prägend für seine schriftstellerische Arbeit an: ,,weil meine Generation – ich kann es jedenfalls für mich ganz gewiß sagen – immer in dem Bewußtsein lebt, zufällig zu leben, zufällig zu schreiben, weil ich von meinem Jahrgang 27 (und 26 bis 20 und noch weiter zurück) weiß, daß diese Jahrgänge dezimiert sind. Der Krieg hat als eine Art Gegenauslese eine Menge von Talenten und wahrscheinlich größeren Talenten, als wir alle es sind, fortgenommen. Und mir ist es beim Schreiben – nicht immer, aber oft bewußt, daß man, ob man will oder nicht, stellvertretend mitschreibt für soundsoviel Leute, die aus den bekannten Gründen nie dazu gekommen sind, sich zu realisieren" (TK 3).

Als Verwundeter kam Grass nach Marienbad in der Tschechoslowakei ins Lazarett und von dort nach Bayern in amerikanische Kriegsgefangenschaft (SP 36/63, 69). Später äußerte er dazu aus der Rückschau: ,,Und als Achtzehnjähriger wurde ich aus amerikanischer Kriegsgefangenschaft entlassen: Jetzt erst war ich erwachsen. Jetzt erst, nein, vielmehr nach und nach wurde mir deutlich, was man, überdeckt von Fanfarenruf und Ostlandgeschwafel, mit meiner Jugend angestellt hatte." In diesem Zusammenhang kommt Grass dann, in einer Wahlrede von 1966 gegen die NPD, auf eine der wichtigen Triebfedern seiner späteren literarischen Produktion zu sprechen: Aufarbeiten der Nazi-Scheußlichkeiten, Protest gegen die fatale Neigung der Nachkriegsdeutschen, ihre jüngste Vergangenheit im Zuge wirtschaftlichen Neubeginns zu verdrängen. ,,Jetzt erst, und Jahre später in immer erschreckenderem Maße, begriff ich, welch unfaßliche Verbrechen im Namen der Zukunft meiner Generation begangen worden waren. Als Neunzehnjähriger begann ich zu ahnen, welch eine Schuld unser Volk wissend und unwissend angehäuft hatte, welche Last und Verantwortung meine und die folgende Generation zu tragen haben würden. Ich begann zu arbeiten, zu lernen und mein Mißtrauen einer sich schon wieder harmlos gebenden kleinbürgerlichen Welt gegenüber zu schärfen" (Se 91).

Grass mußte nach Entlassung aus der Kriegsgefangenschaft seinen Lebensunterhalt verdienen; er arbeitete erst bei Bauern auf dem Land, dann von 1946 bis 1947 ein Jahr als ,,Koppel-Junge" in einem Kali-Bergwerk zwischen Hildesheim und Sarstedt. ,,Ich war damit beschäftigt, die Kali-Loren aneinanderzukoppeln und dafür zu sorgen, daß bei dem Transport der Kalizüge auf der Fördersohle die Wettertüren immer geöffnet waren" (Ru 61). Später erinnerte sich Grass an dieses unter Tage zugebrachte Jahr in folgender Weise: ,,Diese Zeit war arm an Kohlen, Kartoffeln und Kalorien, aber reich an Stromsperren und intensiven Gesprächen. Mit unseren Karbid-Lampen saßen wir ohne Strom 900 m unter Tage in irgendeinem Schacht, auf irgendeiner Fördersohle. Eine buntgewürfelte Gesellschaft. Kleine harmlose Nazis, die unter Tage Schutz suchten vor der Fragebogen-Epidemie, verbitterte Kommunisten und Altsozialdemokraten, die gradlinig von Bebel bis Schumacher dachten."

Dies war die eigentliche Schule von Grass, hier gewann er Grundlagen für seine spätere politische Aktivität: ,,Ich hörte zu und lernte dort viel. Zum Beispiel, wie rasch sich die kleinen harmlosen Nazis und die verbitterten Kommunisten einigten, wenn es den trockenen Sozialdemokraten ans Zeug gehen sollte."

Dieser politische Rechenschaftsbericht stammt aus einer Rede zum Bundestagswahlkampf 1965; Grass stützte sich mit seiner späteren Ideologiefeindlichkeit auf eben jene Diskussionserfahrungen: ,,Weiter lernte ich dort im Kalibergwerk, ohne Ideologie zu leben. Noch hatte ich die Morgenfeiern der Hitlerjugend im Ohr, diese allsonntäglichen Vereidigungen auf die Fahne, aufs Blut und auf den Boden natürlich, und schon lockten die Kommunisten mit ähnlich verstaubten Requisiten aus den Rumpelkammern ihrer Ideologie. Als gebranntes Kind hielt ich mich vorsorglich an meine wortkargen Sozialdemokraten, die weder vom Tausendjährigen Reich noch von der Weltrevolution faselten, die damals schon, 1946, neunhundert Meter unter dem Licht, restlichen ideologischen Ballast mit dem Rollgut hoch in die Steinmühle geschickt hatten und fortschrittlicher waren als ihre Parteispitze." Den ,,von Salz und Hitze ausgemergelten und skeptischen Sozis" verdanke er jenes politische Programm ,,ohne Ziel in den Wolken, ohne Symbole und Feldzeichen und ohne die Pappkameraden heldischer Vorbilder" (Se 59).

Ergänzend zur politischen ‚Schulung' unter Tage hat Grass noch ein zweites Vorkommnis benannt, das maßgeblich auf die Herausbildung seiner politischen Haltung eingewirkt hat: ,,Und in der gleichen Zeit habe ich zum ersten Mal in dem damals sehr zerstörten und ruinenhaften Hannover auf einer Großveranstaltung Kurt Schumacher sprechen hören, der mich durch seinen Fanatismus und durch seine Härte einerseits abgestoßen und andererseits durch die Richtigkeit seiner Argumente überzeugt hat. Das war, im Frühjahr 1947, meine erste Begegnung mit der Sozialdemokratie" (TK 20) als Parteiorganisation.

‚Plebejische Tradition', das konnte für Grass also nicht herkunftsmäßige Zugehörigkeit, sondern allenfalls Einstieg von einer kleinbürgerlichen Außenposition her bedeuten – Solidarität blieb stets gebremst von Skepsis und Zweifel, eine bedingungslose Identifikation kam nicht infrage. Vielleicht darf man das intensive und doch behutsam distanzierte Verhältnis zur Sozialdemokratie bei Grass vergleichen mit seiner intimen, aber durchaus eigenwilligen Beziehung zur bildungsbürgerlichen Kulturtradition: In beiden Fällen bieten sich kleinbürgerliche Startbasis und unkonventioneller Lernprozeß als Erklärungsmuster an.

Ende 1947 wollte sich Grass an der Düsseldorfer Kunstakademie einschreiben. Weil die Akademie vorerst jedoch wegen Kohlenmangel geschlossen blieb, ging er bei den Firmen Göbel und Moog in die Steinmetz- und Steinbildhauerlehre: Damit war das proletarische Intermezzo zu Ende, Grass wandte sich, zunächst über handwerkliche Zwischenstationen, seiner künstlerischen Lebensaufgabe zu. Er berichtete gesprächsweise: ,,Es war eine Praktikantenzeit, weil ich, wie viele, die etwas älter waren, nach dem Krieg nicht die normale Lehrzeit machen mußte, sondern in kürzerer Zeit fertig wurde. Und als ich abgeschlossen hatte, ging ich auf die Kunstakademie in Düsseldorf als Bildhauer. Meine Lehrer waren Sepp Mages und Otto Pankok, bei dem ich Graphik belegt hatte." Man kann das alles recht unverstellt im dritten Buch der ‚Blechtrommel‘ wiederfinden; aus Mages wird dort ,,Professor Maruhn“, aus Pankok, möglicherweise vermittelt über niederdeutsch ‚Pankoken‘, ,,Professor Kuchen“ (Kapitel ‚Fortuna Nord‘). Grass lernte Malen und Zeichnen und jazzte nebenbei als Waschbrett-Rhythmiker und Begleiter des Graphikers und Blockflötensolisten Horst Geldmacher (in der ‚Blechtrommel‘ Egon Münzer, genannt Klepp) in Düsseldorfer Altstadtlokalen (SP 36/63, 69f.). Die ,,Zwiebelkeller“-Szenen der ‚Blechtrommel‘, die ,,Leichenhalle“ in den ‚Hundejahren‘ haben hier ihren Ursprung.

Ende 1952 zog Grass ,,sehr bewußt“, wie er später hervorhob, ,,nach Berlin zu Karl Hartung auf die Hochschule für Bildende Künste“ (Ru 61). Dort studierte er bis zu seinem Aufbruch nach Paris 1956 Metallplastik. In all jenen Jahren hat Grass stets auch geschrieben. Später erläuterte er Einflüsse auf seine frühen Gedichte und Theaterszenen: ,,Mein Frühstil schwankte zwischen Rilke, Ringelnatz und Lorca“ (SP 36/63, 70). Tatsächlich trat die Bildhauerei allmählich in den Hintergrund.

Indessen weist der Werdegang von Grass sicherlich auf eine dritte individuelle Besonderheit hin, die es verdient, neben dem ‚Kleinbürgerlichen‘ und ‚Autodidaktischen‘ festgehalten zu werden: In Grass bündelt sich eine Vielseitigkeit künstlerischer Talente, wie sie sich bei keinem der produktiven Zeitgenossen ein zweites Mal entdecken läßt. Vielleicht muß man unter den Schriftstellern des deutschen Sprachraumes schon bis Gottfried Keller oder Goethe zurückgehen, um Vergleichbares vorzufinden. Dazu gehört bei Grass eine Sinnlichkeit nicht nur des Schreibens und bildnerischen Gestaltens, sondern auch des persönlichen Daseins, eine Vitalität, die sich im Lukullischen und Erotischen ebenso äußert wie im Haptischen, im Hang zu dem, was sich tastend greifen, was sich riechen und schmecken läßt. Nicht umsonst gilt Grass als vorzüglicher Koch und Gourmet, freilich wiederum nicht im Sinne einer traditionell bürgerlichen, auf gesellschaftliche Repräsentation abgestellten Küche.

Ingredienzien des Kochens, etwa Fisch, Pilze, Kartoffeln tauchen auch im lyrischen und erzählerischen Werk auf und belegen offenbar eine recht unkomplizierte Identität von Leben und Produktion.

Schemenhaft allein bleibt bei Grass, diesem sinnlich-vitalen Liebhaber alles Greif-, Riech- und Schmeckbaren, der Gehörssinn: Trotz offensichtlicher Sensibilität für Wortintonation und Satzverläufe vernimmt man kaum jemals Näheres über eine Beziehung zur Musik. Diese Kunstübung liegt, so scheint es, außerhalb seiner Talente und Neigungen; sie ist Grass offenbar auch suspekt, einmal wohl wegen ihrer Nähe zu traditionellen bürgerlichen Gesellungsformen wie musikalischem Salon, Konzertsaal oder Operntheater, zum anderen sicher auch aufgrund ihrer ,idealistischen' Tendenz, ihres Rauschcharakters, ihrer Hinneigung zu dem, was Grass häufig als ,,deutsche Verstiegenheit'' gegeißelt hat. Wenn ,,Bayreuth'', ,,Götterdämmerung'', ,,Beethoven'' gelegentlich im essayistischen und literarischen Werk Revue passieren, so fast stets karikiert oder ins Bösartige verzerrt: Man denke an die Klavierszenen in der kleinbürgerlichen Sonntagsstube des Blechtrommlers, an die Konfrontation von Hitler- und Beethovenbild im gleichen Roman, an das von Walter Matern heimgesuchte cellostreichende ,,Fräulein Oelling'' in den ,Hundejahren' (Hj 465 ff.), an den Schluß der ,Hundejahre' vor allem, wo Götterdämmerungsmusik deutsches Untergangspathos und todesmystische Selbstinszenierung andeutet. Das Fehlen musikalischer Bezüge bei Grass scheint ebenso charakteristisch zu sein wie die Dominanz von Sinnenfreude und Gaumengenuß. Grass als Musiker: das würde ein Zurücklenken in Kulturkonventionen bedeuten, die dieses Œuvre in seiner bahnbrechenden Originalität entschieden hinter sich läßt.

Natürlich bekannte sich Grass mit Nachdruck zur plastischen Komponente seiner Produktion, etwa in einem Gespräch mit P. A. Bloch: ,,Das sinnliche Ausleben, das Ausleben der Sinne, hat bei mir immer eine Rolle gespielt.'' Komplementär hierzu ergibt sich allerdings auch die aggressive Seite des Grasschen

Schreibens, als Revolte nämlich gegen Triebunterdrückung und „das Nichtausleben der Sinne, die Tabuisierung, die Zurücknahme, die Pervertierung des Sinnenlebens durch moralischen Überbau". Nicht umsonst verdankte die ‚Blechtrommel' ihren ersten marktschreierischen Ruhm der rücksichtslosen Zerstörung sexueller Tabus inmitten der moralinsauren Adenauerjahre. „Das waren immer Themen für mich", kommt Grass dann 1975 auf den damals noch in Arbeit befindlichen ‚Butt' zu sprechen, „und in diesem Buch nun steht Essen, Trinken, Überfluß und Hunger im Mittelpunkt, auch aus politischen Gründen. Ich möchte auf sinnliche Weise aufklären und sehe es als eine meiner großen Aufgaben an, keine Bestätigungsliteratur zu schreiben" (Blo 214).

Dreierlei also: kleinbürgerliche Herkunft, autodidaktisch gegen den Strich erworbene und durchgesetzte Kenntnisse und schließlich malerisch-plastisch-taktile Sinnlichkeit, Gaumenfreuden, lebenspraktische Körperlichkeit scheinen sowohl die Biographie als auch das vielfältige Werk von Günter Grass zu bestimmen und abzuheben von dem, was die schreibenden Zeitgenossen zustande bringen. Hinzu mag vielleicht als ein vierter Aspekt die regionale Besonderheit des Danziger Raumes und der Weichselniederung kommen, die Grass mit großem Verve in die Literatur des westlichen Deutschland eingebracht hat. Schon daraus allein ergab sich ein beträchtlicher Überraschungseffekt auf dem Lesemarkt, der eigentlich auch weiterhin anhält, wie der ‚Butt' von 1977 nochmals bestätigte. „Gewicht" könnte haben, führte Grass 1970 gegenüber H. L. Arnold aus, „was aber sicher nicht literarisch von Gewicht ist: daß ich erst einmal für mich versucht habe, ein Stück endgültig verlorene Heimat, aus politischen, geschichtlichen Gründen verlorene Heimat, festzuhalten" (TK 11). Das Aufbewahren persönlicher Vorgeschichte kam, ein seltener Glücksfall, überein mit der literarischen Rettung eines unwiederbringlich dahingegangenen Stückes nationaler Kultur und Lebensform im Osten. Das Danziger Milieu, diese Mischung verschiedener Völkerschaften und Kulturen – Deutsch, Polnisch, Kaschubisch –, ein mit heidnischen Elementen untermischter Katholizismus, die mystisch anmutende Weite der Weichsellandschaften, preußische Mythologie und Waldzigeunerhaftes von der ehemals deutsch-polnischen Grenze (etwa in den ‚Hundejahren‘), die Atmosphäre einer Hafenstadt mit weitläufigen Verbindungen zu allen Anrainerstaaten der Ostsee und darüber hinaus, dazu eine ins Vorgeschichtliche verschwimmende Dimension (im ‚Butt‘) – ein exotischer Flair strahlt von der Grasschen Phantasiewelt aus, auch wo sie historisch verankert ist. Literarische Kartographie des dahingegangenen östlichen Deutschland haben später noch andere Autoren versucht; an das Grassche Modell ist wohl niemand mehr herangekommen.

Betrachtet man das bildnerische Werk von Grass, etwa die Radierungen, die die schriftstellerische Produktion vielfach illustrierend begleiten, entschlüsseln, mit anderen Mitteln weiterführen, so läßt sich der Eindruck kaum abweisen, diese Aale und sezierten Puppen, Schnecken und Köche, diese deftige Erotik von Pilzstengeln und vulva-mäuligen Fischen, das alles stamme von weither, aus Bereichen jedenfalls, die im westlichen Deutschland weder regional noch historisch ableitbar sind. Was an Grass fasziniert, sind Kreativität und Sinnlichkeit, die sich nicht einordnen oder interpretatorisch eindeutig aufschlüsseln lassen. Und das wiederum bei einem Mann, der gleichzeitig auf dem Felde politischer Tätigkeit für Rationalität und praktische Vernunft, für ‚kleinschrittige‘ Reform plädiert und Höhenflüge von Phantasie und realitätsübergreifender Utopie ausdrücklich unter Verdikt stellt.

Im ‚Tagebuch einer Schnecke‘ von 1972 skizziert Grass ein Selbstporträt, das bei aller behutsamen Selbststilisierung einen Eindruck von seiner Vielseitigkeit vermittelt: ,,Also gut: über mich. Ich gebe kein Bild ab. Vor allen anderen Blumen gefällt mir die hellgraue, das ganze Jahr über blühende Skepsis. Ich bin nicht konsequent. (Sinnlos, mich auf einen Nenner bringen zu wollen.) Meine Vorräte: Linsen Tabak Papier. Ich besitze einen schönen leeren Rezeptblock.

Außer Geschichten und Geschichten gegen Geschichten erzählen, kann ich Pausen zwischen halbe Sätze schieben, die Gangart verschieden gearteter Schnecken beschreiben, nicht Radfahren" – übrigens fährt Grass auch nicht Auto –, „nicht Klavierspielen, aber Steine (auch Granit) behauen, feuchten Ton formen, mich in einen Wust (Entwicklungspolitik, Sozial-politik) einarbeiten – und ganz gut kochen (auch wenn ihr" – gemeint sind die Kinder des Erzählers – „meine Linsen nicht mögt). Ich kann mit Kohle, Feder, Kreide, Blei und Pinsel links- wie rechtshändig zeichnen. Daher kommt es, daß ich zärtlich sein kann. Ich kann zuhören, weghören, voraussehen, was gewesen ist, denken, bis es sich aufhebt, und – außer beim Aufdröseln von Bindfäden und scholastischen Spekulationen – geduldig bleiben.

Doch das ist sicher: lachen konnte ich früher besser. Manches verschweige ich: meine Löcher. Manchmal bin ich fertig allein und möchte in etwas weich warm Feuchtes kriechen, das unzu-reichend bezeichnet wäre, wenn ich es weiblich nennen wollte. Wie ich mich schutzsuchend erschöpfe" (Ta 85f.).

III. Lyrik

Schon während seiner Ausbildung an der Kunstakademie Düsseldorf, später ebenso an der Berliner Hochschule für Bildende Künste, schrieb Grass Gedichte. Und selbst zu Zeiten, als er bereits zum Erzähler von Weltruhm aufgerückt war, betonte der Schriftsteller immer wieder die Bedeutung von Lyrik für sein Schaffen: ,,Am meisten liegt mir Lyrik", und: ,,Ich komme ja von der Lyrik her", meinte Grass 1970 im Dialog mit H. L. Arnold. Lyrik sei für ihn ,,immer die Möglichkeit" gewesen, ,,mich selbst am genauesten in Frage stellen zu können" (TK 17 f.). Ganz entsprechend auch: ,,Für mich ist die Lyrik immer noch das genaueste Handwerkszeug, mich selbst abzuklopfen und auszumessen" (Ru 65). Noch 1977 wies Grass gegenüber Fritz J. Raddatz auf diesen im allgemeinen weniger beachteten Teil seines Œuvres hin, als er vom ,,Sprachverschleiß des Prosaschreibens" sprach und in der Lyrik die Chance wahrnahm, ,,sich mit Hilfe der Gedichte wiederzuentdecken, neu zu bestimmen. Die Veränderungen an sich festzustellen" (Ra 11 f.).

Demgemäß ist das lyrische Werk von Grass durchaus nicht als Fingerübung, als Atemholen zwischen den großen Prosaschriften abzutun. Dazu kommt, daß alle Grasschen Gedichtbände mit Zeichnungen versehen sind: Offenbar bietet sich für ihn eine Affinität von Vers und Sprachrhythmus zu Mitteln visueller Darstellung ohne weiteres an; Lyrik scheint bei Grass als Bindeglied für seine verschiedenen künstlerischen Ausdrucksbedürfnisse zu funktionieren. Er hat den Schaffensprozeß gelegentlich in folgender Weise beschrieben: ,,Ich kann das nicht gegeneinander ausspielen. Gerade bei den Gedichten wird das deutlich, daß ... auch der zeichnerische Prozeß mitspielt, daß oft am Anfang eines Gedichtes die Zeichnung steht und sich aus der Zeichnung der erste Wortansatz ergibt oder umgekehrt" (TK 20).

Den Beginn seiner literarisch-publizistischen Karriere hat Grass einmal in folgender Weise geschildert: 1954 habe er, „eigentlich mehr aus Jux, ein paar Gedichte an den Süddeutschen Rundfunk geschickt, der einen Lyrikwettbewerb ausgeschrieben hatte. Ich bekam einen dritten Preis: 150 DM, Hin- und Rückflug Berlin-Stuttgart, wobei der Flug teurer war als der Preis. Als ich zurückkam, fand ich eine Einladung der Gruppe 47 vor, die genau zu diesem Zeitpunkt in Berlin tagte. Ich kam mitten in die Tagung hinein und las dort einige Gedichte vor; diese fanden gute Aufnahme, erregten Interesse." In diesem Zusammenhang skizzierte Grass ironisch die Betriebsamkeit im Rahmen des Gruppentreffens und deutete damit einen Stoff an, der später im ,Treffen in Telgte' (1979) ausgebreitet werden sollte: „Ich war auf einmal umringt von Verlegern, die mir diese Gedichte aus der Hand rissen und mir ,Suhrkamp', ,Fischer' und sonst was ins Ohr flüsterten. Ich dachte, das Goldene Zeitalter werde nun anbrechen. Von all diesen Leuten habe ich hinterher nichts mehr gehört" (Blo 216).

Dennoch stellte sich der Kontakt zum Luchterhand-Verlag her, und 1956 konnte ein Lyrikband mit Zeichnungen des Autors erscheinen: ,Die Vorzüge der Windhühner'. Er verkaufte sich schleppend: Bis zum Erscheinen der ,Blechtrommel' drei Jahre später wurden etwas über 700 Exemplare abgesetzt. Grass debütierte als Autor also unter wohlwollender Beachtung der schriftstellernden Fachschaft, aber ohne bemerkenswerte Resonanz in der Öffentlichkeit.

,Die Vorzüge der Windhühner' (1956)

Es handelt sich um einen schmalen Band mit 41 Gedichten, einer Prosapassage ,Fünf Vögel' und zehn meist auf nebenstehende Texte bezogenen Federzeichnungen. Interessant daran ist heute wohl vor allem das Präludieren von Motivbereichen aus der späteren Prosaarbeit. Das Gedicht ,Polnische Fahne' hat Grass später als „ein Aufreißen des Gesamtkomplexes von dem

Roman ‚Die Blechtrommel'" bezeichnet (Ru 64). Die zweite Strophe etwa mag durchaus auf den Romanbeginn mit den kaschubischen Kartoffeläckern hindeuten:

Der erste Frost zählt Rüben, blinde Teiche,
Kartoffelfeuer überm Horizont,
auch Männer halb in Rauch verwickelt. (Wh 31)

Ebenso verweist das Gedicht ‚Geöffneter Schrank' auf entsprechende Romanszenen im zweiten und dritten ‚Blechtrommel'-Buch; Verse wie ,,Sind die Mandeln doch bitter,/ der Gasometer" (Wh 8), der ,,Ton den die Gläser fürchten" (Wh 15), ,,Gewalt, wer verbog die Sicherheitsnadel,/ wer stieß den Kohl vor den Kopf./ Kommen einfach her,/ zersingen die Gläser" und ,,Narrenmangel, wer züchtet noch Buckel./ Nijinsky, der auch Jesus Christus hieß" (Wh 50f.), ,,Trommler, sonst ohne Gehör,/ verfallen immer dem selben Regen" (Wh 52) – all dies kündigt den verwachsenen Oskar Matzerath mit seinen destruktiven Fähigkeiten an.

Auch späteres Theater zeichnet sich ab, ein Gedicht ‚Hochwasser' geht dem gleichzeitig ausgearbeiteten Theaterstück voraus: ,,Wir warten den Regen ab,/ obgleich wir uns daran gewöhnt haben" und: ,,Es schwimmt jetzt Vieles in den Straßen,/ das man während der trockenen Zeit sorgfältig verbarg" (Wh 11). Auch ‚Die bösen Köche', ein weiteres Theaterstück, das Grass damals in Arbeit hatte, regen sich als lyrisches Vorspiel: ,,Damals schliefen wir in einer Trompete./ . . . lagen wir jenem Gewölbe an/ und träumten von keinem Signal"(Wh 62).

Man wird nach dem konstruktiven Zusammenhalt dieses zweifellos sorgfältig durchkomponierten Gedicht-, Prosa- und Zeichenbandes fragen dürfen. Das leitende Motiv der Vögel verbindet nahezu alle Texte dieser Sammlung und ist auch zeichnerisch mehrfach festgehalten. Das einleitende Poem ‚Die Vorzüge der Windhühner' gibt zu erkennen, wofür das Vogelmotiv einsteht:

Weil sie kaum Platz einnehmen
auf ihrer Stange aus Zugluft
und nicht nach meinen zahmen Stühlen picken.[2]

Auch sonst fallen Verben auf wie ,,duldsam", ,,leicht",
,,durchsichtig", ,,weich". ,,Vögel" sind wohl gemeint als
Sinnbild dessen, was nicht bedrängt, was ins Weite zieht, von
der Realität ablöst; sie sind Chiffren für Anmut und Entlastung
von Wirklichkeit.

Das Vogelmotiv bestimmt viele Gedichte, zahlreich sind die
,,Hennen" und ,,Hähne", Schwalben, Tauben, Krähen, Amseln; skurril aufgelöst ist es in dem Prosatext ‚Viele Berufe‘, wo
Vögel als Kamine einer Zementfabrik, als Telegraphenmasten,
als Finger, als Zirkuszeltmasten, als Portalsäulen, als Hafen-
kräne vorgestellt sind. Begleitende Zeichnungen zeigen über-
schlanke Gebilde auf hohen, stelzenden Füßen, mit gereckten
Hälsen, die Körper geometrisch aufgelöst, durch schraffierte
Felder eher angedeutet als gegenständlich ausgeführt. Andere
Motive prägen sich ein, etwa ,,Wind" oder ,,Puppe"; letztere
wird in späteren Gedichtbänden wieder auftauchen.

Die Form der Gedichte zeigt große Variationsbreite: Gruppen
unregelmäßig gefüllter Verse wechseln mit Versreihen von re-
gelmäßiger Füllung und beinahe archaischem Sprachduktus:

Blaue Flammen in den Zweigen.
Atmen noch im Gasometer
bittre Kiemen ohne Fisch.
Immer älter wird die Kröte,
lebt von Nelken, lebt von Düften
aus des Todes linkem Ohr.

(‚Die Krönung‘, Wh 27)

Karl Krolow, gedichteschreibender Zeitgenosse, hat zu diesem
Lyrikband Stellung genommen: ,,Das Jahr 1956 – das Erscheinungsjahr der ‚Vorzüge der Windhühner‘ – war zugleich
das frühe Kulminationsjahr des spielerischen Gedichttypus";

Krolow sprach vom „luftigen, bewußt beiläufigen, lässigen und lässig verqueren, verspielten Charakter der frühen Grass-Gedichte".[3]

Ganz entgegengesetzt hierzu wies Peter Rühmkorf, auch er Mitstreiter auf dem lyrischen Markt, auf Gemeinsamkeiten anderer Art zwischen den ‚Windhühnern‘ von Grass und Hans Magnus Enzensbergers ‚Verteidigung der Wölfe‘ hin, beide etwa gleichzeitig erschienen. „Was nämlich die Gedichte von Grass und Enzensberger bei aller Unterschiedlichkeit auszeichnend verband, war die willentliche Offenheit gegenüber Weltstoff und Wirklichkeit. Diese Lyrik spielte sich nicht mehr im luft- und leuteleeren Raum ab, sondern bezog sich auf, verhielt sich zu, brach sich an: Gegenstand und Gegenwart." Entgegen der weitverbreiteten und noch von Krolow 1973 befolgten Tendenz, die frühen Grass-Arbeiten ins Spielerische abzuschieben, wies Rühmkorf gerade auf deren wegweisende Realistik hin. „Zuerst einmal", meinte Rühmkorf bereits 1962, „wurden die fruchtlosen Bemühungen abgeschrieben, das Wort durch Abdestillation seines flüchtigen Sinnes dingfest zu machen (‚konkrete poesie‘; Zeitschrift ‚material‘); hier wurde das Puristenevangelium vom reinen Sein der Wörter ans zuständige Himmelreich, nach St. Nirgendwo, verwiesen und dem Wort sein Recht eingeräumt, seine Lust gegönnt, Beziehungen einzugehen und Beziehungen zu dokumentieren. Das heißt auch, daß die Dichtersprache ihr Vokabular nicht mehr aus der poetischen Requisitenkammer bezog, sondern daß sie ihre Wörter dem täglichen, dem Umgangs- und Gebrauchsfundus entnahm. Statt weiter auf die allseits beliebten Aschenkrüge und Säulenstümpfe zurückzugreifen" – Rühmkorf polemisierte hier gegen einen poetischen Klassizismus im Gefolge von Gottfried Benns ‚Welle der Nacht‘ –, „zog man es vor, von Dingen zu sprechen, zu denen man nicht nur ein platonisch-literarisches Verhältnis hatte: Dienstmädchen, Hammelfleisch, Kinnhaken, Küchenfenster, Gasometer, Stehplatz, Sicherheitsnadel, Hebamme, Malzbonbon, Nadelöhr, Kaffeewärmer, Sechzig-Watt-Birne."[4]

Greifen wir an dieser Stelle auf die zuvor skizzierten Gesichtspunkte ,Kleinbürgerlichkeit' und ,Autodidaktisches' zurück, so ergibt sich ohne weiteres der persönliche Hintergrund für die Grassche Ablehnung sinnentleerter bildungsbürgerlicher Kulturrequisiten; dabei stellt sich, folgen wir Rühmkorf, heraus, daß individuelle Besonderheiten bei Grass durchaus überlagert sind von generationstypischen Zügen. Übrigens ist schon die Tatsache, daß Grass überhaupt geneigt und in der Lage ist, seinen Gedichten so etwas wie skurril verfremdende Illustrationen beizugeben, Hinweis genug auf ein neuartiges, spontanes Verhältnis zur greifbaren Realität; mit einem konventionellen Begriff von Lyrik wäre zeichnerische Ausgestaltung unvereinbar. Da sieht man beispielsweise eine Spinne im Glas, im zugehörigen Text steht: ,,bevor die Feuerwehr die Astern löscht/ und Spinnen in die Gläser fallen''; und anschließend liest man, als ob der 21 Jahre später veröffentlichte ,Butt' schon am Horizont stünde:

Mit gelben Birnen, einer Nelke,
mit Hammelfleisch laßt uns die grünen Bohnen,
mit schwarzer Nelke und mit gelben Birnen,
so wollen wir die grünen Bohnen essen (Wh 7).

An anderer Stelle drohen drei Scheren gegen einen besonnten Himmel:

Solch ein windiger Tag,
da ist die Luft voller Scheren,
der Himmel nur noch ein Schnittmuster (Wh 23).

Ja Grass begeht die Kühnheit, das ins Bild zu bringen, was Franz Kafka sich im Oktober 1915 im Brief an seinen Verleger Kurt Wolff ausdrücklich verboten hatte, nämlich den Käfer aus der Kafka-Erzählung ,Die Verwandlung' (Kafka: ,,Das Insekt selbst kann nicht gezeichnet werden. Es kann aber nicht einmal von der Ferne aus gezeigt werden''[5]). Dazu der Grass-Text:

Frauen ergeben sich so, sind danach nur noch Anblick.
Kafka lag auf dem Rücken (Wh 55).

Johannes Bobrowski, Lyriker auch er, urteilte von der DDR
aus über das Debut von Grass: ,,Zweifellos sind diese Gedichte,
eine erste Veröffentlichung, interessant, weil hier auf eine ge-
wisse, in den letzten Jahren in der Lyrik Westdeutschlands erfolgreich gewordene, ein wenig parfümierte, unverbindliche
Melodik verzichtet wird." (Lo 165) Insgesamt, so darf man
wohl zusammenfassen, wurde die Grassche Lyrik von Beob-
achtern, die der Kulturrestauration im wirtschaftlich erstarken-
den Adenauerstaat mit Reserve gegenüberstanden (Rühmkorf,
Bobrowski), als Ansatz zum Protest aufgefaßt, als Chance, von
Kulturkonvention und Traditionsfloskel wegzukommen in
Richtung auf eine realistische Darstellung von Alltag und
Mitwelt.

,Gleisdreieck' (1960)

Die von Rühmkorf hervorgehobene Bemühung, Gegenständli-
ches im Gedicht festzuhalten, Wirklichkeit einzubeziehen,
prägt sich in Grass' nächstem Gedichtband noch wesentlich
deutlicher aus. Ein Jahr nach der ,Blechtrommel' erschienen,
behandelt dieser Band abermals, vorwärts- und rückwärtsblik-
kend, Themen aus dem Bereich der Prosaarbeiten. ,Gleisdrei-
eck' besteht aus 55 Gedichten und 18 Kohlezeichnungen größeren Formats, häufig über zwei Seiten hinweg: Dunkelgraue bis
schwarze Farbtöne herrschen vor, massive Figuren breiten sich
aus, fette Nonnen etwa, barock aufgeplusterte Eulen, gedun-
sene löffelschwingende Köche, Schwärme schwarzer Amseln.
Allein schon die Zeichnungen unterscheiden sich völlig vom
fragilen Strich, von den überschlanken, in ihrer Zerbrechlich-
keit eher angedeuteten Figuren der ,Windhühner'.
   Ähnliches gilt für die Texte. Einmal ist von der im Vorjahr
erschienenen: ,Blechtrommel' die Rede:

31

wenn ich mein großes Buch,
das da neunhundert Seiten zählt
und den großen Brand beschreibt,
... aufschlüge? (Gl 62)

Der Epiker Grass hat zu kraftvoller Gegenständlichkeit gefunden, auch die Lyrik läßt es erkennen. ,Pan Kiehot' greift ein Themenfeld der ,Blechtrommel' nochmals auf: der polnische Don Quichotte, der mit Ulanenregiment und weißroter Fahne gegen die deutschen Panzer des Weltkrieges anreitet wie schon im Roman (Kapitel ,Die polnische Post' und ,Die letzte Straßenbahn').

,Die Vogelscheuchen' hat Grass später als ,,eine Komplexvorform für den Roman ,Hundejahre'" (Ru 65) bezeichnet, der drei Jahre nach diesem Gedichtband erschien:

Sind Vogelscheuchen Säugetiere?
Es sieht so aus, als ob sie sich vermehren,
indem sie nachts die Hüte tauschen:
schon stehn in meinem Garten drei (Gl 34).

Auf das Vogelscheuchen-Thema ist Grass später auch mit einem 1970 in Berlin aufgeführten Ballett zurückgekommen.

Manche Motive aus dem Grasschen Bildervorrat sind abermals gegenwärtig: Wiederum ,,Hennen", auch ,,Spinnen", ferner die ,,Nonnen", die hier, ausschweifend bebildert, ganz wie in der ,Blechtrommel' (Kapitel ,Beton besichtigen') mit schwarzen Schirmen den atlantischen Strand abschreiten und dort erschossen werden – das Grassche Sammelsurium ist zur Stelle:

Köche, Nonnen und Vögel,
dann Wind aus der Kulisse,
und ganz am Anfang bricht ein Glas,
daß Scherben noch genug sind, wenn am Ende
die Nonnen flüchten (Gl 49).

Hier taucht wieder auf, was seit der „Schwarzen Köchin" in der ‚Blechtrommel' nicht mehr aus dem Grasschen Werk wegzudenken ist, Reim, Rhythmus und Tonfall des Kinderliedes:

> Wer lacht hier, hat gelacht?
> Hier hat sich's ausgelacht.
> Wer hier lacht, macht Verdacht,
> daß er aus Gründen lacht. (Gl 9)

Der gleichen Sphäre zuzurechnen ist ‚Aus dem Alltag der Puppe Nana':

> Die Puppe kostete zwei Mark und zehn, –
> für diesen Preis schien sie uns schön.
> Selbst solltet ihr schönere Puppen sehn,
> so kosten sie mehr als zwei Mark und zehn. (Gl 44)

Von der ‚Blechtrommel' her ist die Verquickung von Nonsens, Infantilismus und bösartig zugreifendem Sadismus vertraut: Das Kinderlied ist bei Grass häufig Wegweiser ins Grauen, die Schlagkraft des Abzählreims ist Chiffre für umfassendere Destruktion:

> Ein Kind schlug seinen Brei entzwei,
> saß zwischen beiden Hälften Brei,
> . . .
> war nur noch Mund, Darm, Kot und Mund:
> Komm, lieber Tod, mach mich gesund. (Gl 104)

Rühmkorf hatte Passagen diesen Zuschnitts „kohlschwarze Kapriolen und heimtückische Hausbackenheiten" genannt, sie zu Recht als charakteristisch für Grass bezeichnet und gegen den „aufgeklärten Pessimismus Enzensbergers" abgehoben.

Der realistische Kern dieser Lyrik läßt sich jedoch am genauesten an der Art und Weise beobachten, wie Berliner Stadtlandschaften eingebracht sind. ‚Gleisdreieck' rührt von einer

Berliner U-Bahn-Station her; Grass zollt der Stadt, in die er 1960 nach sieben Pariser Jahren zurückkehrte, seinen Tribut:

> Ich grüße Berlin, indem ich
> dreimal meine Stirn an eine
> der Brandmauern dreimal schlage. (Gl 7)

Mit der ‚Großen Trümmerfrau' ist ein Berliner Archetypus vorgestellt, auch bildnerisch. (Gl 96 ff.)

Deutlich werden auch erstmals die politischen Akzente. Vom ‚Kanzler', wohl dem ungeliebten Konrad Adenauer, ist zweimal die Rede (Gl 71, 107), ,,Sieg, Bonn war eine Messe wert'' heißt es.

Programmatische Bedeutung für die Grassche Bemühung, sich ans Konkrete, ans Berliner Milieu, an die politische Gegenwart zu halten, kommt dem Gedicht ‚Diana – oder die Gegenstände' zu. Die Göttin, als schwerfüßige, bogenschwingende Matrone auch bildnerisch vorgeführt, mahnt zum Konkreten, steht allerdings auch ein für die Grassche Theorie- und Ideologiefeindlichkeit:

> Wenn sie ja sagt und trifft,
> trifft sie die Gegenstände der Natur
> aber auch ausgestopfte.
> Immer lehnte ich ab,
> von einer schattenlosen Idee
> meinen schattenwerfenden Körper verletzen zu lassen.
>
> (Gl 75)

In diesen Zeilen steckt neben dem lyrischen als Vorausentwurf auch das politische Programm von Grass: Ablehnung von Idealismus und Abstraktion, Hinneigung zum Machbaren, zur Reform der kleinen Schritte. Nicht umsonst findet sich in diesem Band bereits ein Hinweis auf die später im großen Stil ausgebaute Schneckenmetapher:

nur eine Schnecke spricht normal
und überrundet Zatopek. (Gl 71)

Reformistische Zähigkeit läßt also, gibt Grass zu verstehen,
selbst den seinerzeit weltberühmten Langstreckenläufer
zurück.

In seiner schon zitierten Betrachtung zum ‚Lyrischen Welt-
bild der Nachkriegsdeutschen' resümierte Peter Rühmkorf den
damals erreichten Produktionsstand bei Grass und anderen
Zeitgenossen folgendermaßen: Mit ,,der Abkehr vom Absolu-
ten" seien ,,die leeren Symbolkartuschen einer spiritualisti-
schen Ästhetik dem Müll anheimgegeben", ,,die poetischste
aller Beziehungsformen, die ‚Metapher'" sei ,,radikal moder-
nisiert" worden. Rühmkorf nennt Grass und Enzensberger
,,schöpferische Experimentalrealisten" und spricht von
,,Abkehr von aller feierlichen Heraldik und kunstgewerblichen
Emblemschnitzerei, Absage an Tragik und sauertöpfische He-
roität, Ablösung des Klagegesanges durch die Groteske, Um-
schlagen des Pathos in Ironie". An der Wiedergabe von
Berliner Umwelt im Grass-Gedicht etwa läßt sich ohne
weiteres belegen, ,,daß das moderne Gedicht", so Rühmkorf
damals, ,,die Quarantäne durchbrechen und sich wieder der
übelbeleumdeten Wirklichkeit stellen konnte".[6]

Die Grassche Lyrik-Position läßt sich anhand von zwei Polemiken jener Jahre theoretisch abstützen. Beide Male hat er sich
gegen geläufige Trends des Gedichteschreibens zur Wehr gesetzt. Die erste dieser Äußerungen ist die Studie ‚Der Inhalt als
Widerstand: Bausteine zur Poetik', die 1957 in den ‚Akzenten'
erschien. Grass führt aus ironischer Distanz einen Dichter vor,
der über ,,engmaschige Drahtzäune" Verse schreiben möchte.
Jedoch die Phantasie, als eine innere Stimme, die das damals
Geläufige und Marktkonforme vertritt, erhebt Einspruch:
,, ‚So könne man kein Gedicht anfangen', sagt sie, ‚das sei zeitlich und lokal zu begrenzt.' Der Kosmos müsse unbedingt ein-
bezogen werden, die motorischen Elemente des geflochtenen
Drahtes müßten zum überzeitlichen, übersinnlichen, völlig auf-

gelösten und zu neuen Werten verschmolzenen Staccato an-
schwellen. Auch könne man ohne weiteres vom engmaschigen
zum elektrisch geladenen Draht übergehen, sinnbildlich den
Stacheldraht streifend, und so zu kühnen Bildern, gewagtesten
Assoziationen und einem mit Tod und Schwermut behangenen
Ausklang kommen" (LC 61). Grass attackiert hier eine nach
seinen Begriffen fragwürdige und überholte Ästhetik, indem er
eine lediglich dem Sprachmaterial und einer vagen Überzeit-
lichkeit verpflichtete Lyrik von sich weist. Zugleich schwingt
in seiner Bemerkung auch ein Stück Absage an die Geschichtsverdrängung jener späten Adenauerjahre mit: Kriegs- und KZ-
Erfahrungen lassen sich nicht ästhetisch auflösen, Allgemein-
gültigkeit auf Kosten konkreten historischen Leidens ist dem
Schriftsteller suspekt. Die zitierten Sätze enthalten folglich
nicht nur ein lyrisches, sondern geradezu auch ein moralisches
Programm.

Vier Jahre später, 1961, nahm Grass abermals Stellung zur
Lyrik-Diskussion, erneut in den ‚Akzenten': ‚Das Gelegenheitsgedicht oder – es ist immer noch, frei nach Picasso, verboten, mit dem Piloten zu sprechen'. Grass polemisierte nun insbesondere gegen den ‚‚Labordichter", der ‚‚seitenlang seine
Methoden beschreiben kann, oftmals als Essayist Außerordentliches leistet", der ‚‚Max Bense im Rücken" und ‚‚die Zettelkäst-
chen griffbereit" habe (LC 63ff.). Grass setzt sich zweifellos
kritisch gegen eine Schule ab, die zunächst auf Gottfried Benn
zurückzuführen ist, für den ja Max Bense als Berater und Brief-
partner eine Rolle gespielt hat; auch der Begriff ‚‚Labordichter"
stammt wohl aus der Bennschen Essayistik.[7] Im weiteren Sinne
distanziert sich Grass offensichtlich von der ‚materialen' Ästhetik der Bense-Schule und der zugehörigen Konkreten Poesie
der fünfziger Jahre.

Grass hat also nicht nur mit seiner Produktion, sondern auch
in seinen theoretischen Entwürfen entschiedene Gegenposition
bezogen zu gängigen Schreibweisen und Erwartungseinstellun-
gen auf dem nachkriegsdeutschen Lyrikmarkt. Gemäß seinem
Desinteresse an theoretischer Erörterung wurde eine eigene Äs-

thetik allerdings nur ansatzweise und verspielt polemisch entwickelt.

‚Ausgefragt' (1967)

Dieser dritte Lyrikband enthält in der Mehrzahl Gedichte aus
dem Jahre 1966. Grass war mittlerweile auch politisch hervor-
getreten, hatte am 1965er Wahlkampf aktiv zugunsten der SPD
teilgenommen. Das Theaterstück ‚Die Plebejer proben den
Aufstand' hatte 1966 Premiere gehabt: Von mehreren Seiten
her begab sich Grass auf das Feld der Politik, dem für das
nächste Jahrzehnt sein konzentriertes Interesse gelten sollte.

Dennoch fällt bei den neuen Gedichten zunächst ein intim
biographischer Ton auf. ,,Die Kreissäge meines Großvaters/
konnte einen hellen langen Vormittag/ zu Dachlatten ver-
schneiden" (Au 17), erinnert sich Grass an seine Jugend zur
Nazi-Zeit, die überhaupt ebenso gegenwärtig ist wie in der
‚Danziger Trilogie': ,,Wir hörten Fußball/ und Sondermeldun-
gen/ über den Drahtfunk./ Das ist das Pausenzeichen. Das ist
der Luftwecker,/ wenn später Feindverbände über der südli-
chen Ostsee" (Au 18).

Aber auch seinem gegenwärtigen Hausstand gelten lyrische
Anmerkungen:

> Wir haben Kinder, das zählt bis zwei.
> Meistens gehen wir in verschiedene Filme.
> Vom Auseinanderleben sprechen die Freunde.
> . . .
> Aber nach elf Jahren noch Spaß an der Sache.
> Ein Fleisch sein bei schwankenden Preisen.
>
> (,Ehe', Au 20 f.)

Dem verstorbenen Freund Walter Henn, Regisseur, gilt ein
schmerzbewegter Nachruf (,Mein Freund Walter Henn ist tot',
Au 29 ff.), familiäres Linsenkochen (,Die Erstgeburt', Au 50),
überhaupt Kochszenen, Rezepte, Rauchen, Tabak, Aschenbe-

cher, ein Aufenthalt in „Vermont" (Au 97) – es herrscht eine Tonlage persönlicher Direktheit vor, wie man sie weder in früheren Gedichten noch im Werk von Grass bislang angetroffen hatte; erst das ‚Schneckentagebuch' und der ‚Butt' werden hier erzählerisch aufschließen.

Reflexe aus dem Privatdasein verbinden sich mit Reminiszenzen aus der Langfuhrer Kindheit: „Ich buchstabiere: „Wrzeszcz hieß früher./ Das Haus blieb stehen, nur der Putz./ Den Friedhof, den ich, gibts nicht mehr". Der Grabstein bei „Brenntau", der Bilderschatz der Vergangenheit taucht auf bei Gelegenheit einer neuerlichen Reise nach Danzig: „und im Hotel die Frage in fünf Sprachen:/ Geboren wann und wo, warum?"; als Antwort: „in Strießbachnähe, nah dem Heeresanger/ ist es passiert, heut heißt die Straße/ auf polnisch Lelewela, – nur die Nummer/ links von der Haustür blieb" (Au 88 ff.) – nicht gefiltert und fiktional umgesetzt wie in den Danzig-Büchern, sondern deutlich, ungebrochen sind die Jugenderfahrungen, sogar die Leiden des Heranwachsenden, seine Anpassungsschwierigkeiten in Erinnerung gerufen. Der ‚Butt' wird später, was polnische Namen und erhaltenes Langfuhr-Milieu angeht, Zusatzinformationen nachliefern (Bu 636).

Dennoch gibt sich Grass durchaus auch mit abstrakten Themen ab, wie sich schon an den Bildern erkennen läßt: Den gut 60 Gedichten des Bandes sind lediglich 10 Zeichnungen beigegeben, zurückhaltende Bleistift-Grautöne herrschen vor, der barocke Schwung großflächiger Kohlestiftorgien aus ‚Gleisdreieck' ist gänzlich abhanden gekommen: ein Gesicht mit Maske, der Kopf einer Plastikente, Neuntöter, Aschenbecher, Eidechsenschwänze, angebissener Apfel, Pilz und Atompilz. Zuletzt eine Frucht als Vulva mit dem beigegebenen, auf Resignation hindeutenden: „Ich hab genug. Komm. Zieh dich aus" (Au 100).

Ohne den Hintergrund des Jahres 1966 sind viele Gedichte kaum verständlich – man glaubt zu spüren, daß die Auseinandersetzung mit politischen Fragen bei Grass das Bedürfnis gedämpft hat, die Gedichte zeichnerisch stärker anzureichern.

So geht es neben dem Rückgriff aufs intim Private vor allem um politische Reflexion angesichts der Tatsache, daß die neue Linke damals Grass bereits überholt hatte und seine mittlere sozialdemokratische Einstellung zunehmend schärfer ablehnte. Zwischentitel wie ‚Mein großes Ja bildet Sätze mit kleinem Nein' und ‚Zorn Ärger Wut', leitmotivisch wiederholte Begriffe wie ,,Protest'', ,,Ohnmacht'', ,,Wut'' signalisieren, daß Grass auch als Lyriker gezwungen ist, auf die Tagesereignisse zu reagieren. So verbindet sich der fast schon nostalgische Rückblick auf das deutsch-polnische Langfuhr-Wrzeszcz mit gegenwärtigem Ärger über ein ,,Flüchtlingstreffen in Hannover'', bei dem Grass beschimpft wird: ,,Da schrien alle: Schlagt ihn tot!/ Er hat auf Menschenrecht und Renten,/ auf Lastenausgleich, Vaterstadt/ verzichtet'' (Au 90). Da geht es um die Ohnmacht gegenüber dem ,,Napalm'' des Vietnamkrieges (Au 58) – der Roman ‚örtlich betäubt' wird dieses Thema aufnehmen. Die ,,Vergangenheit des Bauleiters Lübke'' (Au 82) und ,,Globke'' deuten auf verdrängte NS-Vergangenheit und bundesdeutsches Trauma, ,,Jaksch'', ,,Barzel'', ,,Rehwinkel'', ,,Abs'' zeigen Grass im Kampf gegen Rechts: ,,altfränkische Wolken über dem Heideggerland'' (Au 72f.) – die aus den ‚Hundejahren' wohlbekannte Grass-Melodie wird intoniert.

Neu ist allerdings die energische Absetzbewegung gegen die politische Linke. Im alten, grotesk zuschnappenden Kinderlied-Singsang greift Grass die bürgerliche Jugend an:

Mama. Es hat sich Heiterkeit
verflogen und ist überfällig.
Eng wird es zwischen Ideologen
und Söhnen aus zu gutem Haus.
Sie kommen näher. Ich will raus.

(‚Platzangst', Au 41)

Die griffige Formel von den ,,Söhnen aus zu gutem Haus'' ist geboren und wird im politischen Streit künftighin immer wieder auftauchen. Das Zischen der akademischen Jugend provoziert scharfe Angriffe, wird als ‚Dampfkessel-Effekt' aufs Korn genommen:

> Denn das Zischen macht gleich,
> kostet wenig und wärmt.
> Aber es kostet wessen Geld,
> diese Elite, geistreich und zischend,
> heranzubilden.
>
> (Au 56)

Grass kündigt also einer politischen Bewegung, dem Studentenprotest und der Außenparlamentarischen Opposition, die er durch sein hemdsärmeliges Herabsteigen in die politische Arena mit in Gang gesetzt hatte, bereits jetzt, noch vor den großen Konflikten der Folgejahre, die Freundschaft auf, auch in Versform. Die ‚Neue Mystik' wird in einem ,,kleinen Ausblick auf die utopischen Verhältnisse/ nach der vorläufig allerletzten Kulturrevolution" unnachsichtig abgekanzelt, ,,sozialistischer Mystizismus" ist in Beziehung gesetzt zu ,,Hegel", zu ,,spiritistischen Leninisten", zum Katholizismus der ,,Therese von Konnersreuth" und den parapsychologischen Experimenten der ,,Schrenk-Notzing-Methode". Das Resümee lautet für Grass, falls diese Linke sich durchsetzen sollte:

> Fortan müssen wir nicht mehr denken,
> nur noch gehorchen
> und ihre Klopfzeichen auswerten.
>
> (,,Neue Mystik', Au 74 ff.)

Im ‚Gesamtdeutschen März', ,,Gustav Steffen zum Andenken" spricht Grass denn seine politische Empfehlung auch ganz unverhohlen und jenseits aller Lyrik-Theorie bündig aus:

> glaubt dem Kalender, im September
> beginnt der Herbst, das Stimmenzählen;
> ich rat Euch, Es-Pe-De zu wählen.
>
> (Au 77 f.)

40

Der 65er Wahlkampf war damit lyrikfähig geworden; das politische Programm wird bis hin zum ‚Butt' aus dem Gesamtwerk von Grass nicht mehr wegzudenken sein.

IV. Frühes poetisch-phantastisches Theater

Auf der Bühne hat sich Grass, trotz mehrfacher Anläufe, bislang nicht durchsetzen können. Die frühen Theaterstücke, in den späten fünfziger Jahren neben der ,Blechtrommel' entstanden, brachten es jeweils nur zu wenigen Aufführungen und trugen ihm nicht einmal Achtungserfolge ein. Zur Tradition, in der Grass sich mit diesen ersten Bühnenversuchen verstand, hat er sich mehrfach geäußert, dabei stets bemüht, den Einfluß des absurden Theaters zurückzuweisen und sich auf eine Ahnenschaft zu berufen, die im wesentlichen mit deutschen Namen zu bezeichnen wäre: ,,Alle diese Stücke sind Ende der fünfziger Jahre geschrieben worden und stehen nicht so sehr im Verhältnis zu Beckett", führte Grass 1970 aus, ,,sondern innerhalb deutscher Theatertradition eher in der Nähe von Büchner, Grabbe und den Expressionisten" (Ru 65). Schon 1963 hatte er die patentere Formel gefunden: ,,Beckett, Adamov und ich – wenn ich so sagen darf – haben in ihren Stücken eine gemeinsame Wurzel. Und das sind Büchner, Grabbe und Kleist."[8]

,Hochwasser' (1957)

Dieses ,,Stück in zwei Akten" kam im Januar 1957 unter der Regie von Karlheinz Braun an der Neuen Bühne Frankfurt heraus. Max Frisch berichtet in seinem ,Tagebuch 1966–1971', daß Grass, es handelt sich wohl um dieses Stück, bereits 1955 bei einem Zürcher Gesellschaftsabend daraus vorgelesen habe.[9]

Schauplatz beider Akte ist ein im Querschnitt vom Keller bis zum Dach geöffnetes Haus. Bürgerliche, eher kleinbürgerlich alltägliche Zustände sind vorgestellt: Noah, ,,ein Hausbesitzer" und seine Schwägerin Betty versuchen angesichts von Regenfluten, Inventar und Fotoalben nach oben zu retten, denn ,,seit

Montag steigt das Wasser wieder" (TS 11). Im Zimmer oberhalb sind Noahs Tochter Jutta und ihr Verlobter, der Friseur Henn, in erotische Spielereien vertieft und gänzlich sorglos gegenüber der heraufziehenden Katastrophe.

Immer wieder blendet Grass kommentierende Dialoge zweier Ratten ein, die auf dem Flachdach der Behausung zu überleben suchen, Perle und Strich, „zwei große, grotesk zerzauste Rattenmasken" (TS 15). Ein sich abzeichnender Zusammenbruch wird von skurril verzerrender Außenperspektive beobachtet, ein Kunstgriff, der durchaus an den abseitigen Blickwinkel des kleinwüchsigen Oskar Matzerath in der ‚Blechtrommel' erinnern mag. Durch die drei Etagen des Hauses rollt nun die Szenenfolge ab: Ein Sohn Noahs, Leo, und dessen Freund Kongo kehren aus exotischer Ferne nach Hause zurück und fabeln von Asien- und Polreisen, während Noah gelegentlich mit Bibelversen aufwartet; im Hintergrund eine Naturkatastrophe, die den Kleinbürgeralltag niederzuwalzen droht.

Im zweiten Akt beginnt das imaginäre Wasser zu sinken, hinterläßt aber „heillose Unordnung" (TS 54). Die knapp Davongekommenen gelangen nach und nach ins alte Gleis zurück: „So, wie ich die kenne", kommentiert scharfsichtig die Ratte Strich, „stellen die jetzt schon Fallen und richten sich ein wie früher"; und Perle entgegnet: „An sich haben wir hier nicht schlecht gelebt. – Sag mal, wenn wir nun hierbleiben würden, ganz keß, sozusagen als Symbol, daß es nun wieder aufwärts geht?" (TS 50)

Eine politische Deutung dieser Farce vom zerstörten Leben kleiner Leute, die sich auch angesichts ihres Ruins nicht aus dem Stumpfsinn rütteln lassen, bietet sich an: Nazizeit und verflossener Krieg als zurückliegende Bedrückung, im Anschluß daran erneuter politischer und wirtschaftlicher Aufschwung, wobei die Alt-Nazis wieder dabei sind und wacker mitmischen. Jenes „nun wieder aufwärts" signalisiert später in der ‚Blechtrommel' eindeutig die westdeutsche Prosperität nach der Währungsreform (Bl 522).

Allerdings sollte man diesen Interpretationsansatz nicht überspannen, das Stück im ganzen hat keinesfalls einen politischen Tenor. Vorrangig scheint es um das Theatervergnügen zu gehen, ruinierte Lebensverhältnisse und gespannte Verwandtschaftsbeziehungen spielerisch auseinanderzunehmen und sich ebenso über deren mühsame Restitution zu amüsieren. Gegen Schluß steigt ein „Prüfer" aus der Standuhr, um nach verlaufener Flut den Schaden zu taxieren: „Nach Hochwasserkatastrophen pflegen wir eine Taube, nach Großbränden den bekannten Phönix aus der Asche auf unseren Armbinden zu tragen", erläutert er (TS 57). Noahs Tochter, die ein Liebesintermezzo mit dem zugereisten Kongo hinter sich hat, erweist sich als träge und unfähig zur Anpassung an neuerliche Alltagsnormalität, sie wünscht abschließend, „daß es wieder regnet, bis das Wasser so hoch steht, so hoch!" (TS 58).

Sicher geht dieses Theaterstück ebensowenig wie die gleichzeitige Lyrik und der damals im Ausarbeitungsstadium befindliche ‚Blechtrommel'-Roman an der deutschen Nachkriegsrealität vorbei. Diese tritt allerdings in aufgelöster und abstrahierter Form in Erscheinung, wird noch nicht mit der Schärfe und dem anklagenden Gestus dargestellt, der wenige Jahre später den Ton der Grasschen Prosa bestimmen sollte.

‚Onkel, Onkel' (1958)

‚Onkel, Onkel. Ein Spiel in vier Akten' wurde im März 1958 von den Bühnen der Stadt Köln unter der Regie von Werner Koch uraufgeführt. Auch hier hat man sich vor Augen zu halten, daß Grass dieses Stück parallel zur ‚Blechtrommel' geschrieben hat. So nimmt es nicht wunder, daß Danziger Schauplätze erwähnt werden wie die „Schichau"-Werft (TS 74) und die aus den ‚Hundejahren' wohlbekannten „Erbsberg" und „Jäschkental" (TS 90), ebenso auch die „Kreuzung Wollweberstraße-Magdeburger" (TS 65). Dennoch ist sonst vom Kolorit der Weichselstadt kaum etwas zu spüren, Schauplatzbestimmung und Zeiteinbettung bleiben, gemäß den Spielregeln absurden Theaters, vage.

Alles dreht sich um einen „Systematiker" Bollin, der gerne zu blutrünstigen Mordtaten schreiten möchte, von den Mitspielern jedoch nicht ernstgenommen und schließlich sogar erschossen wird; manche seiner kuriosen Auftritte könnten an den „Teufel" in Grabbes ‚Scherz, Satire, Ironie und tiefere Bedeutung' erinnern.

Im „Vorspiel" des ersten Aktes – jeder der vier Akte besteht aus Vorspiel und Hauptszene – sitzt Bollin auf einer Parkbank, um ihn herum toben Sprotte, „ein dreizehnjähriges Mädchen", und Jannemann, „ein vierzehnjähriger Junge". Ein Versuch Bollins, die Kinder mit Bonbons zu ködern, schlägt fehl, man verspottet ihn mit einem jener infantil-bösartigen Kinderlieder, wie sie zum festen Arsenal Grasschen Schreibens gehören:

> Onkel, Onkel, haste nich 'n Ding,
> Onkel, nur ein kleines Ding,
> . . .
> irgend so ein Ding nich
> vielleicht inne Tasche. (TS 62)

Unüberhörbar der sexuelle und destruktive Einschlag in der Kinderphantasie: Das „Ding" stellt sich alsbald als Revolver heraus, den Bollin in der anschließenden Hauptszene „Die Grippe" mordlüstern gegen Sophie, „ein fast sechzehnjähriges Mädchen", unter deren Bett er sich verborgen hält, einzusetzen gedenkt. Bollins plötzlicher Auftritt am Bett der Kranken wird indessen gleichgültig hingenommen, die Tötungsabsicht Bollins geht im Alltagsgequassel der Heranwachsenden und ihrer hinzutretenden Mutter schlicht unter. Bollin, „ein Systematiker ohne Kompromiß" (TS 66) kommt nicht ans Ziel, ja er vermag sich kaum den Annäherungsversuchen der mütterlichen Witwe zu entziehen.

Im Vorspiel zum zweiten Akt erdolcht und erschießt Bollin eine der Sophie entwendete Puppe Pinkie – zerstörte Puppen sind ja auch in Grasschen Gedichtbänden mit Vers und Zeichnung gegenwärtig. Die Hauptszene „Der Kuckuck" führt einen Förster vor, den Bollin in eine Fallgrube gelockt hat, um ihn zu töten. Der Waldbeamte jedoch diskutiert ihn ohne Umschweife nieder: „Sie sind ein Idealist, ein unverbesserlicher Weltverbesserer, ein Revoluzzer, ein Umstürzler. Destruktiv und pessimistisch bis auf die Knochen. Ein Nihilist wie er im Buche steht" (TS 85). Als die Kinder Sprotte und Jannemann hinzukommen, nimmt Bollin vollends Abstand von seinem Mordplan, hält die Ereignisse mit buchhalterischer Sorgfalt in einem „Heft" fest und schaufelt die Grube wieder zu.

Der dritte Akt läßt Bollin im Salon der „Diva" Mimi Landella aufkreuzen, die gerade von einem Fotografen abgelichtet wird und dabei Wagner-Passagen trällert. Nach kuriosen Dialogszenen und einer Pantomime – Bollin als tonlos singender ‚Barbier von Sevilla' – zieht der Systematiker auch hier unverrichteter Dinge ab.

Im vierten Akt endlich, Hauptszene „Onkel, Onkel", wird der gealterte Bollin auf einer verlassenen Baustelle am Stadtrand zwischen Kieshaufen und Gerüstbrettern von den Minderjährigen erschossen, die sich anschließend zu erotischen Spielen in einen Schuppen zurückziehen.

Die Deutung dieses Theaterstückes hat wiederum Elemente des absurden Theaters zu beachten. Bollin scheint auf Geheiß eines häufiger genannten „Onkel Max" zu agieren, eines imaginären Unbekannten, der niemals in Erscheinung tritt. Andererseits spielt der mit kalter Systematik auf Mord ausgehende Bollin sicherlich in irgendeiner Weise auf die planvoll verwalteten und systematisch vollzogenen Naziverbrechen an: ein Administrator des Schrecklichen, der jedoch zu eigenhändiger Ausführung seiner Projekte gar nicht fähig ist. Grass läßt hier vielleicht das Motiv vom ‚Schreibtischtäter' anklingen, zeigt ein Stück deutscher Schizophrenie wie bei jenen guten Familienvätern und Hundehaltern, die im Nazireich den verordneten Mord als Berufspflicht ansahen. „Oft genug hat man meiner Arbeitsweise krankhafte Motive untergeschoben", recht-

fertigt sich Bollin. ,,Nichts hören will ich davon. Normal bin
ich. Bollin ist normal!" (TS 109) Als zeithistorischer Hintergrund des Stückes könnten also die Abwehr- und Schuldleugnungsmechanismen in Betracht gezogen werden, wie sie etwa
bei Gerichtsverhandlungen gegen Kriegs- und KZ-Verbrechen
zu beobachten sind.

,Noch zehn Minuten bis Buffalo' (1959)

Im Februar 1959 kam im Schauspielhaus Bochum unter der
Regie von Manfred Heidmann dieses ,,Spiel in einem Akt" mit
seinem Balladenassoziationen wachrufenden Titel heraus. Ein
Lokomotivführer Krudewil und sein Heizer Pempelfort machen sich an einer ,,alten, verrosteten, bewachsenen Lokomo-
tive mit Kohlentender" (TS 133) zu schaffen. Als Umgebung:
,,Grüne Landschaft und Kühe im Hintergrund". Ferner treten
auf: ein Landschaftsmaler Kotschenreuther vor seiner Staffelei,
ein Kuhhirt Axel und eine Dame ,,Fregatte". In knappen
Sprechszenen mühen sich Lokomotivführer und Heizer, das
Dampfvehikel flottzumachen: ,,Wir haben unser Ziel und das
heißt Buffalo", dort erwartet sie ,,Freiheit" (TS 136, 145).
Zweifellos mag dieser Grundeinfall, abwegiges Hoffen auf ein
symbolisch überhöhtes, nie erreichbares Ziel wiederum an das
absurde Theater erinnern.

Groteske Elemente trägt Grass ins Bühnengeschehen unter
anderem durch das Auftreten der ,,Fregatte". Sie ist ,,ein kräf-
tiges Frauenzimmer in Admiralsuniform, mit einer Fregatte als
Kopfbedeckung", die ,,abwechselnd drei Zigarren" raucht und
eine Bootsmannspfeife hören läßt (TS 146). Seemannstermino-
logie wird angesichts des stockenden Landfahrzeuges verwandt, Melvilles ,Moby Dick' ist erwähnt. Schließlich nimmt
der Kuhhirt Axel sich der Maschine an, und unerwartet setzt sie
sich in Bewegung und fährt nach rechts von der Bühne. Im
Schornstein explodiert eine dort zurückgelassene Schußwaffe,

Grass schließt mit dem Kalauer: ,,Krudewils Pistole ist es zu warm geworden" (TS 150).

Ein leichtgeschürztes Spiel also, aufgeheitert durch eingeschobene Couplets zwischen Lokführer und Heizer. Dem naiven Naturburschen Axel gelingt, was die versponnenen Fachleute, aber auch der in Kunsttheorie schwadronierende Maler nicht zustande bringen. Fast möchte man an den Grasschen Versuch einer Romanpoetik zu Anfang der ,Blechtrommel' denken, wo ausführlich über die Unmöglichkeit gesprochen wird, heutzutage noch Romane zu schreiben; und dann das naiv-selbstbewußte Grassche Modell: ,,sozusagen hinter dem eigenen Rücken einen kräftigen Knüller hinlegen, um schließlich als letztmöglicher Romanschreiber dazustehen" (Bl 11). Wie der unbekümmerte Hirte Axel auf der Bühne, so schaffte Grass als Romancier das Unmögliche.

,Die bösen Köche' (1961)

Dieses ,,Drama in fünf Akten", uraufgeführt im Februar 1961 in der Berliner Schiller-Theater-Werkstatt unter der Regie von Walter Henn, ist der umfangreichste und ehrgeizigste der frühen Theaterversuche von Grass. Gearbeitet hat er an dem Werk schon in seiner Pariser Zeit 1956/57, also wiederum parallel zum Roman. Bereits 1959 war in Aix-les-Bains und Bonn ein Ballettlibretto von Grass ,Fünf Köche' mit der Choreographie von Marcel Luitpart zur Aufführung gekommen. Auch im Dramentext gibt es Passagen, wo Köche singen und tanzen – dramatische Spannung tritt überhaupt zurück zugunsten von lockerem Spiel und tänzerisch gelösten Auftritten.

Fünf Köche, Petri, Grün, Vasco, Stach und Benny, wollen einem Herbert Schymanski, ,,genannt ,Der Graf'", ein Suppenrezept abjagen, mit dem Schymanski im Lokal eines Gastronomen Schumacher einstmals überwältigenden Erfolg hatte: ,,Der weiß, wie sie wird, der hat sie gekocht hier, zwei, dreimal, und sie verrückt gemacht, die Leut" (TS 162).

Das Unternehmen endet mit Pistolenschüssen, doch ohne Eroberung des Rezepts.

Die fünf Akte bestehen jeweils aus einer einzigen Szene. Zu Beginn schreibt Schymanski an einem Brief, während Koch Petri auf einer „riesigen Trompete" seine Kollegen herbeizitiert: Benny rutscht aus der Trompetenwölbung selbst, als werde er geboren, Grün entsteigt einem „großen Ei", Vasco erhebt sich aus einem Salzberg, Stach löst sich aus rasch gefallenem Schnee. „Sie treiben es wie Kinder", improvisieren Tennismatchs mit Pfannen, werfen Schneebälle – ein Märchenspiel voll surrealer Naivitäten. Eine Krankenschwester Martha, Braut von Vasco, tritt hinzu und wird Objekt eines erotischen Tauziehens zwischen Graf und Koch Vasco: ein geläufiges Thema aus der ‚Blechtrommel', wo sich die erotischen Obsessionen Oskar Matzeraths gleichfalls an Krankenschwestern entzünden.

Beim Ringkampf auf einer Brücke verliert Vasco seine Mütze, vielleicht ein Kastrationssymbol, erlangt aber dennoch nicht Brief und Rezept vom Grafen. Dieser meint lediglich, nachdem er den Brief ins Wasser geworfen hat: „es ist eine Kohlsuppe, eine ganz gewöhnliche Kohlsuppe. Nur tu ich eine ganz bestimmte Menge ganz besonderer Asche daran" (TS 166).

Der zweite Akt spielt in den Zimmern von Vascos sterbender Tante. Vasco berichtet von Kirchgang und Gebet, wie überhaupt die parodistische Beziehung zur christlichen Heilslehre das Stück prägt. Abermals werden die Köche herbeigeblasen, diesmal aus einem großen Kachelofen; ihr tänzerischer Auftritt schließt den Akt.

Der dritte Akt führt die Köche am Tag danach in ihrer Küche vor, „zwischen aufsteigendem Kochdampf" (TS 183). Die Situation der Köche hat sich verschärft, denn Lokalbesitzer Schumacher, der selbst nicht auftritt, droht ohne die geheimnisvolle Suppe bankrott zu gehen, in den „Großküchen" und beim „Verband" (TS 186) bricht Unruhe aus. Der Graf gelangt zwar in die Küche, verweigert jedoch ein weiteres Mal das Rezept.

Im Trockenraum einer Wäscherei spielt der vierte Akt nach einer Party der Köche. Während man vergeblich auf den Dienstherrn Schumacher wartet, tritt der ,,Graf" auf, und die Köche schleppen seine feuchtgewordenen Schriften und Kochrezepte in großen Paketen zum Trocknen heran. Eine Gruppe fremder Köche bricht herein unter Leitung des ,,langen Koch Kletterer" (TS 210). Nach Unterhandlungen kommt man überein, dem ,,Grafen" die Krankenschwester Martha zu überlassen; dieser verbindet sich mit ihr.

Im fünften Akt stellt sich heraus, Monate sind mittlerweile verflossen, daß auch das Opfer von Vascos Braut nicht zum Erfolg führt. Im Garten eines Landhauses trocknet Martha dem Grafen die Füße, eine weitere Bibelreminiszenz, während die Köche über die Mauer hereinklettern. Das Rezept jedoch scheint verloren: ,,Ich habe euch oft genug gesagt", erklärt der Graf, ,,es ist kein Rezept, es ist eine Erfahrung, ein bewegliches Wissen, ein Wandel, es dürfte euch bekannt sein, daß es noch nie einem Koch gelang, zweimal dieselbe Suppe zu kochen" (TS 225). Ein doppelter Pistolenschuß macht dem Spiel ein Ende, vermutlich kommen Martha und der Graf um, während die Köche enteilen.

Zur Deutung wäre an die historischen und biblischen Namen zu denken: Vasco als Seefahrer (Vasco da Gama) und Gewürzkaufmann; die Namen Stephan, Petri, Therese (die Tante), Benny (Benjamin), Martha, Stach (Eustachius) verweisen scheinbar auf biblische Figuren und Gestalten der Kirche; der ,,Graf" erscheint gelegentlich in Jesus-Pose – aber man sieht hier nicht weiter, ebensowenig wie bei den Jesus-Identifikationen des Oskar Matzerath. Auf der Hand liegt die Beziehung dieser lockeren, stets zu musikalisch-ballettmäßiger Auflösung hintendierenden Szenenfolge zu Büchner; vor allem der Tonfall der Gartenszenen des fünften Aktes ruft Entsprechendes aus Büchners ,Leonce und Lena' ins Gedächtnis. Hinzu kommen Züge des Märchens: der vermeintliche ,,Graf" und die unglücklich romantische Liebe einer bereits anderweitig vergebenen Braut, der Zauberkrimskrams rund um das Suppenrezept.

Vielleicht auch ein Stück Sozialkritik? Die Köche sind unterdrückt und ausgebeutet von einem anonymen Lokalbesitzer, hinter dem Großküchen und Interessenverbände undurchsichtig drohen.

Unbestreitbar ist wiederum die Einwirkung des absurden Theaters: Vergebliches Warten auf die Lösung aller scheinbar auf einen Punkt gerichteten Bemühungen, das fortwährende Ausweichen in die Farce, ein Rezept ohne mitvollziehbaren Sinn, von dem dennoch alles abhängt.

Bei der Uraufführung trat der ,,Graf" in ,,Grass-Maske und mit des Autors tragischem Hängeschnurrbart" (Lo 125) auf, wie Friedrich Luft festhielt. Aber auch das bedeutet eher Ulk als Interpretation. Der Berliner Uraufführung folgte nur noch eine weitere Inszenierung in Mannheim. Wie mit seinem sonstigen frühen Theater kam Grass auch diesmal nicht zum Zuge, nicht einmal nach seinen sensationellen erzählerischen Erfolgen.

1974 hat Grass fünf Porträts seiner Köche als Kaltnadelradierungen nachgeliefert; die Reclam-Ausgabe der ,Bösen Köche' reproduziert sie, allerdings seitenverkehrt.[10] Man sieht Köche mit grobgliedrigen Ketten durch den Mund, mit gespießtem Vogelkopf und überdimensioniertem Ohr, mit aus dem Mund ragendem Phallus, mit zerspaltener Haube und gesäßförmigem Hinterkopf – die Anknüpfung ans graphische Werk des Autors liegt auf der Hand, für die Deutung des Theaterstückes läßt sich aus diesem bildnerischen Nachtrag wohl nichts gewinnen.

V. ‚Danziger Trilogie‘

Als Lyriker freundlich beachtet, als Theaterautor mit nur spärlichem Lorbeer ausgezeichnet, sah sich Grass in der zweiten Hälfte der fünfziger Jahre auf die Prosa verwiesen. Im November 1959 merkte er in einem Gespräch mit der ‚Frankfurter Neuen Presse‘ ironisch an: ,,Die Blechtrommel wäre wahrscheinlich nie geschrieben worden, hätten mich die westdeutschen Theater, die meine Stücke nicht spielen oder nachspielen wollten, etwas freundlicher behandelt. So sind also der Autor und die hoffentlich immer zahlreicher werdenden Leser der Blechtrommel‘‘, der Roman war erst seit wenigen Wochen auf dem Buchmarkt, ,,unseren subventionierten Bühnen zu Dank verpflichtet.‘‘[11] Grass mußte sich also über die dreifache Stufe Bildende Kunst, Lyrik, Theater an sein eigentliches Spezialgebiet, das Erzählen, heranarbeiten.

Hinweise auf episches Talent hatte es früh gegeben: Noch in Berlin, vielleicht 1954 oder 1955, waren dem in der gleichen Stadt ansässigen Dichter Gottfried Benn durch Vermittlung des Malers und Grass-Freundes Ludwig Gabriel Schrieber und durch Karl Hofer frühe Grass-Gedichte überbracht worden (SP 36/63,72). Grass berichtete später: ,,Gottfried Benn hat Gedichte von mir gelesen und zu meinem damaligen Lehrer Karl Hartung gesagt, daß für ihn in diesen Lyrik-Texten ein Erzähler deutlich werde‘‘ (Blo 217). Noch in den ‚Hundejahren‘ von 1963 findet sich womöglich ein Abbild dieses Vorganges, als nämlich der Erzähler des zweiten Buches, Harry Liebenau, seine frühe Lyrik-Produktion als überwundene Phase abtut: ,,fortan schrieb ich einfache Sätze und schreibe nun, da mir ein Herr Brauxel rät, einen Roman zu schreiben, einen richtigen reimlosen Roman‘‘ (Hj 140).

In dem früheren Werk von Grass gibt es manches, was auf die ‚Blechtrommel‘ hindeuten mochte: Motivfelder rund um

Danzig, Krankenschwestern, harmlos hinterhältige Abzähl-
reime, infantil verquere Köche mit garstigen Suppen, Vogelscheuchen, Nonnen. Dennoch ist der Roman aus dieser Pro-
duktionsvorgeschichte nicht ableitbar, er bedeutet den Sprung
auf eine neue Ebene. Für die deutsche Literaturlandschaft und
den zugehörigen Lesemarkt war er ein Durchbruchsereignis
von einer über Jahrzehnte hinwegreichenden Tragweite. Aus
der Rückschau wird mit dem Erscheinen dieses Buches meist
die Rückkehr der deutschen Literatur auf das Weltniveau da-
tiert. Die gewaltige, alsbald auch internationale Resonanz der
,Blechtrommel' trug entscheidend dazu bei, die deutsche Literatur aus der Quarantäne herauszuholen, in die sie durch die
Nazi-Zeit und das erste Nachkriegsjahrzehnt geraten war.

Die Einheit der ,Danziger Trilogie'

Grass hat seine drei Erzählwerke ,Die Blechtrommel' (1959),
,Katz und Maus' (1961) und ,Hundejahre' (1963) im Frühjahr
1974 in der Sammlung Luchterhand nachträglich unter dem
Obertitel ,Danziger Trilogie' zusammengefaßt. Schon zuvor
führte er mehrfach Klage darüber, daß Literaturkritik und For-
schung die drei Bücher zu wenig als Einheit behandelten
(TK 6). Es scheint uns daher angebracht, zunächst einige Ge-
sichtspunkte zu skizzieren, die diesen inneren Zusammenhalt
der beiden Romane mit der Novelle vor Augen führen. Erst im
Anschluß daran werden wir dann zu einer Erörterung der jeweils einzelnen Werke kommen.

Erwähnenswert ist zunächst der stoffliche Zusammenhang:
In ,Katz und Maus' und in den ,Hundejahren' wird vielfach
Rückbezug genommen auf die ,Blechtrommel', etwa durch
Verknüpfung von Personen und Schauplätzen. Es gibt auch an-
deutende Vorwegnahmen: So findet bereits in der ,Blechtrom-
mel' eine Schlägerei am ,,Erbsberg ... und vor dem Gutenberg-
denkmal'' (Bl 82, 644) statt, und zwar mit ähnlich politischer
Motivierung wie später die Prügelei gegen Eddie Amsel in den

‚Hundejahren' (Hj 252 ff.). „Im Zwiebelkeller" der ‚Blechtrommel' ist bereits „jener glatzköpfige Schauspieler, der bei
uns der Knirscher genannt wurde" (Bl 642) zugegen – eine
Vorwegnahme des Walter Matern der ‚Hundejahre'. Selbst Oskar Matzerath erwägt nach Kriegsende, „Knirscher" (Bl 504)
zu werden; er wäre also insofern als Parallelfigur zu Matern zu
begreifen. Ferner wird bereits der Zwiebelkeller mit dem
„Stollen ... eines Kalibergwerkes" (Bl 629) verglichen. Von
der ‚Blechtrommel' aus war also die ‚Danziger Trilogie', jene
„dunkle verzweigte Geschichte" (KM 39), auf die in ‚Katz und
Maus' Bezug genommen wird, in den Grundlinien bereits vor-
entworfen. Oskar Matzerath, Tulla Pokriefke, Störtebeker
und andere, sie sind in allen drei Werken präsent, ja die Figu-
renkonstellation bleibt über die ‚Trilogie' hinaus bis in ‚örtlich
betäubt' erhalten. Selbst im ‚Butt' (1977) ist jener Lateinlehrer
Dr. Stachnik (Bu 206 ff.) noch immer vorhanden, der schon in
‚Katz und Maus' (Stachnitz, KM 64, 66) und in ‚Hundejahre'
(Hj 133) eine Rolle spielte. Daß der ‚Butt' zweimal auf Oskar
Matzerath zu sprechen kommt, versteht sich fast von selbst;
dort gibt es immer noch jenen unermüdlichen „dreijährigen
Jungen, der wütend auf seine Blechtrommel schlug" (Bu 569,
vgl. 276).

Es gehört sicherlich zum Kern der Grasschen Ästhetik, das
Material so vorzuzeigen, als ob es quasi nach Belieben variiert,
weitergeführt und erzählerisch fortentwickelt werden könnte.
„Denn langsam floß die Weichsel", heißt es einmal in den
‚Hundejahren', „langsam verjüngten sich die Deiche, langsam
wechselten die Jahreszeiten, langsam zogen die Wolken"
(Hj 43) – zwischen Landschaft und Erzähltechnik gibt es für
Grass gewiß einen selbstverständlichen Zusammenhang. Jener
von Thomas Mann gerne als urepische Formel zitierte Vers aus
Goethes ‚Hafis'-Gedicht: „Daß du nicht enden kannst/das
macht dich groß", er bezeichnet zugleich auch Absicht und
Anspruch von Grass, der ja bei aller Tabuzertrümmerung im-
mer zugleich Traditionalist geblieben ist. Nach Abschluß der
‚Hundejahre' bemerkte Grass gegenüber dem SPIEGEL: „Ich

fürchte, mit diesem Thema bin ich noch lange nicht fertig"
(SP 36/63, 66) – eine Bemerkung, die als charakteristisch für
diesen phantasiegewaltigen und doch kühl disziplinierten Erzähler gelten darf.

Ausgehend von der ‚Blechtrommel' ist das Grassche Werk
häufig in der Tradition des sogenannten Schelmenromans gesehen worden. Sicherlich trifft dies für einige wesentliche Momente zu: ‚Die Blechtrommel' reiht in sich geschlossene,
schlagkräftige Episoden aneinander; die Erzählperspektive ist
ferner die des sozial tiefstehenden Außenseiters wie beim Laza-
ril von Tormes, beim ‚Simplicissimus' von Grimmelshausen,
beim ‚Ulenspiegel' de Costers. Auch spricht der immer gleich-
bleibende Zustand des Helden, seine Entwicklungslosigkeit,
seine Unfähigkeit zu psychischem (bei Grass auch körperli-
chem) Wachstum und zunehmender Weltaneignung durchaus
für die Schelmentradition. Dennoch sei dieser literarhistorische, von der Grass-Forschung gewiß überbewertete Aspekt
zurückgestellt, wie auch Grass mehrfach die Tragfähigkeit der
am Schelmenroman orientierten Interpretation in Zweifel
zog: ,,Ganz gewiß helfen Kästchenvorstellungen wie ‚der neue
Schelmenroman' überhaupt nicht weiter" (TK 6), bemerkte er
etwa gesprächsweise.

Wir vernachlässigen daher im folgenden diese offenbar nicht
sonderlich fruchtbare Betrachtungsweise und wenden uns vor
allem der Frage zu, inwiefern in der Danziger Trilogie die
Wirklichkeit deutscher Zeithistorie, insbesondere die Ereignisse der Nazijahre ihren Niederschlag gefunden haben. Denn
unbestreitbar bildet die Auseinandersetzung mit dem Dritten
Reich, ebenso aber auch mit dessen Nachwirkungen, Folgen,
Verdrängungen im Nachkriegsdeutschland das alles beherr-
schende Mittelpunktthema der ersten Grass-Bücher.[12]

Wo es um Zeitgeschichte im Erzählwerk geht, ist allen auf
die Chronologie verweisenden Anhaltspunkten größte Aufmerksamkeit zu widmen. Durchleuchten wir in dieser Hinsicht
die ‚Danziger Trilogie', so zeigen sich zwischen ihren drei Teilen sehr deutliche Parallelen.

Der zwergwüchsige Oskar Matzerath beschreibt sein krauses Leben in den Jahren 1952 bis 1954 vom Anstaltsbett eines westdeutschen Irrenhauses aus. Das erste Buch setzt um die Jahrhundertwende mit der Zeugung von Oskars Mutter auf einem kaschubischen Kartoffelacker ein und zieht in den nächsten Abschnitten die familiäre Vorgeschichte des Helden zusammen. Dieser wird bereits im dritten Kapitel ‚Falter und Glühbirne‘ Anfang September 1924 geboren. Von diesem Moment an ist der Roman durch exakte, eng gestaffelte Zeitangaben zu einem chronologisch linear voranschreitenden Lebensbericht zusammengeschlossen, der den Leser praktisch auf keiner Seite im unklaren darüber läßt, wann die jeweiligen Ereignisse stattfinden. In einem Interview hat Grass seine Technik der chronologischen Stoffdisposition – sie gilt prinzipiell auch für ‚Katz und Maus‘ und die ‚Hundejahre‘ – folgendermaßen kommentiert: „Da ich mir die heute so beliebte, auf dem Kunstdünger des Rundfunks gewachsene Rückblende verbat, galt es, chronologisch zu erzählen. So, immer hart am Stoff und einer Wirklichkeit gegenüber, die genau fixiert und benannt sein wollte, bedurfte es meterlanger Kapitelpläne und Zeittabellen. Auch muß man, wenn man chronologisch erzählt, sehr fleißig sein."[13] In ‚Katz und Maus‘ steht die erzähltechnische Schlüsselformel, die für die ‚Danziger Trilogie‘ im ganzen gilt: „wer schreibt, darf nicht vorgreifen" (KM 78).

Das erste Romanbuch der ‚Blechtrommel‘ reicht in seiner Zeiterstreckung bis zum November 1938; es schließt mit der sogenannten ‚Reichskristallnacht‘ in der Danziger Innenstadt und dem Tod des jüdischen Spielzeughändlers Markus. Das nach Umfang und Thematik von allen Romanteilen gewichtigste zweite Buch umfaßt den zweiten Weltkrieg und endet mit dem Abtransport Oskars aus Danzig im Juni 1945. Das dritte Buch endlich spielt „nach dem Krieg" (Bl 516) bis zum September 1954 in Westdeutschland. Der zeithistorische Gehalt der ‚Blechtrommel‘ wird mithin schon ganz äußerlich greifbar, an der formalen und chronologischen Gliederung des Werkes nämlich. Der Krieg als Geschichtsperiode bildet nach Aufbau und Thematik die Romanmitte; der Gang der politischen Hintergrundsereignisse diktiert die Bucheinteilung.

Ein Blick auf ‚Hundejahre' und ‚Katz und Maus' belehrt, daß dort analoge Verhältnisse herrschen. In den abermals dreiteiligen ‚Hundejahren' ist ein Erzählerkollektiv am Werk. Das erste Buch deckt aus der Sicht des regieführenden Amsel-Brauxel mit den „Frühschichten" die Zeit von etwa 1917 bis 1927 ab; im zweiten Teil reflektieren Harry Liebenaus „Liebesbriefe" den Zeitabschnitt zwischen 1927 und dem „achten Mai neunzehnhundertfünfundvierzig" (Hj 427). Dieses Mittelstück stößt schon nach wenigen Seiten zu den Jahren 1932/33 vor, wird seiner zeitlichen Längserstreckung nach also wiederum von historischer Zäsursetzung bestimmt. Das letzte Buch der ‚Hundejahre' behandelt die Nachkriegsfrist 1945 bis 1957 in Walter Materns „Materniaden". Thematisierte die ‚Blechtrommel' in ihrem mittleren Teil vielleicht etwas enger Krieg und militärische Aggression, so entwerfen die lockerer gefügten ‚Hundejahre' im entsprechenden Abschnitt ein weitergespanntes Epochenfresko des Tausendjährigen Reiches.

Die Novelle ‚Katz und Maus' schließlich, thematisch und entstehungsgeschichtlich das Herzstück der ‚Danziger Trilogie', ist ganz klar dem immergleichen Erzählzentrum allein, dem Weltkrieg nämlich, vorbehalten. Sie wird eröffnet „kurz nach Kriegsbeginn" (KM 7) und schließt mit der „Inwasjon" (KM 128) von 1944, also mit dem den Kriegsausgang bestimmenden Schlußereignis. Der novellistisch aussparende Charakter von ‚Katz und Maus' tritt gegenüber den beiden voluminösen Romanen schon in der zeitlichen Beschränkung auf die eigentlichen Kriegsjahre in Erscheinung, welche in den sehr viel stärker ausladenden Romankompositionen jeweils noch von Vor- und Nachkriegsereignissen flankiert werden. Die Novelle präsentiert folglich, ihrer Mittelpunktstellung gemäß, mit Krieg und allgegenwärtiger Aggression die thematische Essenz der großen Bücher; die ‚Trilogie' im ganzen ist nach einem erstaunlich streng symmetrischen Bauplan ausgeführt.

Ferner ist zu beachten, daß die Erzählhandlung der Danziger Bücher durchweg mit allem sozialhistorisch nur möglichen Nachdruck im Kleinbürgertum – kleingewerblicher Mittelstand, kleine Angestellte, Handwerker – verankert ist. Diese Bevölkerungsschichten bildeten von Wählerpotential und Ideologie her den Kern und zugleich die Massenbasis des deutschen Faschismus.[14] In der ‚Blechtrommel‘ ist die Nazizeit von einem Kolonialwarenladen im Langfuhrer Labesweg aus besichtigt, in ‚Katz und Maus‘ aus der Optik von Jugendlichen aus kleinbürgerlichen Häusern, in den ‚Hundejahren‘ vom Standpunkt der in einer Langfuhrer Tischlerei Tätigen. Großbürgerliche Schichten werden allenfalls im Zusammenhang mit den Danziger Gymnasien gestreift, proletarisches Milieu kommt mit den Danziger Werften nur ganz gelegentlich in Sichtweite.

Grass wollte – und dies gibt dem zeithistorischen Interpretationsansatz die Berechtigung – in der ‚Danziger Trilogie‘ den Strukturzusammenhang von Kleinbürgertum und Nationalsozialismus deutlich werden lassen; er operiert im Grunde mit strukturgeschichtlichen Methoden, wenn er den Epochenzustand von einer sozialhistorischen Schlüsselgruppe aus beleuchtet. Aus Anlaß des ‚Blechtrommel‘-Filmes von 1979 hat Grass rückschauend nochmals ausdrücklich angemerkt: ,,Es ist ein Buch über die tragende Schicht des Nationalsozialismus, des deutschen Faschismus, des Kleinbürgertums" (SP 18/79, 186). Das gilt besonders auch für Oskar Matzerath, der, so Grass in einem früheren Gespräch, ,,inmitten dieser Kleinbürgerschicht, als Teil dieser Kleinbürgerschicht und als ihr Sprachrohr, sich zu Wort meldet" (TK 5). Ähnliches ist für Mahlke in ‚Katz und Maus‘ in Rechnung zu stellen, bei dem es, abermals laut Grass, um ,,die Fabrikation eines militärischen Helden aus der Gesellschaft heraus" geht (PW 49). Im Gerichtsstreit mit Kurt Ziesel brachte Grass 1968 seine erzählerische Absicht zusammenfassend auf folgenden Nenner: ,,In meinen drei Prosawerken – ‚Die Blechtrommel‘, ‚Katz und Maus‘ und ‚Hundejahre‘ – war ich bemüht, die Wirklichkeit einer ganzen Epoche, mit ihren Widersprüchen und Absurditäten in ihrer kleinbürgerlichen Enge und mit ihrem überdimensionalen Verbrechen, in literarischer Form darzustellen" (PW 314).

Auch verbindet selbstverständlich allein schon der immergleiche Danziger Schauplatz die drei Werke. An gleicher Stelle umriß Grass dies so: „. . . alle drei Bücher handeln in Danzig und beziehen das westpreußische, teils deutsche, teils polnische, teils kaschubische Hinterland mit ein". Er klassifizierte sich, ganz auf der von uns mehrfach hervorgehobenen Linie, als ein „erzählender Schriftsteller, der seine erzählte Welt örtlich genau bestimmt" (PW 315).

Durchweg tendiert Grassches Erzählen zu Märchen; so heißt es einmal im Märchenton über die Danziger Lokalität: „Es war einmal eine Stadt, die hatte neben den Vororten Ohra, Schidlitz, Oliva, Emaus, Praust, Sankt Albrecht, Schellmühl und dem Hafenvorort Neufahrwasser einen Vorort, der hieß Langfuhr. Langfuhr war so groß und so klein, daß alles, was sich auf dieser Welt ereignet oder ereignen könnte, sich auch in Langfuhr ereignete oder hätte ereignen können" (Hj 374). Langfuhr also als Weltenspiegel, als theatrum mundi, aber nicht im Sinne zeitenthobener Allegorik, sondern als Hinweis auf die brennpunktartige und epochaltypische Bedeutsamkeit des Grasschen Schauplatzes. An anderer Stelle in den ‚Hundejahren' rückt Grass – unter ironischer Anspielung auf die Goethischen Begriffe der ‚großen' und ‚kleinen Welt' – die hochrangige Ereignisgeschichte und den Langfuhrer Alltag auf eine Linie (man bewegt sich in der Zeit des Attentates vom 20. Juli 1944): „Der Luftwaffenhelfer Harry Liebenau – um aus der großen Welt der Attentäter, Generalstabskarten und heilgebliebenen Führergestalt in den Vorort Langfuhr zurückzukehren – erfuhr aus lautgestelltem Radioapparat von dem mißglückten Anschlag" (Hj 397). Wie häufig bei Grass, auch in der ‚Blechtrommel', ist es hier das von den Nazis im großen Stil verwendete Propagandainstrument ‚Radio', das die Verknüpfung der politischen mit der kleinbürgerlichen Sphäre technisch bewerkstelligt. Auf diesem Wege wird das beschränkte, aber epochaltypische Kleinbürger-Proszenium in Langfuhr zum Abbild der großen Politik.

Selten wird der Zusammenhang der Grasschen Vordergrundfiguren mit dem globalen Zeitklima recht gewürdigt. Man geht vielfach davon aus, daß Oskar Matzerath als anarchistischer Eigenbrödler vor sich hin lebe und unbeeinflußt von seiner katastrophenschwangeren Umgebung als ,,fensterlose Monade", wie es Hans Mayer einmal formuliert hat,[15] seinen abwegigen Schabernack treibe. Diese Vorstellung erweist sich jedoch als unhaltbar, schon wegen des erwähnten Strukturzusammenhangs zwischen Nationalsozialismus und Kleinbürgertum.

Zu der irrigen Annahme, Oskar und das ihm zugesellte Personal habe mit der großen Zeitbewegung nichts zu tun, trug oftmals wohl die mangelhafte Kenntnis der historischen Bedeutsamkeit des Schauplatzes Danzig bei. Danzig ist aber kein weltfernes ‚Irgendwo‘, sondern in dem von Grass geschilderten Zeitabschnitt ein welthistorisches Ereigniszentrum.

Dazu einige Informationen: Nach dem Ersten Weltkrieg wurde Danzig infolge des Versailler Friedensschlusses vom Deutschen Reich abgetrennt und als Freistaat von einem Kommissar des Völkerbundes verwaltet. Danzig blieb aber wegen seiner geographischen Lage und der Zusammensetzung der Bevölkerung nicht nur deutsch-polnischer Zankapfel, sondern erlangte zusätzlich nach der NS-Machtübernahme im Reich überregionale Bedeutung als Modellfall einer Politik, die angeblich auf die Revision der ‚Schmach von Versailles‘ hinarbeitete. Der damalige Danziger Senatspräsident Hermann Rauschning (in der ‚Danziger Trilogie‘ mehrfach genannt), hat in seinen ‚Gesprächen mit Hitler‘ die Ansicht des Diktators überliefert, ,,Danzig sei ein Platz mit größter Zukunft. In einem deutschen Europa würde es eine ganz besondere Aufgabe haben. Hier würde eine Millionenstadt entstehen, an dem Schnittpunkt natürlicher Kraftlinien."[16] Es war also deutlich, daß Danzig in den NS-'Lebensraum'-Plänen im Zuge einer Ostexpansion zum Sprungbrett ausersehen war. Zum Jahre 1939, das

ja in allen Teilen der ‚Danziger Trilogie' – gemäß der Gelenk-
funktion des Weltkrieges – ausführlich behandelt wird, notierte
der damalige Schweizer Völkerbundskommissar C. J. Burckhardt: ,,seit Wochen wimmelte es in Danzig von Neugieri-
gen aller Nationalitäten. Nach Zusammenbruch des republikanischen Spanien war Danzig die neue Sensation geworden.''[17] Danzig lag also im Lichte der Weltöffentlichkeit, es
wurde zum allergischen Punkt, von dem die allgemeine Krise
ihren Ausgang nahm.

Die Stadt war tatsächlich einer der unmittelbaren Anlässe
zum Kriegsausbruch. Schon 1919 hatte Marcel Sembat die
absurde völkerrechtliche Konstruktion Danzigs kritisiert und
in der französischen Kammer erklärt, ,,daß Danzig den Keim
zu einem neuen Krieg in sich trage''.[18] Zum geflügelten Wort
wurde dann 1939 in der französischen Publizistik Marcel Déats
Frage ,,Mourir pour Dantzig?'', die darauf hinweisen sollte,
daß Frankreich für vermeintlich begrenzte und lokale Kriegs-
ziele nicht zu kämpfen bereit sei. Traurige Berühmtheit erlangte allerdings auch Hitlers Ausspruch vom Mai 1939: ,,Dan-
zig ist nicht das Objekt, um das es geht.'' In der historischen
Literatur ist die kriegsauslösende Bedeutung der Weichselstadt
oft herausgestellt worden. Der Hitler-Biograph Allan Bullock
bringt dies auf die Formel: ,,Als Hitler seine in Wien und Prag
erprobte Taktik auch auf Danzig anzuwenden versuchte'', sei
es ,,zum Ausbruch des Krieges'' gekommen.[19]

Im ‚Tagebuch einer Schnecke' gedenkt Grass des krisen-
trächtigen Völkerbundstatus der Weichselstadt und akzentuiert
ihre Bedeutung als historisches Schlüsselobjekt: ,,Jetzt erzähle
ich euch'', wendet sich der Erzähler an seine Kinder, ,,wie es
bei mir zu Hause langsam und umständlich am hellen Tag dazu
kam. Die Vorbereitung des allgemeinen Verbrechens begann
an vielen Orten gleichzeitig, wenn auch nicht gleichmäßig
schnell; in Danzig, das vor Kriegsbeginn nicht zum Deutschen
Reich gehörte, verzögerten sich die Vorgänge: zum Mitschreiben für später'' (Ta 16). Und der unmittelbare Reflex aus ‚Katz
und Maus': ,,. . . denn als überall, nicht auf einmal, sondern

nach und nach, zuerst auf der Westerplatte, dann im Radio, danach in den Zeitungen der Krieg begann" (KM 27) – also Danzig an der Spitze weltumstürzender Vorgänge.

Dieser knappe Exkurs zur historischen Bedeutsamkeit Danzigs als Schauplatz der ‚Trilogie' und späterer Grass-Bücher ist unverzichtbar, denn nur bei Einsicht in diese topographisch-historischen Zusammenhänge läßt sich die irrige Ansicht ausräumen, die Grassche Lokalität sei ein verhältnismäßig marginaler Ort fern den epochalen Ereigniszentren, das Langfuhrer Personal dementsprechend ein eher abwegiges Sammelsurium von historisch belanglosen Figuren. Richtig ist vielmehr, daß Danzig für den von Grass geschilderten Zeitabschnitt ein Knotenpunkt von universalgeschichtlicher Bedeutung war und daß die Grasschen Erzählabsichten in dieser Tatsache verankert sind.

Wir sind dabei, jene Aspekte darzustellen, die den inneren Zusammenhalt der ‚Danziger Trilogie' gewährleisten. Dazu gehört, daß sowohl die beiden großen Romane als auch die knappe Novelle nachkriegsdeutsche Verhältnisse miteinbeziehen, auch von der Position der jeweiligen Erzähler her. Oskar Matzerath schreibt seine Vita von 1952 bis 1954 nieder, betrachtet also seinen Lebensgang von seiner Düsseldorfer Irrenhausumwelt aus während dieser Zeit. Pilenz, beiläufig skizzierter Erzähler von ‚Katz und Maus', artikuliert den Bericht über seinen Schulkameraden, den „großen Mahlke", ebenfalls aus Düsseldorfer Sicht (KM 93), und zwar etwa um das Jahr 1960 (vgl. KM 139). Das Autorenkollektiv der ‚Hundejahre' ist teils in Berlin, teils von einem Kalibergwerk bei Hildesheim aus am Werk, und zwar um die Wende von 1961 auf 1962: Die Manuskripte der drei Teile werden, so will es die Erzählerfiktion, „termingerecht fertig" zum 4. Februar 1962 (Hj 131).

Ferner ist, als weitere Gemeinsamkeit der einzelnen Bücher untereinander, die psychische Konstitution der jeweiligen Erzähler ins Auge zu fassen. Grass hat gerade Fragen der Erzählerposition immer großes Gewicht beigemessen und etwa zur ‚Trilogie' angemerkt: „Alle drei Ich-Erzähler in allen drei Büchern schreiben aus Schuld heraus: aus verdrängter Schuld, aus ironisierter Schuld, im Fall Matern", es geht um das letzte Buch der ‚Hundejahre', „aus pathetischem Schuldverlangen, einem Schuldbedürfnis heraus – das ist das erste Gemeinsame" (TK 10f.). Und an gleicher Stelle gebrauchte er die einpräg-same Wendung von den „Schuldmotoren in der Erzählposi-tion" seiner ersten drei Danzig-Bücher (TK 7).

Zahlreich sind denn auch die ‚Schuld'-Reflexionen der Er-zähler in den genannten Werken: Oskar Matzerath etwa er-wähnt „ein unhöfliches und durch nichts aus dem Zimmer zu weisendes Schuldgefühl", das ihn „in die Kissen" seines „An-staltbettes" drücke (Bl 291f.). Pilenz in ‚Katz und Maus' arbei-tet überhaupt nur zwecks Schuldentlastung an der Nieder-schrift von Mahlkes Leben: „Aber ich schreibe, denn das muß weg" (KM 83); er berichtet ja „von Katz und Maus und mea culpa" (KM 80). In den ‚Hundejahren' bringt Harry Liebenau seine Anklage auf den Nenner: „Vergessen wollen alle die Knochenberge und Massengräber, die Fahnenhalter und Partei-bücher, die Schulden und die Schuld" (Hj 427).

Denn: Aufarbeiten von Schuld bedeutet in den Grasschen Büchern immer zugleich auch vehementen Kampf gegen Ver-gessen und Verdrängen der Nazi-Jahre, gegen die im Nach-kriegsdeutschland um sich greifende Neigung, sich nicht mehr erinnern zu wollen, das jüngst Geschehene seinem Wirklich-keitsgehalt nach überhaupt zu leugnen. Insofern bieten die Ge-sichtspunkte von Alexander und Margarete Mitscherlich in ih-rem Buch ‚Die Unfähigkeit zu trauern' eine sehr nützliche Hil-festellung zur Verdeutlichung der erzählerischen Konstellation in den Grasschen Danzig-Büchern.[20]

Oskar Matzerath, dem so vieles auf dem Gewissen lastet, macht den von Mitscherlich differenziert beschriebenen Sprung in die kollektive Schuldabwehr nicht mit. In einem verzweifel-ten, selbstentblößenden Amoklauf entzündet er sich an dem, was Mitscherlich bezeichnet hat als „wohlorganisierten inneren Widerstand gegen die Durcharbeitung eines Stücks unserer Geschichte ..., deren Schuldmoment unerträglich war und ist".[21] Oskars anklägerische Funktion gegenüber den geschichtsstumpfen Nachkriegsdeutschen wird, paradoxerweise fast, gerade dort deutlich, wo er dazu ansetzt, die kollektiven Abwehrmechanismen gewaltsam zu internalisieren, und dabei scheitert. Seine „Judastat" an seinem Onkel Jan Bronski, den er in der Nacht des Weltkriegsausbruches in die Polnische Post gelockt und dadurch vernichtet hat, bedrückt ihn; mittels heftigen Trommelns im Irrenhausbett sucht er diesen „einen bestimmten, zeitlich begrenzten Teil" seiner „Vergangenheit auszuradieren" (Bl 305). Der Terminus des Ausradierens, aus Hitlers Mund als Drohung gegen feindliche Städte in schlimmer Erinnerung, verweist auf das Nazi-Syndrom, von dem Oskar ständig bis an die Grenzen der Selbstzerstörung gepeinigt wird. Was ihm schiefgeht, entlarvt er, gerade durchs Vorführen und bewußt analysierende Rekapitulieren seines Mißlingens, bei denen, die mit ihrer individuellen und nationalen Vorgeschichte bequemen Frieden geschlossen haben.

In den ‚Hundejahren' ist es ähnlich Matern, der im letzten Buch ehemalige Bekannte, Vorgesetzte und Nazi-Sünder heimsucht, um damit gegen deren kurzschlüssiges Vergessen anzurennen. Aber auch ihm hängt jener „Hund" bedingungslos an als „Vergangenheit auf vier Beinen", die er loswerden, „in ein Tierheim geben, ausradieren" möchte (Hj 557); auch bei ihm ist der Schuldkomplex hauptsächlicher Motivationsgrund seines Nachkriegsverhaltens.[22]

Der Erzähler Pilenz in ‚Katz und Maus' hat in ähnlicher Weise wie Matern im Nachkriegsdeutschland die Runde gemacht, um ehemals Betroffene aufzusuchen: „einige von uns haben den Krieg überstanden" (KM 35). Die Verdrängungsthematik ist hier, gemäß der straffen Stoffdisposition der Novelle, knapp gehalten; fühlbar bleibt dennoch, daß der Erzähler sich an der Tatsache der Geschichtsverdrängung wundläuft. Am Ende der Novelle spielt „eine Kapelle der Bundeswehr" (KM 139) beim Treffen der altnazistischen Ritterkreuzträger – unauffälliger Hinweis auf die deutsche Misere, da doch der neue Staat und seine Organe offenbar nicht die gehörige Einstellung zu den vorausgegangenen Verbrechen gefunden haben.

Mit der Schuldaufarbeitungsthematik und dem Protest gegen nachkriegsdeutsche Verdrängung ergibt sich eine letzte Gemeinsamkeit in der Erzählerposition der ‚Danziger Trilogie': Alle Erzähler artikulieren den jeweiligen Stoff von Außenseiterpositionen her. Denn wer die kollektiven Tabuzwänge nicht mitvollzogen hat, wird im Nachkriegsmilieu unbarmherzig beiseite geworfen und marginalisiert. Grass merkte zum letzten Teil jener Romane an: ,,Nun ist jeweils ausgezeichnet, daß die Erzähler, wenn sie sich in dieser Umgebung befinden, dort fremd sind. Und das läßt sich auch nicht vertuschen und leugnen, sie treten auch als Fremde darin auf, und insofern gibt es auch ein gebrochenes, ein nur antastendes Verhältnis zur jeweils neuen Wirklichkeit, in der sie sich befinden. Sie schleppen ihre Herkunft immer mit sich'' (TK 12).

Jene vorbelasteten, von der Schulderfahrung ihrer Lebensgeschichte geprägten, zur Verdrängung unfähigen Erzähler treten als unbequeme Mahner, ja als Ankläger auf gegenüber einer Zeitgenossenschaft, die sich stupide dem Wirtschaftsaufschwung und einer immer beklemmenderen politisch-gesellschaftlichen Restauration überläßt. Oskar Matzerath liegt im Irrenhausbett, seinem ,,endlich erreichten Ziel'' (Bl 9). Die westdeutsche Umwelt hat ihn zum Außenseiter gestempelt, droht er doch mit seinem wahnwitzigen Geschichtsreferat die kollektiven Verdrängungszwänge außer Kraft zu setzen.

Pilenz in ‚Katz und Maus' ist ein von ,,Zahnschmerz'' (KM 6) geplagter Schwächling, der sein ,,Zögern und Ironisieren dieser meiner Schwäche bis heute nicht verloren'' hat (KM 101). Er landet im ,,Kolpinghaus'', das er ,,selten'' (KM 93) verläßt. In den ‚Hundejahren' steht Harry Liebenau, auch er der gebrochene, zaudernde Intellektuelle, ,,immer ein wenig abseits'' (Hj 375), damals zu Nazizeiten schon und heute wohl noch immer. Amsel und Matern schließlich landen am Ende der ‚Hundejahre' im Kalibergwerk, wohin sich Amsel offenbar schon von Anfang an zurückgezogen hatte.

Die ‚Danziger Trilogie' läßt sich also durchaus als kohärentes Ganzes betrachten. Fassen wir kurz zusammen: Verbindende Elemente sind zunächst Figuren- und Handlungsparallelen; ferner entsprechen sich kleinbürgerlich-mittelständisches Sozialmilieu und örtliche Gegebenheiten. Des weiteren sind alle drei Werke im Hinblick auf das zeithistorische Hintergrundsgeschehen stofflich disponiert und offenbar in bewußter Symmetrie einander zugeordnet. Schließlich verknüpft die Position der jeweiligen Erzähler die drei Bücher: Stets wird rückschauend vom Nachkriegsdeutschland aus über die kurz zurückliegenden Verbrechen berichtet; dabei führen Schuldgefühle und wachsende Distanz zur um sich greifenden Geschichtsverdrängung alle Erzähler der ‚Danziger Trilogie' in die Außenseiterschaft.

Nach diesem Problemaufriß vor dem Hintergrund der Frage nach der Einheit der ‚Trilogie' wenden wir uns einer detaillierteren Betrachtung der Einzelwerke zu.

‚Die Blechtrommel' (1959)

Zur Entstehungsgeschichte des Romans hat Grass einige Hinweise gegeben. Bei einer Autostopreise kreuz und quer durch Frankreich schrieb er im Sommer 1952 ,,ein lang auswucherndes Gedicht, in dem Oskar Matzerath, bevor er so hieß, als Säulenheiliger auftrat". Ein Jüngling, ,,Existentialist, wie es die Zeitmode vorschrieb. Von Beruf Maurer. Er lebte in unserer Zeit." Aus Überdruß am ,,Wohlstand" mauerte er sich ,,inmitten seiner Kleinstadt (die namenlos blieb) eine Säule, auf der er angekettet Stellung bezog". Um diese Säule versammelte sich schließlich ,,eine aufblickende Gemeinde". Und Grass ergänzte: ,,Dieses lange Gedicht war schlecht gelungen ... hat sich mir nur in Bruchstücken erhalten, die allenfalls zeigen, wie stark ich gleichzeitig von Trakl und Apollinaire, von Ringelnatz und Rilke, von miserablen Lorca-Übersetzungen beeinflußt gewesen bin." Die Position des Heiligen erwies sich als zu statisch; auf der Suche nach einer Figur von größerer Mobilität und Distanz beobachtete Grass noch im gleichen Sommer „zwischen Kaffee trinkenden Erwachsenen einen dreijährigen Jungen, dem eine Blechtrommel anhing. Mir fiel auf und blieb bewußt: die selbstvergessene Verlorenheit des Dreijährigen an sein Instrument, auch wie er gleichzeitig die Erwachsenenwelt ... ignorierte."

Drei Jahre später, Grass hatte inzwischen 1954 die Schweizer Tänzerin Anna Schwarz geheiratet, hatte gezeichnet, modelliert und Gedichte verfaßt, „verunglückte" er nach eigener Aussage „an einem ersten längeren Prosaversuch, der ‚Die Schranke' hieß und dem Kafka das Muster, die Frühexpressionisten den Metaphernaufwand geliehen hatten". Anfang 1956 verließ er zusammen mit seiner Frau „mittellos, aber unbekümmert" Berlin; „gestauter Stoff, ungenaue Vorhaben und präziser Ehrgeiz: ich wollte meinen Roman schreiben, Anna suchte ein strengeres Ballettexercise". Das Paar ließ sich in Paris nieder. In den folgenden drei Jahren lebte man in einem Hinterhaus in der Avenue d'Italie 111 von einer monatlichen Unterstützung von 300 Mark durch den Luchterhand-Verlag und von spärlichem Nebenverdienst.

Nachdem mehrere Vorfassungen des Romans verworfen waren, fuhr Grass im Frühjahr 1958 durch Vermittlung von Walter Höllerer nach Danzig, um an Ort und Stelle zu recherchieren, insbesondere Details über die Erstürmung der Polnischen Post im September 1939. „In Gdansk schritt ich Danziger Schulwege ab, sprach ich auf Friedhöfen mit anheimelnden Grabsteinen, saß ich (wie ich als Schüler gesessen hatte) im Lesesaal der Stadtbibliothek und durchblätterte Jahrgänge des ‚Danziger Vorposten', roch ich Mottlau und Radaune." Obgleich fremd geworden, habe er in Bruchstücken alles wiedergefunden: „Badeanstalten, Waldwege, Backsteingotik und jene Mietskaserne im Labesweg, zwischen Max-Halbe-Platz und Neuer Markt." Auch besuchte Grass „noch einmal die Herz-Jesu-Kirche: der stehengebliebene katholische Mief" (Mb 80 ff.) – ein realistischer Roman war zu schreiben, die geschilderte Danziger Topographie beruhte, wie man sieht, auf genauestem Studium.

Damit gelangen wir zu einem wesentlichen Aspekt der Grasschen Ästhetik. „Ich muß das Phantastische so genau wie möglich beschreiben", erläuterte er 1963 gegenüber dem SPIEGEL, „ich muß es mit möglichst viel Realität beschweren, damit es nicht einfach davonfliegt, zu Luft wird" (SP 36/63, 69). Und noch detaillierter im Gespräch mit einer Schulklasse im gleichen Jahr: „In den Kapiteln über die Polnische Post in der ‚Blechtrommel‘ z. B., die im Handlungsablauf authentisch sind, aber einen teils phantastischen Inhalt haben, bestand die Schwierigkeit darin, authentischen Text und phantastischen Text nahtlos ineinander übergehen zu lassen. Das setzte viel Lesearbeit voraus und auch eine Reise nach Danzig, beinahe eine Detektivarbeit, um Überlebende aus dem polnischen Postgebäude aufzuspüren, mit ihnen über die Fluchtwege zu sprechen. Es kann also nicht alles am Schreibtisch erarbeitet werden."[23]

Hiermit greifen wir wohl eine Eigentümlichkeit Grasschen Erzählens: Genauester Realitätsbezug verbindet sich mit äußerstem Wagnis an Phantasieausschweifung; beides ist miteinander verflochten mit Hilfe einer beinahe konservativen, jedenfalls an den großen europäischen Vorbildern geschulten Erzähltechnik.

Im Oktober 1958 fuhr Grass mit dem beinahe fertigen Manuskript der ‚Blechtrommel‘ zu einer Tagung der ‚Gruppe 47‘, der er bereits seit drei Jahren angehörte. Nach der Lesung in Großholzleute im Allgäu erhielt er den durch Verlegerspenden auf 5000 Mark angehobenen Preis der Gruppe – die Fama des kommenden Romans verbreitete sich rasch, Grass hatte den Sprung in die erste Reihe der zeitgenössischen Literatur geschafft.

Der Roman ist grundsätzlich auf zwei Ebenen angesiedelt: Oskar Matzerath, Irrenhausinsasse, schreibt seine Memoiren – wie schon erwähnt – von 1952 bis 1954. Die Ebene dieser Niederschrift ist den chronologisch greifbaren Ereignissen nach

68

zwar nur sehr knapp dokumentiert; sie kennzeichnet jedoch vor allem mit Aspekten wie Geschichtsmüdigkeit und Konsumwut durchaus den Gesamtcharakter des Romans und legt auch nachdrücklich den Gestus des Erzählens fest – permanenter Protest unter Einsatz eines ganzen Arsenals schockierender Stilmittel und Inhaltsmomente. Die ihm verhaßte Nachkriegssituation veranlaßt Oskar, sämtliche Tabus einer neuerlichen Restauration zornig infragezustellen: weder moralisch und sexuell noch ökonomisch und politisch duldet der Blechtrommler irgendwelche beengenden Normen und Fesseln.

Die zweite Ebene umfaßt den Berichtzeitraum von Oskars Lebensrückschau, also die Jahre 1899 bis 1954. In der Endphase des Romans laufen die beiden Ebenen aufeinander zu, das Buch und die – als Fiktion in den Text hineinkomponierte – Niederschrift Oskars schließen am 30. Geburtstag des Protagonisten im September 1954.

Gleich zu Beginn entwickelt Grass eine vielzitierte Romanpoetologie, nämlich Reflexionen über die Möglichkeit der Romanform angesichts der Zeitzustände: „Man kann eine Geschichte in der Mitte beginnen und vorwärts wie rückwärts kühn ausschreitend Verwirrung anstiften. Man kann sich modern geben, alle Zeiten, Entfernungen wegstreichen und hinterher verkünden oder verkünden lassen, man habe endlich und in letzter Stunde das Raum-Zeit-Problem gelöst." Ähnliche Überlegungen zur Poetologie des Gedichtes hatten wir bereits im Kapitel über die Grassche Lyrik zitiert: Grass befindet sich in beiden Fällen im dezidierten Widerspruch zu damals gängigen Auffassungen über eine vermeintlich raum- und zeitenthobene Kunst. In der ‚Blechtrommel' heißt es weiter: „Man kann auch ganz zu Anfang behaupten, es sei heutzutage unmöglich einen Roman zu schreiben, dann aber, sozusagen hinter dem eigenen Rücken, einen kräftigen Knüller hinlegen, um schließlich als letztmöglicher Romanschreiber dazustehn." Oskar und mit ihm Grass weist die gesamte Romandiskussion mit lässiger Geste von sich: „Auch habe ich mir sagen lassen, daß es sich gut und bescheiden ausnimmt, wenn man anfangs beteuert: Es gibt keine Romanhelden mehr, weil es keine Individualisten mehr gibt, weil die Individualität verloren gegangen, weil der Mensch einsam, jeder Mensch gleich einsam, ohne Recht auf individuelle Einsamkeit ist und eine namen- und heldenlose einsame Masse bildet.‘‘

Hier setzt sich Grass erkennbar mit Zeitströmungen der fünfziger Jahre auseinander, die Anspielung auf David Riesmans Buch ‚Die einsame Masse‘ (‚The Lonely Crowd‘, 1950, deutsch 1958) ist unüberhörbar. Man darf darüber hinaus in Erinnerung rufen, daß das Grundbuch der existentialistischen Philosophie, Albert Camus’ ‚Der Mythus von Sisyphus‘ 1950 in Deutschland erschienen war, Sartres ‚Das Sein und das Nichts‘ 1952. Beide hatten stark auf das sogenannte ‚Absurde Theater‘ eingewirkt, von dem sich Grass seinerseits stets distanziert hielt. Zur literarischen Szene der fünfziger Jahre vielleicht eine Gesprächsbemerkung von Grass als zusätzliche Verständnishilfe: In der ‚Blechtrommel‘ habe er ,,bewußt gegen eine Tendenz der unmittelbaren Nachkriegsliteratur angeschrieben‘‘, die ,,sich ortlos verstand, zeitlos verstand in einer teils epigonalen, teils unbewußten Kafkanachfolge‘‘ (TK 5).

Eben dies gibt auch Oskar zu verstehen, wenn er den modisch existentialistischen Depressionen seinen skurrilen Individualismus entgegensetzt: ,,Das mag alles so sein und seine Richtigkeit haben. Für mich, Oskar, und meinen Pfleger Bruno möchte ich jedoch feststellen: Wir beide sind Helden . . . und wenn er die Tür aufmacht, sind wir beide, bei aller Freundschaft und Einsamkeit, noch immer keine namen- und heldenlose Masse‘‘ (Bl 11 f.).

,,Niemand sollte sein Leben beschreiben, der nicht die Geduld aufbringt, vor dem Datieren der eigenen Existenz wenigstens der Hälfte seiner Großeltern zu gedenken‘‘, so eröffnet Oskar nun seine Rückschau. Großmutter Anna und Großvater Koljaiczek passieren Revue, Oskars Mama wird auf dem kaschubischen Kartoffelacker gezeugt, der Cousin Jan Bronski, ihr späterer Geliebter und Hausfreund, schon jetzt erwähnt. Oskar wird Anfang September 1924 geboren. Grass hält von

Beginn an stets auch die Romanebene 1952/54 offen: Freunde besuchen Oskar, ein „Anwalt" (Bl 10) kreuzt auf, man erfährt von einem „Prozeß" (Bl 37), dessen nähere Umstände allerdings erst in den letzten Teilen des Romans enthüllt werden.

Am dritten Geburtstag erhält Oskar sein Spielzeug, die unvermeidliche Trommel; mittels eines willentlich herbeigeführten Kellersturzes realisiert er seinen von Protest und Lebensekel bestimmten Entschluß, nicht weiterzuwachsen: „da entschloß ich mich, da beschloß ich, auf keinen Fall Politiker und schon gar nicht Kolonialwarenhändler zu werden, vielmehr einen Punkt zu machen, so zu verbleiben – und ich blieb so, hielt mich in dieser Größe, in dieser Ausstattung viele Jahre lang" (Bl 63): bis 1945 wird er sich die Welt aus der Froschperspektive des 94 cm großen Knirpses betrachten.

Im Beharren auf seiner Zwerggröße sollte man keine nur psychisch motivierte Skurrilität sehen: Dahinter steckt vielmehr der Protest gegen den Vater, ökonomisch die Revolte gegen die Enge des Kleingewerbeladens, gesellschaftlich die Ablehnung der kleinbürgerlichen Zwangsjacke, in die ihn hineinzustecken man sich anschickt.

Vom gleichen Moment an (Kapitel ‚Glas, Glas, Gläschen') entfaltet Oskar neben seiner Trommelmanie eine zunehmend virtuoser gehandhabte Fähigkeit zur Destruktion: Er zerschreit mit spitzer Stimme Glas. Als Oskars Schulaufnahme nicht zustandekommt, sieht er sich auf autodidaktische Lernbemühungen verwiesen. Seine Lieblingsbücher sind Goethes ‚Wahlverwandtschaften' und ein Werk über Rasputin. Oskars Gesichtskreis erweitert sich langsam, er dringt in die Kleinbürgerwelt seines Wohnbezirkes vor, von der es später einmal heißt: „Sie werden sagen: in welch begrenzter Welt mußte sich der junge Mensch heranbilden! Zwischen einem Kolonialwarengeschäft, einer Bäckerei und einer Gemüsehandlung mußte er sein Rüstzeug fürs spätere, mannhafte Leben zusammenlesen" (Bl 366). Unüberhörbar ist hier der parodistische Bezug zur Idee des deutschen Bildungsromans; Grass orientiert sich ohne Zweifel an Goethes ‚Wilhelm Meister'.

Im September 1932 besteigt der achtjährige Oskar den Danziger Stockturm und entglast die umliegenden Gebäude; er „der bislang nur aus zwingenden Gründen geschrien hatte", wird „zu einem Schreier ohne Grund und Zwang" (Bl 117). Es zeigt sich überhaupt, daß Oskar im familiären Rahmen das mitvollzieht, was auf der allgemeinhistorischen Hintergrundbühne abrollt: Seine zunehmende Zerstörungswut läßt wohl den aufkommenden Nationalsozialismus durchscheinen, die Machtübernahme im Reich steht bevor.

Am Ende des ‚Stockturm'-Kapitels steigt Grass auf die Berichtzeitebene 1952/54 zurück. Beide Ebenen sind nicht nur chronologisch, sondern auch inhaltlich-thematisch in Parallele gesetzt. Oskar reitet in diesem Moment eine geharnischte Attacke gegen nachkriegsdeutsche Geschichtsverdrängung und latenten Revanchismus: „Hierzulande sucht man das Land der Polen neuerdings mit Krediten, mit der Leica, mit dem Kompaß, mit Radar, Wünschelruten und Delegierten, mit Humanismus, Oppositionsführern und Trachten einmottenden Landsmannschaften. Während man hierzulande das Land der Polen mit der Seele sucht – halb mit Chopin, halb mit Revanche im Herzen – während sie hier die erste bis zur vierten Teilung verwerfen und die fünfte Teilung Polens schon planen, während sie mit Air France nach Warschau fliegen, und an jener Stelle bedauernd ein Kränzchen hinterlegen, wo einst das Ghetto stand, während man von hier aus das Land der Polen mit Raketen suchen wird, suche ich Polen auf meiner Trommel" (Bl 121 f.). Angesichts dieser Passage wird besonders deutlich, in welchem Maße die ‚Blechtrommel' auch als politisches Buch gelesen werden muß.

Im August 1935 wohnt Oskar einer NS-Versammlung bei, jedoch unter der Tribüne. Durch Trommeln vermag er NS-Bonzen wie Publikum derartig außer Tritt zu bringen, daß die Morgenfeier schließlich in Walzertakt und allgemeiner Auflösung endet (Volker Schlöndorffs Film setzte diese Szene besonders eindrucksvoll ins Bild). Im Winter 1936/37 entglast Oskar Schaufensterscheiben in Danzig, ein zeitgemäßes Präludium zur Reichskristallnacht vom November 1938: Synagogen brennen, Juden werden mißhandelt, Läden demoliert, Oskars Freund, der jüdische Spielwarenhändler Markus, scheidet aus dem Leben. Kurz zuvor, Ostern 1937, war Oskars Mutter aus Verzweiflung über eine Schwangerschaft und wohl auch aus allgemeinem Ekel an den immer radikaleren Zeitläuften durch Fischvergiftung willentlich gestorben.

Oskars Vater, der Kolonialwarenhändler Alfred Matzerath, nimmt daraufhin – wir treten ins zweite Buch der ‚Blechtrommel‘ ein – eine Anwohnerin aus der Mietskaserne zunächst als Hilfskraft ins Geschäft und ehelicht später die Geschwängerte. Mit dieser Maria hat Oskar im Sommer 1940 seine ersten sexuellen Erfahrungen, so daß nie klar wird, wer nun der Vater des 1941 geborenen Sohnes Kurt ist. Den Kriegsausbruch erlebt Oskar in der Polnischen Post zu Danzig: Der von ihm tückisch dorthin gelockte Onkel Jan Bronski wird dabei als Pole gefangengenommen, von einem NS-Gericht zum Tode verurteilt und erschossen.

Im Kapitel ‚Sondermeldungen‘ schaltet Grass ein weiteres Mal seine beiden Erzählebenen parallel: So wie das Radio zu Nazizeiten die Kriegserfolge in jede Wohnstube übermittelte, so erfährt Oskar jetzt – im März 1953, einer der wenigen chronologischen Fixpunkte auf der Ebene 1952/54 – Stalins Tod (Bl 335). Und wie Oskar seine damalige Geliebte Maria schon 1940 mit Brausepulver sexuell stimuliert hatte (Ebene 1899–1954), so jetzt in der Gegenwart ein zweites Mal, denn Maria sucht ihn am Krankenbett auf (Bl 336f.) – sehr schlüssig läßt sich hier das Grassche Verfahren der Parallelführung der Romanebenen beobachten.

Im Juni 1941 beginnt der Rußlandkrieg, Oskar nähert sich, mittlerweile 17jährig, der Gemüsehändlersfrau Greff. Grass verbindet Schlachtfeld- und Betterfolge mit rücksichtsloser Konsequenz: ,,Auch Oskar begann, Mitte Oktober einundvierzig kräftig im Schlamm zu wühlen. Man mag mir nachsehen, daß ich den Schlammerfolgen der Heeresgruppe Mitte meine Erfolge im unwegsamen und gleichfalls recht schlammigen Gelände der Frau Lina Greff gegenüberstelle. Ähnlich wie sich dort, kurz vor Moskau, Panzer und LKW's festfuhren, fuhr ich mich fest" (Bl 364). Auch hierzu eine Anmerkung im Zusammenhang eines zeitgeschichtlich orientierten Deutungsversuches: Es fällt auf, daß Oskars Privatbeziehungen immer wieder den Verlauf des Krieges abzubilden scheinen: Vernichtung Bronskis – Niederwerfung Polens; Annäherung an Maria – Sieg über Frankreich; Erfolg bei Frau Greff – Krieg gegen Rußland; und schließlich, wir greifen etwas vor: Ermordung des Vaters Matzerath – Zusammenbruch des Deutschen Reiches. Würde man diese Beobachtungen akzeptieren, so ergäbe sich als Deutungsmöglichkeit, Oskar als Naziallegorie zu betrachten. Oskar Matzerath scheint das per Diminutiv mitzuvollziehen, was Krieg und Militärvorgänge im großen anrichten.

Mit dem Selbstmord des homophilen Pfadfinderführers und Gemüsehändlers Greff geht Oskars Langfuhrer Dasein zunächst dem Ende entgegen. Er flieht aus Danzig, schließt sich einer Liliputanergruppe an, die Fronttheater für Soldaten veranstaltet, und verbringt die Zeit zwischen Mai 1943 und Juni 1944 in Frankreich – auch hier könnte man wieder an Goethes ‚Wilhelm Meister‘ als Modell denken, der ja gleichfalls zur Bühne überwechselt, als die Bildungsmöglichkeiten des bürgerlichen Lebens ausgeschöpft scheinen. Theaterdirektor Bebra entwickelt sich zu Oskars Mentor, eine Liliputanerin Roswitha Raguna wird seine Geliebte.

Bei der alliierten Invasion wird Roswitha durch eine Granate getötet, Oskar kehrt in die Heimatstadt zurück und wird in der ,,Nachfolge Christi" Anführer oder Maskottchen einer Jugendbande. Diese Bande wird im Dezember 1945 ausgehoben beim Versuch, in der Langfuhrer Herz-Jesu-Kirche eine Statue zu zersägen. Im nachfolgenden Prozeß entgeht Oskar wie stets der Strafe, er gilt als Kranker und Verrückter. Als Danzig im Januar 1945 abbrennt und von Russen besetzt wird, sorgt Oskar für den Tod seines Vaters, indem er ihm das NS-Parteiabzeichen in die Hand drückt; beim Versuch es zu verschlucken, wird Vater Matzerath erschossen. Nazideutschland bricht zusammen, die Restfamilie begibt sich auf langer Fahrt im Güterzug nach Westen.

Indessen beginnt Oskar zu wachsen, nämlich ,,Anfang Mai" (Bl 498) 1945, er erlangt schließlich die Größe von 1 Meter 21, bekommt jedoch dabei einen Buckel. Zum Sachverhalt dieses Wachstums ist zu beachten (es geht weiterhin um den zeithistorischen Deutungsversuch), daß genau im Moment des Wachstums Nazi-Deutschland kapituliert (8. Mai 1945); außerdem steht Oskar im 21. Lebensjahr, in den fünfziger Jahren das Alter der Volljährigkeit. Es ist zwar häufig behauptet worden, Oskars Wachstum und die Hintergrundshistorie stünden nicht in greifbarem Zusammenhang. Dem ist jedoch eine Andeutung von Grass entgegenzuhalten, die besagt: Es habe bei Oskar festgestanden, ,,daß er im Alter von drei Jahren das Wachstum einstellt, mit 21 Jahren, der normalen Entwicklung gemäß, ein Stückchen zu wachsen beschließt, zum Buckel kommt".[24] Deutlicher ist Grass im Hinblick auf Interpretationsmöglichkeiten jenes wunderlichen Oskar nie geworden; hier hätten wir durchaus einen Anhaltspunkt, das Wachstum als sinnvoll und historisch determiniert zu begreifen: Die Ära der Scheußlichkeit ist vorüber, ein kleiner Schritt in Richtung von Erwachsenennormalität wird denkbar. Jedenfalls treten Krankheit, Deformation, körperlich wie psychisch, sicherlich nicht zufällig auf in diesem durchaus rätselhaften und verwirrenden Roman – vielmehr scheint immer wieder die Zeithistorie, ihr Verlauf, ihre Peripetien, ihre Zusammenbrüche, das sinnvollste Erklärungsmuster abzugeben.

Das dritte Buch zeigt Oskar schließlich im Westdeutschland der Nachkriegszeit. Er findet nicht den Anschluß ans bürgerliche Durchschnittsdasein, obgleich er sich nach Kräften müht. Er besucht Volkshochschulen und British Center, ,,diskutierte mit Katholiken und Protestanten die Kollektivschuld, fühlte" sich ,,mit all denen schuldig, die da dachten: machen wir es jetzt ab, dann haben wir es hinter uns und brauchen später, wenn es wieder aufwärts geht, kein schlechtes Gewissen mehr zu haben" (Bl 522). Hier scheint die Weiche endgültig gestellt, die Oskar gegenüber einer prosperierenden Nachkriegsmitwelt ins Abseits seines Krankenbettes führen wird, denn dieses „machen wir es jetzt ab" kann nur heißen, daß die Durchschnittsdeutschen ihre Vergangenheit auf Eis legen werden, um ökonomisch vorwärtszukommen, „wenn es wieder aufwärts geht".

Oskar absolviert eine Steinmetzlehre und holt sich mit einem Heiratsantrag bei seiner Ex-Geliebten Maria einen Korb. Diese Maria kommt 1952/54 immer wieder zu Besuchen an Oskars Krankenbett, sie ist Exponentin der westdeutschen Konsumbürger, Grass nennt sie eine „nunmehr im Westen guteingebürgerte Person" (Bl 569).[25] Sie trägt jene Atmosphäre von Geschichtsverdrängung und Konsumorientiertheit an Oskar heran, gegen die sich dessen zäher Protest richtet.

Nach der Währungsreform besucht Oskar die Düsseldorfer Kunstakademie, gewinnt Einblick in den rasch um sich greifenden Kunstkommerz, wohnt als Untermieter ab Mai 1949 Wand an Wand mit einer Krankenschwester, die er nächtlich überfällt. Schließlich greift er wieder zur Trommel, wirkt zusammen mit dem Flötisten Klepp in einer Jazz-Gruppe mit, tritt im „Zwiebelkeller" auf, einem Düsseldorfer Nachtlokal für wieder zu Wohlstand gekommene Bundesbürger, „für jene Gesellschaft, die sich nach der Währungsreform in Düsseldorf ziemlich schnell, an anderen Orten langsamer, aber dennoch entwickelte" (Bl 628).

Um 1950 werden in diesem Nachtlokal Zwiebeln gereicht, um bei den Besuchern Tränenfluß zu provozieren, denn ein natürliches Feuchtwerden der Augen ist selten geworden, „besonders während der letzten oder verflossenen Jahrzehnte, deshalb wird unser Jahrhundert später einmal das tränenlose Jahrhundert genannt werden, obgleich so viel Leid allenthalben" (Bl 633). Was Grass hier satirisch in Szene setzt, ist die von Mitscherlich mit psychoanalytischer Methode herausgearbeitete deutsche ‚Unfähigkeit zu trauern'. Mitscherlich untersuchte die Gründe „des Ausbleibens von Trauerreaktionen nach einer nationalen Katastrophe" und klärte die Ursachen auf: „Der kollektiven Verleugnung der Vergangenheit ist es zuzuschreiben, daß wenig Anzeichen von Melancholie oder auch von Trauer in der großen Masse der Bevölkerung zu bemerken waren."[26] Der von Grass imaginierte „Zwiebelkeller" schafft Abhilfe, und zwar mit der trostlosen Geschäftsmechanik, die überall einsetzt, wo Historie in die Konsumsphäre gerät.

Wir möchten den hier versuchten zeitgeschichtlichen Deutungsansatz der ‚Blechtrommel' noch einen Schritt weiterführen. Denn gerade im Kontrast zu jenem „Zwiebelkeller"-Kontext gewinnen wir eine plausible Sicht für die einzelgängerische Rolle Oskars im deutschen Nachkriegsmilieu. Oskar ist nämlich aufgrund seines Vergangenheitsbewußtseins und seiner nagenden Schuldgefühle auch insofern Abseitsstehender, ins Klinikbett zurückgeworfener ‚outcast', als er natürlicher Trauerhaltungen fähig geblieben ist: „Wie aber verhielt es sich mit Oskar? Oskar hätte Grund zum Weinen genug gehabt." Er erwähnt seine unglücklichen Krankenschwesterliebschaften, ferner sein Pech mit Maria, die sich einen finanzkräftigen Liebhaber zugelegt hat und in die Feinkostbranche strebt: „Und hinter meiner Maria, lagen sie da nicht unterm fernen lockeren Sand des Friedhofes Saspe, unterm Lehm des Friedhofes Brenntau: meine arme Mama, der törichte Jan Bronski, der Koch Matzerath ...? – Sie alle galt es zu beweinen. Doch gehörte Oskar zu den wenigen Glücklichen, die noch ohne Zwiebeln zu Tränen kommen konnten. Meine Trommel half mir. Nur weniger, ganz bestimmter Takte bedurfte es, und Oskar fand Tränen" (Bl 638f.).

Oskar vermag sich also die seelische Flexibilität zu bewahren, die seine in Konsum und politischer Stagnation festgelaufene Mitwelt längst verschüttet hat. ‚Der Zwiebelkeller' demonstriert, daß Oskar seine Lebensgeschichte, unlösbar wie sie nun einmal mit den Nazijahren verquickt ist, kritisch zu durchdenken sucht; die ihn umgebende, dem Wirtschaftsaufschwung anheimgefallene Gesellschaft hingegen ist dazu schon zu diesem

Zeitpunkt, um das Jahr 1950, nicht mehr willens oder in der Lage.

Zunächst wird Oskar von einer Konzertagentur engagiert – Mentor Bebra zieht im Hintergrund die Fäden. Oskar, der seine 1945 verlorene Fähigkeit zum Trommeln und Glaszersingen wiedererlangt, geht auf Tournee. In der Normandie erlebt er in Erinnerung an eine Erschießung von Nonnen 1944 erneut ein Nonnendefilee am Atlantikstrand; Grass setzt dabei auch Gedicht und Sprechszene ein. Oskar wird als trommelnder Plattenstar reich.

Im Juli 1951 findet er unter nicht recht klargestellten Umständen in einem Getreidefeld den Ringfinger einer weiblichen Hand. Er wird in den schon zu Romanbeginn angedeuteten „Ringfingerprozeß" verwickelt und der Ermordung einer Krankenschwester angeklagt. Dieser Prozeß bildet also eine Klammer für den gesamten ‚Blechtrommel'-Roman, ähnlich wie später der ‚Butt' (1977) zusammengehalten wird von einem feministischen Tribunal. Die ‚Blechtrommel' schließt im September 1954 mit dem dreißigsten Geburtstag des Helden. Das Ende bleibt offen: die Wiederaufnahme des Prozesses steht zu erwarten, Oskar war in die „Heil- und Pflegeanstalt" nur „zur Beobachtung" (Bl 699) eingeliefert worden.

An der Interpretationsfeindlichkeit Grasscher Texte überhaupt, der ‚Blechtrommel' im besonderen hat sich mittlerweile fast eine Generation von Kritikern und Literaturwissenschaftlern die Zähne ausgebissen. Wir haben die Akzente im Zuge einer Übersicht über den Inhalt mit Absicht nicht auf literarische Traditionen und deren Fortführung durch Grass gesetzt (Schelmenroman, Bildungsroman), obgleich dies prinzipiell möglich ist. Vielmehr hat uns hier die Rezeption der Zeitgeschichte und ihre fiktionale Umsetzung vorrangig interessiert. Um diesen Deutungsansatz rückblickend nochmals zu untermauern, sei angemerkt, daß Oskar Matzerath durchaus Züge einer Hitler-Karikatur aufweist. Hitler sowohl wie Oskar entstammen dem Kleinbürgertum, aus dem sie in entschiedener Revolte gegen ihr Sozialschicksal und die väterliche Familien-

Oskar as Hitler

78

autorität ausbrechen. Hitler betont in ‚Mein Kampf': „Ich wollte Maler werden und um keine Macht der Welt Beamter."[27] Oskar läßt seinerseits hören: „Um nicht hinter dem Ladentisch stehen zu müssen, stellte sich Oskar ... hinter ungefähr hundert weißrot gelackte Blechtrommeln" (Bl 486). Hitler wie Oskar verlassen also ihre ihnen vorgegebene Kleinbürgersphäre und wenden sich pseudokünstlerischen Tätigkeiten zu; hier dürften Hitlers ‚Kunstmalen' und Oskars ‚Trommeln' etwa auf einer Linie liegen.

Nachdrücklicher noch ist die Zentralthematik des Buches zu beachten, sie verweist eindeutig auf den Naziführer. Hitler wurde, vor allem von der gegnerischen Propaganda der letzten Weimarer Jahre, stets als ‚Trommler' tituliert und war gelegentlich sogar stolz auf diese Bezeichnung, die seine demagogischen Qualitäten veranschaulichte: „Nicht aus Bescheidenheit wollte ich ... ‚Trommler' sein; das ist das Höchste, das andere ist eine Kleinigkeit", verkündigte er zum Beispiel 1924 im Münchner Prozeß nach seinem gescheiterten Putsch.[28] Zur Verdeutlichung des damaligen Zeitklimas ferner ein Hitler-Gedicht von 1934: „Eine Trommel geht in Deutschland um/ und der sie schlägt der führt,/ und die ihm folgen, folgen stumm,/ sie sind von ihm gekürt."[29] Diese Verse mögen auf den heutigen Betrachter wie eine komische Ankündigung des ‚Blechtrommel'-Romans wirken; sie deuten gerade deshalb einen historischen Hintergrund an, der für Oskar Matzerath durchaus mitzubedenken wäre.

Auch die Jesus-Identifikationen des Blechtrommlers können in ähnliche Richtung deuten. Früher pflegte man Grass der Blasphemie zu zeihen, wenn es um die Darstellung von Katholizismus und Kirche ging. Diese Blasphemien stammen aber aus dem Dritten Reich und können durchaus zur Charakterisierung der Epoche dienen. Daß Hitler sich in Anlehnung an religiöse Trivialvorstellungen zum nationalen Messias stilisierte und die ‚Vorsehung' für sich in Anspruch nahm, ist bekannt. Als Beleg für die unfreiwillig komisch wirkende Verbindung Hitler-Jesus im Nazireich zusätzlich folgender Beleg aus einem

Münchner Volksschuldiktat von 1943: „Wie Jesus die Menschen von der Sünde und Hölle befreit, so rettete Hitler das deutsche Volk vor dem Verderben. Jesus und Hitler wurden verfolgt, aber während Jesus gekreuzigt wurde, wurde Hitler zum Kanzler erhoben. Während die Jünger Jesu", das Motiv des Jüngersammelns kommt in der ‚Blechtrommel' im Zusammenhang mit der „Stäuberbande" 1945 stark zum Tragen, „verleugneten und ihn im Stiche ließen, fielen die 16 Kameraden für ihren Führer ... Jesus baute für den Himmel, Hitler für die deutsche Erde."[30] Hält man sich jene Trivialmythen der Nazijahre vor Augen, ergibt sich sicherlich eine durchaus erwägenswerte historische Komponente für Oskar Matzeraths Jesus-Identifikationen (vgl. vor allem die Kapitel ‚Die Nachfolge Christi', ‚Die Stäuber' und ‚Das Krippenspiel', Bl 415 ff.). Die Hitler-Thematik läßt jedenfalls ein weiteres Mal erkennen, daß Oskar Matzerath keineswegs als zeitferner Sonderling einzustufen ist; in ihm vereinigt Grass vielmehr zeithistorische Momente von epochaltypischem Charakter.

Werfen wir einen kurzen zusammenfassenden Blick auf den romaninternen Werdegang und die Funktionsmerkmale des ‚Blechtrommel'-Helden. Zwei charakteristische Hauptlinien zeichnen sich im Kontext des Gesamtwerkes ab: Einmal Oskar als derjenige, der die Naziverbrechen repräsentiert, indem er sie quasi als Allegorie des Epochenzustandes im Diminutiv seines Privatdaseins mitvollzieht; zum anderen Oskar als unbequemer Mahner inmitten einer realitätsflüchtigen restaurativen Nachkriegsöffentlichkeit, die von Geschichte nichts mehr wissen möchte. Die erste Ebene des Nazi-Repräsentanten wird schwerpunktmäßig in den ersten beiden Büchern des Romans ausgebreitet; die zweite des Tabuzerstörers im letzten Buch. Unter dem kompositionellen Aspekt der Romankonstruktion verteilen sich die Gewichte wie folgt: Nazirepräsentant bevorzugt in der Dimension der erzählten Zeit (1899–1954), Erinnerer vorrangig auf der Ebene der Memoirenniederschrift (1952/ 54).

Analog dazu ist die funktionelle Bedeutung der Trommel

und Oskars unermüdliche Tätigkeit auf diesem Blechspielzeug zweifach abgeschichtet: Zunächst ist sie Kriegsgerät, das auf militärische Disziplinierung und Massenaggressivität einer ganzen Epoche hindeutet; späterhin wird sie Hilfsinstrument zum Heraufrufen des noch nicht Vergessenen, gelegentlich, wie im ,,Zwiebelkeller'', tränenlösendes, Trauer anbahnendes Erinnerungsvehikel in bezug auf eine Vergangenheit, die für viele schon nicht mehr existiert.

Blicken wir nun vorwärts auf die ,Hundejahre', so stellen wir fest, daß die Symbolfunktion des Tieres dort von ähnlicher Doppeldeutigkeit ist: Zunächst wölfische Aggressivität, Instinkt und Bluthunger als epochale Chiffren; später ein nachlaufendes Stück schmutziger Vergangenheit, das genauso störend auf die Gegenwart wirkt wie Oskars lärmende Trommel-Eskapaden.

Zwei Hauptlinien der Danzig-Bücher von Grass sind festzuhalten: Es geht zunächst darum, Geschichte mit literarischen Mitteln aufzubewahren, aber nicht als totes, archivalisch abgelegtes ,Schulpensum', sondern als fortwirkende, vor allem in ihren Gefahrenmomenten vitale Kraft. Auf der anderen Seite kommt es darauf an, die Beziehung der restaurativen Gesellschaft der fünfziger Jahre zu ihrer Vergangenheit zur Diskussion zu stellen. Oder genauer: Die klaffenden Gedächtnislücken im Geschichtsbewußtsein der deutschen Nachkriegsjahrzehnte mit Schärfe zu bezeichnen, weil sich aus ihnen bedenkliche Konsequenzen nach innen wie außen hätten ergeben müssen. Die ,Blechtrommel' kann ihrem historischen Zusammenhang nach nur dann richtig eingeschätzt werden, wenn man sie als Buch des Protestes auffaßt, als Absage an die politische und kulturelle Restauration der Adenauer-Jahre, als Aufstand gegen Geschichtsverdrängung und blindes Wohlstandsvertrauen.

Die Wirkung der ,Blechtrommel' bei ihrem Erscheinen war sensationell. Zunächst überwogen Ablehnung und Empörung, der Pornographie- und Blasphemievorwurf wurde in großer Variationsbreite noch jahrelang wiederholt. ,,Rebellion des Schwachsinns und des erzählerischen Unvermögens, die in kli-

nischen Phantasmagorien endet" (Lo 25), „von der Kirchen-
schändung bis zur allerübelsten Pornographie" (Lo 26) lauteten
einige der Stichworte. Andererseits wurde die bahnbrechende
Bedeutung des Buches von Anfang an hervorgehoben; die klassische Kritik schrieb Hans Magnus Enzensberger unter dem
seither nahezu kanonisierten Titel ‚Wilhelm Meister, auf Blech
getrommelt'. Enzensberger stellte schon damals fest: „ein
Brocken, an dem Rezensenten und Philologen mindestens
ein Jahrzehnt lang zu würgen haben, bis es reif zur Kanonisa-
tion oder zur Aufbewahrung im Schauhaus der Literaturge-
schichte ist". Enzensberger hob die realistischen Züge des Buches hervor, nannte das Werk einen „historischen Roman aus
dem zwanzigsten Jahrhundert, eine Saga der untergegangenen
Freien Stadt Danzig". Besonders nachdrücklich wies Enzensberger die Traditionsverbundenheit der ‚Blechtrommel' auf:
„Der Autor zeigt eine Beherrschung seines Metiers, die nach-
gerade altmodisch erscheint, wenn er seinen Text soweit inte-
griert, daß kaum ein Faden fallengelassen, kaum ein Leitmotiv
ungenutzt bleibt. Vor den Forderungen des Handwerks be-
weist Grass, was man ihm sonst nicht nachsagen kann: Respekt." Die ‚Blechtrommel' sei „ein Entwicklungs- und Bildungsroman. Strukturell zehrt das Buch von den besten Traditionen deutscher Erzählprosa" (Lo 8 ff.).

Das kontroverse Presseecho, vor allem die massiv vorgetragenen Gegenstimmen zogen schließlich einen Literaturpreis-
skandal nach sich, der dieses Buch erst recht in aller Munde
brachte. Eine unabhängige Jury hatte Günter Grass 1959 den
Bremer Literaturpreis zugesprochen, der Bremer Senat jedoch
verweigerte seine Zustimmung: Der Preis wurde nicht verliehen, die Jury trat zurück (vgl. PW 265 ff.).

Ihre endgültige Anerkennung auch bei breiteren Leserschich-
ten fand die ‚Blechtrommel' etwa seit Mitte der sechziger Jahre.
Die Bewegung der bundesdeutschen Gesellschaft nach links im
Gefolge der Studentenunruhen, die allgemeine Liberalisierung
auf moralischem und sexuellem Gebiet nahmen dem Buch die
zunächst unerträglich wirkenden Spitzen: Viele Tabus, gegen

die der Roman sich noch gewandt hatte, modifizierten sich, schwächten sich ab, wurden hinfällig. Der internationale Erfolg des ‚Blechtrommel'-Films von Volker Schlöndorff am Ende der siebziger Jahre unterstreicht, daß der Roman mittlerweile als Klassiker der Nachkriegsliteratur angesehen wird, weit über die deutschen Grenzen hinaus.

‚Katz und Maus' (1961)

Zwei Jahre nach der ‚Blechtrommel' überraschte Grass den Buchmarkt mit einem weiteren Werk von durchschlagendem Erfolg. Zur Entstehungsgeschichte dieser ‚Novelle' führte der Autor 1970 aus: ,,,Hundejahre' habe ich mit einer falschen Erzählkonzeption begonnen, die dann in der Mitte des Buches durch ein Kapitel, das eigentlich ‚Katz und Maus' enthielt, zerschlagen wurde; es stellte sich heraus, daß darin eine Novelle war, die den Roman kaputt machte. Dann hab' ich zuerst die Novelle geschrieben und durch die Arbeit an der Novelle die Erzählpositionen für ‚Hundejahre' gefunden" (TK 18). Tatsächlich gibt es bis etwa zur Romanmitte Anspielungen auf ‚Katz und Maus', vor allem was das Schlagballspiel und den Erzähler ,,Heini Pilenz" angeht (Hj 144 ff., 152, 208 f., 248, 324, 330 ff.).

‚Katz und Maus' spielt unter Schülern im Pubertätsalter. Die Erzählung beginnt mit einer Szene während des Schlagballspiels: Dem schlafenden Jugendlichen Mahlke wird von Kameraden eine Katze an den übergroßen Adamsapfel gesetzt, ,,denn Mahlkes Adamsapfel wurde der Katze zur Maus" (KM 5). Dieser Mahlke, geboren gegen Ende 1925, ist zu Kriegsbeginn, als die Novelle einsetzt, etwa 14 Jahre alt. Im Winter 1939 auf 1940 beginnt Mahlke mit Schwimmübungen, im Sommer 1940 schwimmt er sich ,,frei" (KM 8). Wichtigster Schauplatz der Novelle und stets angestrebtes Ziel der Jugendlichen ist ein polnisches Minensuchboot, das kurz nach Kriegsbeginn vor der Danziger Hafeneinfahrt gesunken war.

Der frühentwickelte Mahlke ist durch seinen „fatalen Knorpel" zum Außenseiter gestempelt; er versucht diesen Makel teils zu kompensieren durch außerordentliche sportliche Leistungen, teils zu verstecken hinter verschiedenartigstem Halsschmuck, etwa Schraubenzieher, Marienplaketten, Puscheln, Krawatten, dem Eisernen Kreuz: Daraus ergibt sich für Grass ein sorgfältig geplantes Motivgewebe.

Neben dem „abgesoffenen Minensuchboot" fungieren das von den Jugendlichen besuchte Danziger Gymnasium sowie verschiedene Kirchen als Schauplatz. Erzähler Pilenz, der schüchtern beobachtende Klassenkamerad und nachmalige Chronist Mahlkes, steht seinem Helden mit ängstlicher Faszination gegenüber und ist auch bei gelegentlichen Besuchen im Elternhaus Mahlkes gegenwärtig. Mahlke ist Halbwaise, sein Vater verunglückte als Lokomotivführer tödlich; er wohnt in kleinbürgerlich-proletarischer Siedlungsgegend in Danzig-Langfuhr, die Topographie läßt sich – wie stets bei Grass – exakt auf der Karte verfolgen.[31] Der Erzähler umreißt seine Beziehung zu dem bewunderten Jugendhelden jener Nazijahre in folgender Weise: „doch soll nicht von mir die Rede sein, sondern von Mahlke oder von Mahlke und mir, aber immer im Hinblick auf Mahlke, denn er hatte den Mittelscheitel, er trug hohe Schuhe, er hatte mal dieses mal jenes am Hals hängen, um die ewige Katze von der ewigen Maus abzulenken" (KM 20 f.).

Wir hatten versucht, Oskar Matzerath mit der Hintergrundgeschichte der Naziära zu vermitteln; auch für Mahlke scheint dies geboten: „Große Ereignisse bewegten damals die Welt, doch Mahlkes Zeitrechnung hieß: Vor dem Freischwimmen, nach dem Freischwimmen; denn als überall, nicht auf einmal, sondern nach und nach, zuerst auf der Westerplatte, dann im Radio, danach in den Zeitungen der Krieg begann, war mit ihm, einem Gymnasiasten, der weder schwimmen noch radfahren konnte, nicht viel los." Schon jetzt sei der Hinweis gegeben, daß die Karriere Mahlkes mit ihrem Beginn zu Kriegsanfang, ihren Erfolgen, ihrem Zusammenbruch gegen Kriegsende durchaus als Abbild und Mitvollzug des im Hintergrund sich ereignenden Weltkrieges verstanden werden kann. Auch das Schiff, auf dem Mahlke seine Tauchabenteuer abwickeln wird, ist ja erst dem Kriegsausbruch zu verdanken: ,,Nur jenes Minensuchboot", so heißt es im erwähnten Zitat weiter, ,,der Czaika-Klasse, das ihm später erste Auftrittsmöglichkeiten bieten sollte, spielte schon, wenn auch nur für wenige Wochen, seine kriegerische Rolle" (KM 27). Der vermutete Zusammenhang zwischen Kriegsausbruch, Bereitstellung des Bootes und Aufschwung von Mahlkes Dasein würde insgesamt die Deutung nahelegen, daß Mahlke als Figur von epochaltypischem Zuschnitt und zeithistorischer Repräsentanz zu begreifen wäre.

Im dritten der aus 13 Abschnitten bestehenden Novelle schildert Grass eine Onanie-,,Olympiade" der Jugendlichen auf dem Boot, etwa im Sommer 1940 – eine der meistumstrittenen und häufig mit dem Pornographie-Vorwurf bedachten Passagen der ,Trilogie'.[32] Das vierte Kapitel berichtet vom Winter 1940/41: Mahlke schlägt unter bewundernder Teilnahme von Besuchern ein Loch ins Eis, das genau auf eine Luke des Bootes hinführt. Im fünften Kapitel folgt der Vortrag eines ehemaligen Schülers in der Aula des Gymnasiums. Der für seinen Kriegseinsatz mit dem Eisernen Kreuz Geehrte ist von der Schulleitung eingesetzt, um die Heranwachsenden auf den Krieg vorzubereiten.

Im Sommer 1942 entdeckt Mahlke mittschiffs im gesunkenen Minensuchboot eine über dem Wasserspiegel liegende Funkerkabine; er richtet sich den Raum nach und nach mit Büchern, Lebensmitteln, Marienbild, Werkzeug, Küchengerät und Grammophon ein. Mahlkes merkwürdiges Eindringen in die Tiefen des Bootes ließe sich in Zusammenhang bringen mit den gleichzeitigen Eroberungen Nazi-Deutschlands, etwa in Rußland und Afrika. Was im Kreis der Jugendlichen geschieht, dürfte – ein ähnliches Verfahren hatten wir bereits in der ,Blechtrommel' vermutet – im Einklang stehen mit dem militärischen Hintergrundpanorama. Eine Erzählerbemerkung zu Mahlkes Tauchabenteuern könnte durchaus auch das Zeitklima charakterisieren: „Aber gerade das Sinnlose und bewußt Zerstörerische des tagelangen Umzugspiels bewunderten wir" (KM 60). Zum gleichzeitigen Kriegsgeschehen: „Was war damals los? Die Krim hatten sie, und Rommel war in Nordafrika wieder mal im Kommen" (KM 78). Auch in der Novelle scheint es also eine unterschwellige Korrespondenz zwischen Personenhandlung und Geschichtsverlauf zu geben; Mahlke vollzieht im Vordergrund mit, was die zeithistorische Folie im großen Maßstab darbietet.

In gleicher Weise wäre der thematische Leitfaden ‚Hitler-Karikatur' im Hinblick auf Mahlke zu verfolgen. Mahlkes ambivalente Position gegenüber den Kameraden ist sicherlich gefärbt von den faschistischen Zeitläuften: „Zwar bewunderten wir Mahlke", heißt es da im Zusammenhang mit dem Gramophonspiel im Schiffsbauch, „doch mitten im verquollenen Getöse schlug die Bewunderung um: wir fanden ihn widerlich und zum Weggucken." Unterdrückung wird fühlbar: „Auch fürchteten wir Mahlke, er gängelte uns." Und dann eine Bemerkung, die auf das Alles-oder-Nichts-Abenteuer von Hitlers Existenz ohne weiteres umgemünzt werden darf: „Der hängt sich irgendwann mal auf oder kommt ganz groß raus oder erfindet was Dolles" (KM 62). Als historischer Beleg vielleicht eine von Albert Speer überlieferte Feststellung Hitlers: „Es gibt für mich zwei Möglichkeiten: Mit meinen Plänen ganz durchzukommen oder zu scheitern. Komme ich durch, dann werde ich einer der Größten der Geschichte – scheitere ich, werde ich verurteilt, verabscheut und verdammt werden."[33] Mahlke jedenfalls, „der auf teils erlesene, teils verkrampfte Art Beifall sammelte; schließlich wollte er später in die Arena, womöglich auf die Bühne, übte sich als Clown" (KM 23), diese Verkörperung zeittypischer Angst und Faszination, mit seiner Neigung zum krampfigen Exhibitionismus à la Hitler inmitten bewundernder Zuschauer, deren infantile Vaterprojektionen ihn zum „Erlöser Mahlke" (KM 37) in „monumentaler Einsamkeit" (KM 39) emporstilisieren – diese Gestalt ist gewiß ein Produkt jenes totalitären Zeitklimas. Sicherlich werden an ihm spezifische Haltungen des Faschismus', möglicherweise sogar Züge des Massenidols Hitler greifbar.

Im siebten Kapitel der Novelle trägt wiederum ein Ehemaliger in der Schulaula vor. Bei einer nachfolgenden Turnstunde wird ihm, der es zum hochdekorierten U-Boot-Kommandanten gebracht hat, im Umkleideraum das Eiserne Kreuz gestohlen. Mahlke stellt sich schließlich als Dieb und wird von der Schule verwiesen. Nach einer Zeit im Arbeitsdienstlager in der Tucheler Heide 1943 meldet sich Mahlke zu den Panzerjägern. Dort tut er sich, gemäß dem mörderischen Zeitklima, auf das hin er gedrillt worden ist, durch enorme Abschußziffern hervor. Er erhält das langersehnte Eiserne Kreuz und möchte an seinem alten Gymnasium einen Vortrag halten. Als die Schulleitung ihm dies unter Hinweis auf seinen früheren Ordensdiebstahl verweigert, kommt es zum Abbruch von Mahlkes Existenz. Im Juni 1944, im Moment der ,,Inwasjon" (KM 128), verprügelt er nachts den verantwortlichen Schuldirektor und begibt sich – im letzten, 13. Abschnitt der Novelle – wieder zu seinem Boot. Dort bleibt er verschollen, denn, so schließt Erzähler Pilenz sein vergebliches Suchen damals wie 1959 ab: ,,Du wolltest nicht auftauchen" (KM 139).

In welcher Weise die Novelle in gattungsspezifische Erzähltraditionen einzuordnen ist, läßt sich eindeutig nicht ausmachen. Sicherlich wäre an den knappen Berichtzeitraum von kaum fünf Jahren zu denken, über die erzählt wird. Ebenso dürfte die mit äußerster Strenge durchgeführte motivtechnische Arbeit den Anschluß an die Novellentradition gewährleisten. Die thematische Kette ,Halsschmuck' und Adamsapfel war schon erwähnt worden. Mahlkes hauptsächliche Antriebsmomente werden einmal so benannt: Für ihn gab es ,,nur die katholische Jungfrau Maria. Nur ihretwegen hat er alles, was sich am Hals tragen und zeigen ließ, in die Marienkirche geschleppt. Alles, vom Tauchen bis zu den späteren, mehr militärischen Leistungen, hat er für sie getan oder aber . . ., um von seinem Adamsapfel abzulenken. Schließlich kann noch, ohne daß Jungfrau und Maus überfällig werden, ein drittes Motiv

genannt werden: Unser Gymnasium ... besonders die Aula"
(KM 35).

Tatsächlich sind es hauptsächlich diese drei Motivfelder, Katholizismus, Adamsapfel, Gymnasium, die Grass mit einer seit Thomas Mann nicht mehr erlebten leitmotivtechnischen Virtuosität ineinanderkomponiert; bei der Beschreibung von Innenräumen etwa zeigt sich deutlich, wie Schule und Kirche, Turnhalle und Kapelle ständig aufeinander bezogen werden. Jedoch hält sich Grass weit entfernt von irgendwelchem blutleeren Klassizismus. Trotz eines geradezu musikalischen Themengewebes kommen sowohl der Danziger Schauplatz als auch die atmosphärische Dichte des Zeitzusammenhanges stark zur Geltung. Bei allem Kunstcharakter kann man diese Novelle studieren wie eine historische Quelle im Hinblick auf Lebensverhältnisse und jugendliches Empfinden im Dritten Reich.

Zur kritischen Resonanz, die ,Katz und Maus' nach Erscheinen fand, sei wiederum Hans Magnus Enzensberger zitiert. Die ,Blechtrommel', so meinte Enzensberger, habe aufgrund ihres autobiographischen Charakters immerhin befürchten lassen, der Autor sei damit ein für allemal ausgeschrieben: ,,An der Grenze zwischen Autobiographie und Entwicklungsroman bleiben viele einzige Bücher liegen; nie wieder gelingt ihren Autoren der zweite Streich. War nicht auch ,Die Blechtrommel' ein solches Buch, ein ,Grüner Heinrich', wenn auch mit gestoppter Gärung?" Die nachfolgende Novelle ,Katz und Maus' jedoch habe derlei Zweifel gegenstandslos gemacht. Enzensberger vermutete schon damals – und kam damit auf einen für die Grassche Ästhetik grundlegenden Sachverhalt zu sprechen –, daß dieser Autor ,,an einem größeren Ganzen" schreibe. Zum Erzählverfahren bemerkte Enzensberger ferner: ,,Der Text ist souverän und dicht verspannt. Die Technik der Leitmotive wird hier nicht einfach übernommen, sie wird auf die Spitze getrieben und qualitativ verändert, indem schlechterdings alles zum Leitmotiv werden kann." Enzensberger brachte das Grassche Kunstkalkül auf den Begriff, indem er

vom ,,prekären und einzigartigen Gleichgewicht'' sprach, das
Grass ,,zwischen seiner anarchischen Einbildungskraft und seinem überlegenen Kunstverstand herzustellen vermocht''
habe.[34]

‚Hundejahre‘ (1963)

Das Erscheinen dieses dritten Teiles der ‚Danziger Trilogie‘
kanonisierte die Fama von Grass als bedeutendstem zeigenössi-
schen deutschen Erzähler. Schon im Hinblick auf die ‚Blechtrommel‘ hatte der Autor später im ‚Schneckentagebuch‘ aufgezeichnet: ,,Als ich zweiunddreißig Jahre alt war, wurde ich
berühmt. Seitdem beherbergen wir den Ruhm als Untermieter'', hieß es da, ,,ein manchmal aufgeblasener, dann abge-
schlaffter Flegel'' (Ta 90).

Verblüffte Bewunderung mußte vor allem erregen, daß
es Grass gelang, in relativ kurzer Zeit, nämlich binnen vier
Jahren, und dazu im verhältnismäßig jugendlichen Alter zwischen 32 und 36, drei kapitale Erzählwerke zu schreiben: Eine
Perspektive schien sich zu ergeben, die, verlängerte man sie in
die Zukunft, manchem Betrachter den Atem rauben mochte.
DER SPIEGEL widmete Grass denn auch bei Erscheinen der
‚Hundejahre‘ eine Titelstory mit Bild auf dem Umschlag,
14 Seiten Text, biographischem Abriß, Enzensberger-Rezen-
sion und Auszügen aus dem neuen Roman. Unverhohlener
Enthusiasmus machte sich breit über einen Grass, der ,,auch
das Ausland'' gelehrt habe, ,,daß von zeitgenössischer deutscher Literatur nun wieder mehr zu erwarten war als lederne
Zeitkritik und verblasenes Experiment, mehr als Gesinnungs-
ernst und Einfallsarmut, als brave Moral und stumpfer Stil''
(SP 36/63, 64).

Die Entstehungsgeschichte des Buches hatte über mehrere
Hürden geführt. Zunächst war die ‚Katz und Maus‘-Novelle
aus dem Gesamtkomplex herauszulösen und getrennt auszuar-
beiten. Eine frühere Konzeption hatte dann eine kartoffelschä-

lende Magd als Zentralfigur vorgesehen; an den längerwerden-
den Schalen sollten Episoden und Kapitel des Romans ablesbar
sein. Dieser Einfall erwies sich jedoch als wenig tragfähig; er
wurde später im ,Butt' im Kapitel über die Köchin Amanda
Woyke (Bu 368 ff.) wieder aufgegriffen.

Klaus Wagenbach, zu jener Zeit literarischer und stilistischer
Berater von Grass (SP 36/63, 75), charakterisierte das Erzählerkollektiv, welches die drei Romanteile ausarbeitet, in folgender
Weise: ,,Die drei ,Autoren' Brauxel, Liebenau und Matern berichten also: Über die frühen dreißiger Jahre berichtet ein ironischer, quasi–omnipotenter Erzähler, über die späteren Nazi-
jahre ein intermittierender, kaum sichtbarer (Liebenau ist, im
Gegensatz zu den beiden anderen, keine Hauptfigur), über die
Nachkriegsjahre ein ,Bewältiger', eine Mitläufer-Type" (Lo
90). Der gemeinsame Schreibbeginn des Dreiergespanns fällt in
die letzten Monate 1961; zum 4. Februar 1962 liegen die drei
Manuskripte abgeschlossen vor. Initiator des Unternehmens ist
Brauxel, sein ,,Diarium" aus den zwanziger und dreißiger Jahren liegt den übrigen Erzählern per Fotokopie vor.

Amsel-Brauxel erzählt von einem Kalibergwerk bei Hildesheim aus, reflektiert dabei aber stets den parallelen Schreibprozeß bei den anderen Erzählern: ,,Brauksel hat sich also, wie
vorgesehen, über's Papier gebeugt, hat, während die anderen
Chronisten sich gleichfalls und termingerecht über die Vergangenheit gebeugt und mit den Niederschriften begonnen haben,
die Weichsel fließen lassen" (Hj 19). Häufig genug wird die
Verbindungslinie zur ,Blechtrommel' gezogen – das alte Grass-
sche Prinzip vom unterirdischen Zusammenhang aller Stoffe
tritt vor Augen: ,,Brauxel und seine Mitautoren gingen bei
jemandem in die Schule, der zeit seines Lebens fleißig war, auf
lackiertem Blech" (Hj 117).

Thema der ,,Frühschichten" aus Brauxels (die Namenschrei-
bung variiert ständig) Feder ist vor breiter Weichsel- und Fami-
lienkulisse die Jugendfreundschaft zwischen ihm selbst und
Walter Matern in den Weichseldörfern Schiewenhorst und
Nickelswalde. Beide Jugendliche sind im Frühjahr 1917 gebo-

ren. Mit acht Jahren schließen sie ,Blutsbrüderschaft" (Hj 16), anschließend wirft Walter Matern, der ,,Knirscher", das hierbei benutzte ,,Taschenmesser" in die Weichsel: Eines der langen Motivgeflechte des Romans hat hier seinen Anfang.

Amsel ist Halbjude, und zum Thema der ambivalenten Freundschaft zwischen ihm und Matern gehört, daß Matern den schwächeren Freund einerseits vor Verfolgungen schützt, daß er andererseits aber immer wieder an den erst kindlich und pubertär, später antisemitisch motivierten Attacken gegen Amsel aktiv teilnimmt: ,,Auch der Freundschaft Amsel-Matern werden in diesem Buch – allein deswegen wird es sich in die Länge ziehen – noch viele Proben auferlegt werden müssen. Schon zu Beginn gab es, zum Nutzen der jungen Freundschaft, für Walter Materns Fäuste viel zu tun" (Hj 43).

Die ,,Fünfte Frühschicht" spinnt das Hundemotiv und damit die Schlüsselmetapher des Romans an. Die kleine Welt des rechten Weichselufers, später Danzig-Langfuhrs ist mit der großen Ereignishistorie insofern verklammert, als die Vorfahren von Hitlers Lieblingshund aus jener Gegend stammen: ,,Und Perkun zeugte Senta; und Senta warf Harras; und Harras zeugte Prinz; und Prinz machte Geschichte" (Hj 22) – so lautet die beständig variierte Litanei rund um das zentrale Motivfeld des ,Hundejahre'-Romans.

Eine zweifache thematische Klammer hält also dieses schier überbordende Buch zusammen: einmal die spannungsvolle deutsch-jüdische Freundschaft zweier Heranwachsender, zum anderen die Hundegenealogie mit ihren bis in die große Welthistorie hineinreichenden Verästelungen.

Im Zusammenhang mit dem Ersten Weltkrieg wird die Geschichte von Amsels Vater aufgerollt: Albrecht Amsel war jüdischer Großhändler, national denkend, Turnvereinsgründer und Bariton im Kirchenchor, Schlagballpionier; er fiel 1917 vor Verdun. Er ist Produkt des antisemitischen Druckes, den die Gesellschaft ausübt, wobei dem Buch von Otto Weininger ,Geschlecht und Charakter' mit seinen judenfeindlichen Klischees die entscheidende Hebelwirkung zukommt. Grass zitiert immer wieder aus dieser im deutschen Bürgertum weitverbreiteten Schrift, um klarzumachen, daß der gesamte Lebensplan im Hause Amsel darauf abgerichtet ist, antisemitische Rollenklischees zu widerlegen. Schon die Amselsche Familiengeschichte reflektiert ein Stück deutscher Sozialpathologie, die Freundschaftsbeziehung Amsel-Matern wird dies unter der Einwirkung der Nazizeit noch deutlicher akzentuieren.

Amsel beginnt schon als Kind mit dem Bau von Vogelscheuchen und verdient damit sogar Geld; diese Tätigkeit ist bis in die Gegenwart hinein fortgesetzt. Schon früh wird die skurrile Figur des Müllers Anton Matern eingeführt, der, ein Mehlsäckchen am Ohr, seinen Mehlwürmern die Zukunft abzulauschen versteht. Das funktioniert bereits vor dem Zweiten Weltkrieg und wird von Grass später in ursächlichen Zusammenhang mit dem neudeutschen Wirtschaftswunder gebracht.

1927 verlassen die beiden Freunde ihre Weichseldörfer und besuchen eine Danziger Schule. Gemeinsam erforschen sie begehbare Gänge der städtischen Kanalisation und finden dabei ein Skelett: Aus diesem Anlaß prügelt Matern den Freund Amsel und beschimpft ihn als ,,Itzich" (Hj 93) – die Ambivalenz dieser Freundschaftsbeziehung tritt zutage. Die beiden besuchen dann als in Danzig wohnhafte Internatsschüler das Conradinum, also jene Schule, die schon den Mittelpunkt in ,Katz und Maus' bildete und für den Oskar Matzerath der ,Blechtrommel' unerreichbares Ziel blieb.

Die ,,Achtundzwanzigste Frühschicht" beinhaltet einen Landschulheimaufenthalt der Jugendlichen im ,,Saskoschiner Forst". Amsel hatte schon früher altpreußische Mythologie per Vogelscheuche dargestellt, die Götter Perkuno, Potrimpo, Pikollo etwa. Grass konfrontiert den Leser nun mit zusätzlicher Exotik, indem er Waldzigeuner aus dem deutsch-polnischen Grenzgebiet auftauchen läßt: Bidangengero, Gaschpari, Hite. Jene Zigeuner hinterlassen ein Findelkind, das vom begleitenden Studienrat Brunies an Kindesstatt angenommen wird: Jenny Brunies, später Ballettänzerin, am Romanende Berliner Kneipenwirtin.

Die „Letzte Frühschicht" Amsels meldet den Abschluß der drei Manuskripte des Erzählerkollektivs, stellt den Tischlersohn Harry Liebenau vor und endet mit einem Rundblick auf die Ereignisse des Jahres 1927.

Hatte Amsel lediglich in der dritten Person geschrieben, als ein auktorialer Erzähler, der in seiner Omnipräsenz vor- wie rückschauend alles überblickte, so referiert der junge Liebenau seinen Part nun als „Ich" in Form von „Liebesbriefen" an die gleichaltrige Cousine Tulla Pokriefke (beide sind 1927 geboren). Von der Tischlerei seines Vaters in Langfuhr aus wird die Nazi-Epoche ebenso aus kleinbürgerlicher Froschperspektive ins Auge gefaßt wie in der ‚Blechtrommel' zuvor schon aus Sicht eines Kolonialwarenladens. Die Familie Pokriefke – als ärmeres Pendant zum Hausstand des Tischlermeisters – kam ursprünglich von außerhalb in die Stadt; August Pokriefke war „Kätner und Landarbeiter" gewesen, ehe er als „Hilfsarbeiter in der Tischlerei" angestellt und in „die freigewordene Zweieinhalbzimmerwohnung eine Etage über uns" eingewiesen wurde (Hj 141 f.). Als die Nazis an die Macht kommen, spiegelt sich das im Medium der Privatkonflikte in der Tischlereiwerkstatt: Man tritt in die Partei ein, unter sozialdemokratischen und nazistischen Tischlergesellen kommt es zum Streit (Hj 181). Der Schäferhund Harras vollzieht den Zeitumschwung mit: „Das Tier zeigt Anzeichen beginnender Verwilderung" (Hj 167). Aufgrund von Freundschaftsbeziehungen stellen sich Amsel und Matern auf dem Tischlerhof ein; als Amsel dort malt, wird er von Tulla und anderen Kindern abermals als „Itzich" beschimpft: Die Nazizeit wirft ihre Schatten, der Antisemitismus tritt ins aggressive Stadium (Hj 199). Amsel und Matern erleiden auch als Faustballspieler Schiffbruch, denn Amsel muß als „Nichtarier" den Club verlassen, Matern verteilt kommunistische Flugblätter und wird gleichfalls zum Austritt gezwungen (Hj 211).

Amsel mietet sich daraufhin „eine geräumige Villa" im vornehmen Südwesten von Langfuhr (Hj 218) und widmet sich fortan ganz dem Vogelscheuchenbau – ein stummer Protest gegen die sich immer brutaler zuspitzenden Zeitumstände. Matern zieht ebenfalls in die Villa ein, nimmt Schauspielunterricht und tritt gelegentlich am Danziger Stadttheater auf. Im Herbst 1936 schließt sich Matern einem Langfuhrer SA-Sturm an, Amsel baut währenddessen SA-Aufzüge als Vogelscheuchengruppen.

Im Januar 1937 kommt es zum traumatischen Schlüsselereignis, einer diesmal blutigen Konfrontation beider Freunde. Offensichtlich auf Anstiftung von Matern überfallen die SA-Männer den Halbjuden in seiner Villa, Matern schlägt dem Freund eigenhändig alle Zähne aus (Hj 255) – von hierher rührt die die weitere Handlung mitbestimmende Betroffenheit des ständig umgetriebenen Matern, aber auch die nunmehr lebenslängliche Fixierung Amséls an den Freund. Amsel wandert im Gefolge dieser Ereignisse aus Danzig ab, kehrt jedoch schon bald unter dem Namen Haseloff als Organisator von Ballettgruppen zurück. Vor allem engagiert er die herangewachsene Jenny Brunies als Tänzerin.

Liebenau, der wie vorher schon Brauxel immer wieder Berliner Gegenwart 1961/62 einfließen läßt, verfolgt den Weg Materns weiter. Dieser macht eine bescheidene Schauspieler-Karriere, studiert auf eigene Faust Heideggers Metaphysik und fliegt als Alkoholiker und Gelddieb aus der SA. Der dunkel orakelnde Matern zitiert übrigens neben Heidegger immer wieder auch Lyrik von Gottfried Benn, ohne daß Benns Name im Roman genannt würde (vor allem geht es um Benns Gedicht ‚Das späte Ich' und Benns Essay ‚Können Dichter die Welt ändern').[35] Matern hat sich ,,als Zitatenschatz ... Liturgische Texte, einer Zipfelmütze Phänomenologie und weltlich krause Lyrik'' (Hj 285) zusammengebraut; an anderer Stelle ist Benn als ,,Lieblingsdichter'' (Hj 456) zu identifizieren. Heidegger wie Benn hatten zu Beginn der Naziära mit den neuen Machthabern sympathisiert, Grass attackiert sie wohl als Schlüsselfiguren der deutschen Intelligenz wegen ihres Versagens gegenüber dem Nationalsozialismus. Matern und andere, so der Bandenführer ,,Störtebeker'', werden auf diese Weise als Opfer und Verführte vorgestellt, als Produkte des faschistischen Zeitgeistes.

Matern gerät 1938/39 völlig aus der seelischen Balance, wandelt sich erneut zum Nazigegner, wird vom Tischlerhof verwiesen und sitzt von Mai bis Juni 1939 in Düsseldorfer Gestapohaft (Hj 293). In den letzten Friedenstagen kehrt er nach Langfuhr zurück und vergiftet den Schäferhund Harras: „zwei Tage später begann in Danzig, in Langfuhr und auch an anderen Orten der Krieg. Walter Matern marschierte in Polen ein" (Hj 298).

Der Krieg beschert dem Langfuhrer Handwerksbetrieb Fremdarbeiter. In der Tischlerei spitzt sich die politische Lage auf einen Konflikt zwischen dem zusehends oppositionelleren Vater Liebenau und dem um Nazikarriere bemühten Arbeiter Pokriefke zu (Hj 323). Bei Danzig entsteht ein Konzentrationslager, dort landen Regimegegner und Fremdarbeiter; der Erzähler richtet in diesem Zusammenhang einen mahnenden Appell an die geschichtsverdrängenden Nachkriegsdeutschen: „Das wußten alle, und wer es vergessen hat, mag sich erinnern: Stutthof, Kreis Danziger Niederung ...; und zwischen neunzehnhundertneununddreißig und neunzehnhundertfünfundvierzig starben im Konzentrationslager Stutthof ... Menschen, ich weiß nicht, wie viele" (Hj 325).

Der Krieg deformiert die Jugendlichen in zunehmendem Maße. Matern wird in Rußland verwundet (Hj 331) und hinkt fortan. Die bis zu letzter Scheußlichkeit gesteigerte Brutalisierung der Heranwachsenden demonstriert Grass anhand von Tulla Pokriefke: Ihre Anzeige bringt den oppositionellen Studienrat Brunies nach Stutthof, sie selbst wird Dirne und wühlt schließlich in den Leichen- und Knochenbergen des KZs (Hj 368 ff.). Erzähler Liebenau wird zur Wehrmacht eingezogen, wobei die Parallele zur Grasschen Autobiographie sehr deutlich wird: „Krieg als Ergänzung des Schulunterrichtes" (Hj 375), Tätigkeit als Luftwaffenhelfer, wirr zerstreute Lektüre (Hitler, Hutten, Rommel, Treitschke, Napoleon, Savonarola, Heidegger u.a.), das Bemühen, „seinen Vater, den

Tischlermeister Liebenau, mittels langer Gedichte in Schulheften zu ermorden" (Hj 375).

Am 20. April 1944, Hitlers 55. Geburtstag, als sich der kommende Zusammenbruch abzuzeichnen beginnt, zerschlägt der Tischler Liebenau vor aller Augen die leere Hundehütte (Hj 392). Die letzten Apriltage 1945 werden dargestellt teils aus der Sicht Harry Liebenaus, teils aus dem Umkreis Hitlers, der seinen 56. Geburtstag feiert. Der Führerhund „Prinz", ins wortwörtliche übertragene Metapher jener Jahre des Schreckens, setzt sich von seinem Herrn ab: „Am achten Mai neunzehnhundertfünfundvierzig, früh, um vier Uhr fünfundvierzig durchschwamm er oberhalb Magdeburg beinahe ungesehen die Elbe und suchte sich westlich des Flusses einen neuen Herrn" (Hj 427).

Künftig wird das Tier die unaustilgbare Nazi-Vergangenheit verkörpern, die sein neuer Herr, Walter Matern, nicht abzuschütteln vermag. Matern übernimmt nun das erzählerische Szepter und berichtet von der Nachkriegszeit. Zunächst hält er sich in einem „englischen Antifa-Lager" (Hj 431) auf. Im Verhör stilisiert er sich zum kommunistischen Widerstandskämpfer und Beschützer seines Freundes Eduard Amsel, „Halbjude" (Hj 433) – ein Geschichtsverdränger, der jedoch stets von der Vergangenheit wieder eingeholt wird. Die „Materniaden" gehen jeweils aus vom Hauptbahnhof Köln, wo Matern im Pissoir Namen und Adressen derjenigen entziffert, die er ab 1946 in Begleitung des nicht abzuschüttelnden Hundes der Reihe nach heimsucht, „denn Matern ist gekommen, zu richten mit schwarzem Hund und einer Liste Namen in Herz, Milz und Nieren geschnitten" (Hj 449).

Bei Jochen Sawatzki, erster Anlaufstelle von Matern, wird nochmals jene leitmotivische Prügelszene rekonstruiert, die Amsel 1937 unter den Fäusten Materns alle Zähne gekostet hat. Materns Rache, vor allem zwischen Mai und Oktober 1947 (Hj 469) besteht vorzüglich darin, die weiblichen Familienmitglieder der von ihm Aufgesuchten zu deflorieren, ihnen Kinder oder Geschlechtskrankheiten zu hinterlassen. Schließlich bemüht sich Matern auch nach Freiburg, um dort den Philosophen Martin Heidegger rachelüstern zur Rechenschaft zu ziehen – eine der inhaltlich und ästhetisch umstrittenen Passagen des Romans: ,,Hör gut zu, Hund: Der wurde geboren in Messkirch. Das liegt bei Braunau am Inn. Der und der Andere wurden abgenabelt im gleichen Zipfelmützenjahr" – nämlich Hitler wie Heidegger 1889. ,,Der und der andere haben sich gegenseitig erfunden. Der und der Andere werden einst auf dem gleichen Denkmalsockel" (Hj 474). Matern demoliert jedoch lediglich das Gartentor des abwesenden Philosophen.

In der Zeit um die Währungsreform 1948 tritt der Müller Matern mit seinen weissagenden Mehlwürmern erneut in Aktion: Die nachmalige bundesrepublikanische Wirtschaftsprominenz läßt sich von ihm beraten, der neudeutsche Aufschwung gerät zur Farce. Keinen der bekannten Namen läßt Grass aus: Springer und Augstein, Bucerius und Flick, Krupp, Beitz, Quandt, Kaufhauskönige und Schwerindustrie, alle passieren Revue. Von 1949 bis 1953 dient Matern dem ,,äußeren Ablauf des wurmgelenkten Wirtschaftsprozesses" (Hj 506), nämlich als Hausmeister beim väterlichen Mehlorakel (Hj 510). Die Wirtschaftswunderepisode endet mit Entführung des Müllers und Abbrennen der Mühle.

Matern ist erneut auf Achse; beim Zusammentreffen mit alten Faustballkameraden sucht er, der ,,Bewältiger der Vergangenheit" (Hj 536), sich zu arrangieren, wird aber ein zweites Mal aus dem Verein geworfen, wieder als ,,Marxist": ,, ,Dieselben Schwierigkeiten schon damals gemacht. Kann sich nicht einfügen. Vergiftet die Atmosphäre'"; und: ,,Wie anno neununddreißig: Vereinssperre und Platzverbot ohne Gegenstimme angenommen" (Hj 537). Was in der ,Blechtrommel' noch als allgemeiner und wilder Gestus des Protestes verdeckt blieb, tritt in den ,Hundejahren' mit analytischer Schärfe zutage: Der Protagonist rennt gegen Geschichtsverdrängung und braune Kontinuität an, er wird infolgedessen unbarmherzig zur Seite geräumt. Matern läuft ebenso Amok gegen Vergessen und neubiedermeierliche Behaglichkeit wie zuvor schon Oskar

Matzerath; beide sind unfähig zu der mit massivem Druck geforderten Anpassung.

Die „Brillen"-Episode zeigt, auf der Höhe des Jahres 1955, wie weit die Verdrängung der Nazi-Verbrechen bereits vorangeschritten ist: Der eigentlich fällige Generationenkonflikt in deutschen Elternhäusern unterbleibt aus zumeist wirtschaftlichen Gründen (Hj 547 ff.). Matern wird Sprecher beim Rundfunk, aber auch dieses neue Medium ist bereits korrumpiert durch Verdrängungstendenzen. Junge Intellektuelle, unter ihnen allerdings merkwürdigerweise auch der Erzähler des Mittelteils, Harry Liebenau, wollen mittels neuer Funkformen „unsere Vergangenheit zum Klingen bringen" (Hj 564), also das knapp Zurückliegende mediengerecht verharmlosen. „Eine öffentliche Diskussion" (Hj 571 ff.), nämlich eine eingeblendete Hörspielszene, die Grass auch separat hat senden lassen, mahnt zwar Matern an seine Schuld gegenüber Amsel: das „Taschenmesser", die „zweiunddreißig Zähne" (Hj 582, 584). Insgesamt jedoch wird Hitler als berühmter Mann und „Erbauer der Reichsautobahn" (Hj 598) gefeiert – ein scharfer Angriff auf den nachkriegsdeutschen Kulturbetrieb.

Durch inquisitorischen Druck sieht Matern sich zur Flucht veranlaßt, er hat genug „vom westdeutschen, kapitalistischen, militaristischen, revanchistischen und von alten Nazis durchsuppten Teilstaat" (Hj 613), redet also zwischendurch im DDR-Jargon und möchte sich dorthin auch begeben. Der „Hund", Chiffre nicht abzutuender Vergangenheit, verfolgt den Interzonenzugreisenden, und Matern findet sich in West-Berlin wieder. Dort trifft er – der Kreis der Erzähler schließt sich, die Zusammenarbeit des Dreiergespanns bahnt sich an – Goldmäulchen, also Amsel, der auch Brauxel und Haseloff heißt (Hj 624), und Jenny als Wirtin eines Künstlerlokals. Eine quasi musikalische Motivrevue zieht sämtliche Romanthemen nochmals zusammen: „Denn solange wir noch Geschichten erzählen, leben wir. Solange uns etwas einfällt, mit und ohne Pointe, Hundegeschichten, Aalgeschichten, Vogelscheuchengeschichten, Rattengeschichten, Hochwassergeschichten, Rezeptgeschichten, Lügengeschichten und Lesebuchgeschichten, solange uns Geschichten noch zu unterhalten vermögen, vermag keine Hölle uns unterhaltsam sein" (Hj 641).

Das Schlußtableau stellt sich vor der halbphantastischen Kulisse des brennenden Berliner Lokals dar: Zigarettenraucher Goldmäulchen äschert, offenbar im Sinne der gelegentlich zitierten ‚Götterdämmerung' als deutscher Urmythe (,,Deutschland überhaupt, auf Deutschlands Schicksalssoßen und Deutschlands Wolkenklöße, auf den Urpudding und die genudelte Innerlichkeit", Hj 639) den Künstlertreff ,,Chez Jenny" ein. Auf dem Berliner Heimweg wirft Matern abermals das ,,Taschenmesser", diesmal in den Landwehrkanal (Hj 647) – ein längst bekanntes Motiv, das auf Ambivalenz und deutsch-jüdische Haßliebe hindeutet.

Zuletzt begeben sich die Freunde per Flugzeug nach Hannover, um von dort aus in Brauxels Kalibergwerk bei Hildesheim einzufahren. Die Beteiligten besichtigen, offenbar im Mai 1957 (Hj 681, vgl. Hj 571), 32 ,,Firstkammern" unter Tage, die mittels Vogelscheuchengestalten ihre gesamte Vorgeschichte abbilden. Immer ist der Hund dabei, man könnte an Hölle, an Unterwelt oder Walpurgisnacht denken.

Von diesem Schluß der ‚Hundejahre' her wird verständlich, warum die drei Erzähler des Arbeitskollektivs auf den 4. Februar 1962, ,,die schlimme Konjunktion im Zeichen Wassermann" (Hj 117) hin schreiben. Astrologen hatten den Weltuntergang prophezeiht, doch ,,keine Welt ging spürbar unter" (Hj 131), wie Brauxel erleichtert feststellt. Das Thema von Apokalypse und Überleben ist also auch von dieser Seite her in den Roman verwoben. Übrigens ist zufällig ein Brief von Günter Grass an Siegfried Lenz vom 7. Februar 1962 überliefert, in dem Grass geschrieben hatte: ,,Es war mir unmöglich, vor der Großen Planetenkonjunktion des 4. und 5. Februar den Blick vom unheilschwangeren Sternenzelt wegzuziehen" (PW 277 f.). Die Datierung ist also wirklichkeitsgerecht, Grass benutzt sie, um die Untergangsthematik auch von der Erzählerebene her im Blick zu behalten.

Der über lange Strecken phantastische Zuschnitt des Romans darf nicht darüber hinwegtäuschen, daß die ‚Hundejahre' sowohl topographisch als auch quellenmäßig sorgfältig erarbeitet sind. Im Grass-SPIEGEL von 1963 waren, wohl im Anschluß an Grass-Ausführungen, als historische Quellen genannt: Bücher von Hermann Rauschning (wohl vor allem dessen ‚Gespräche mit Hitler', vgl. Hj 184), ebenso die ‚Lagebesprechungen im Führerhauptquartier' und das ‚Kriegstagebuch des Oberkommandos der Wehrmacht'; hinzu kommen Fachbücher über das Schlagballspiel, sicher auch solche über Hundezucht und Kalibergbau. Für die Wirtschaftswundersatire des dritten Romanbuches soll der damalige Berliner Wirtschaftssenator Karl Schiller Rat erteilt haben (SP 36/63, 69).

Die Aufnahme der ‚Hundejahre' war, trotz SPIEGEL-Publicity und allgemein geschärfter Aufmerksamkeit für die vielbestaunte Produktivität von Grass, eher zwiespältig. So wie H. M. Enzensberger die klassische Rezension der ‚Blechtrommel' geliefert hatte, so machte sich dieses Mal Walter Jens zum Sprachrohr für die Bedenken einer anspruchsvolleren Kritik. Die ,,Triple-Perspektive" des Buches wollte Jens nicht gefallen, fehlender Zusammenhalt, Mangel an einer integrierenden Zentralfigur wurde festgestellt. Insbesondere ereiferte sich der sattelfeste Kulturkenner und Bildungstraditionalist Jens über die Abfuhr, die Grass dem Freiburger Existentialontologen hatte angedeihen lassen: ,,Auch die Albernheiten der Heidegger-Parodie verraten weder Kenntis noch Geschmack". ,,Das Fazit", so resümierte Jens, ,,lautet für mich: die ‚Hundejahre' sind das schlecht komponierte, aus einigen grandiosen, manchen wacker-routinierten und zahlreichen sehr schwachen Episoden bestehende, insgesamt viel zu lange und anfangs über Gebühr verschlüsselte Buch eines bedeutenden, auf kleinem Felde großen Autors und Selbstimitators, der sich diesmal übernommen hat" (Lo 86 ff.).

Bei Jens wird fühlbar, was anderweitig deutlicher ausgesprochen wurde: daß nämlich die ‚Blechtrommel' bereits zum Maßstab verdinglicht worden war, an dem jedes weitere Buch von

Grass sich messen lassen mußte. Dem ist jedoch entgegenzuhalten, daß bei allen (von uns zuvor schon aufgeführten) Korre-
spondenzen doch eine Weiterentwicklung von Grass stattgefunden hatte. Sie scheint von den Archetypen des Schelmen-
und Bildungsromans weg zu Romanmustern geführt zu haben,
die vielleicht mit Namen wie Döblin und Jean Paul kenntlich zu
machen wären. Letzteren reklamiert Grass noch im ,Schnek-
kentagebuch' als ,,meinen Jean Paul'', als die ,,Zettelmühle''
(Ta 157, 205) für sich. Kapitelüberschriften wie ,,Frühschich-
ten'' und ,,Materniaden'' orientieren sich gewiß an Jean Paul-
schen Einfällen, etwa den ,,Hundsposttagen'' im ,Hesperus'
oder den ,,Jobelperioden'' des ,Titan'. Grass legt es in den
,Hundejahren' offenbar weniger darauf an, seinen Leser durch
phantastische Einbildungskraft oder raffiniert ausgefeilte Mo-
tivkorrespondenzen à la Thomas Mann zu beeindrucken, vielmehr setzt der Autor – dem offeneren Aggregatszustand dieses
Romans gemäß – Stoffmassen in Bewegung, die überwältigen
und erdrücken sollen, vor allem in den Anfangspartien des Buches mit seinem Weichselpanorama von überbordender Fülle.
Der Gesamtorganisation der ,Hundejahre' wird derjenige Betrachter sicherlich nicht gerecht, der diesen dritten Baustein der
,Danziger Trilogie' lediglich aus der Perspektive der beiden
vorhergehenden Werke besichtigt.

Neben Jean Paul wäre auch die Döblin-Tradition zu beachten, auf die sich Grass mehrfach berufen hat. So hielt er 1967
zum 10. Todestag Döblins eine Rede ,Über meinen Lehrer
Döblin', die streckenweise wie eine Erläuterung zur Erzähltechnik der ,Hundejahre' anmutet. Besonders faszinierte Grass
Döblins ,Wallenstein'-Figur und der Umgang des Schriftstellers mit der Historie: ,,Im ,Wallenstein'-Roman wird der geschichtliche Ablauf visionär übersteigerter Absurdität kalt und
wie ohne Autor aufgerissen, dann mehrfach zu Scherben geworfen'' (LC 8). Für Grass ist Döblin sogar: ,,ein neuer Jean
Paul zwischen Zettelkästen'' (LC 25). Gegen Ende der Rede
führt Grass aus: ,,Soweit die Marktlage: der Wert Döblin
wurde und wird nicht notiert. Einem seiner Nachfolger und

Schüler fiel ein Stück Erbschaft als Ruhm zu, den in kleiner Münze zurückzuzahlen ich mich heute bemühte" (LC 26). Die ‚Hundejahre' wären also nicht mehr zu messen an der Goetheschen ‚Wilhelm Meister'-Tradition und auch nicht an der Schelmenromanreihe, die durch Grimmelshausen und Charles de Coster abgesteckt ist. Vielmehr liegt die Anknüpfung an Romanmuster nahe, die von Jean Paul und Alfred Döblin herrühren; nur dieser literarhistorische Durchblick dürfte für Einordnung und Wertung der ‚Hundejahre' von Belang sein.

VI. Politische Arbeit

Seit den sechziger Jahren begann Grass sich politisch zu betätigen, also nicht nur als Schriftsteller, sondern auch als ‚Bürger‘ in die deutsche Öffentlichkeit hineinzuwirken. Dieser Vorgang läßt sich nicht als Bruch mit seinen Ausgangspositionen auffassen. Schon als Literat war Grass immer politisch; recht dezidierte Standpunkte waren bereits im erzählenden Werk zu erkennen. Die ‚Danziger Trilogie‘ setzte sich teils fiktional verschlüsselt, oft jedoch auch mit eindeutig realistischem Zugriff mit den Alltagszuständen im Deutschland der späten Adenauerjahre auseinander: Politische und kulturelle Restauration, obrigkeitliches, etatistisches und kirchenfrommes Denken, blinde Konsumergebenheit angesichts von Prosperität und Wirtschaftswunder, Schuldleugnung und Geschichtsverdrängung – dies alles waren im erzählerischen Œuvre bereits unverblümt abgehandelte Themen. Grass, mit seiner programmatischen Ablehnung einer zeit- und ortlosen Ästhetik, stand mit beiden Füßen auf dem Boden der bundesrepublikanischen Wirklichkeit. Auch wenn Teile der Medienkritik und praktisch die ganze akademische Literaturwissenschaft lange Zeit davon nicht Kenntnis nehmen mochten: Grass war ein politischer Autor von vornherein, sein Standpunkt war irgendwo links von der Mitte zu vermuten.

Seine ersten politischen Eindrücke rührten her von Diskussionserfahrungen im Kalibergwerk und von Kurt Schumacher-Reden in den frühen Nachkriegsjahren. Von da ab habe er, meinte Grass 1970 gesprächsweise, sozialdemokratisch gewählt und sich im übrigen durch „ein nahezu närrisch leidenschaftliches Lesen von Bundestagsprotokollen“ (TK 20) auf dem laufenden gehalten. Nachdem er 1960 als 33jähriger von Paris nach Berlin zurückgekommen sei, habe er den Bundestagswahlkampf 1961 miterlebt und sei besonders von der Diffamierungskampagne gegen den Oppositionskandidaten Willy Brandt betroffen gewesen. ,,Ich erinnere nur an Adenauers Regensburger Rede aus dem Jahre 1961, wo handfeste Anspielungen auf Brandts uneheliche Herkunft im Kapfinger/Strauß-Stil eine Rolle spielten". Dann habe er ,Willy Brandt, damals Regierender Bürgermeister von Berlin, persönlich kennengelernt und sich entschlossen, direkt zu helfen, nämlich ,,Anreden, Arbeiten redigieren, Texte erfinden in der Wahlkampfzeit", da Brandt durch den Bau der Mauer im August 1961 überlastet gewesen sei (TK 21).

Als Gast des Ostberliner ,,V. Deutschen Schriftstellerkongresses" hatte Grass schon im Mai 1961 durch Kritik Verärgerung beim Ulbricht-Regime ausgelöst (SP 36/63, 77); nach dem Mauerbau wandte er sich in einem offenen Brief an Anna Seghers, um seinem Protest Ausdruck zu geben. ,,Ihr Buch ,Das siebte Kreuz'", schrieb Grass, ,,hat mich geformt, hat meinen Blick geschärft und läßt mich heute die Globke" – den durch einen Kommentar zu den Nürnberger NS-Rassengesetzen belasteten Staatssekretär Adenauers – ,,und Schröder" – Adenauers Innenminister – ,,in jeder Verkleidung erkennen". Der ,,Kommandant des Konzentrationslagers" heiße heute allerdings ,,Walter Ulbricht und steht Ihrem Staat vor". Grass warnte Anna Seghers, dem Beispiel Gottfried Benns von 1933 zu folgen ,,und die Gewalttätigkeit einer Diktatur" zu verkennen, ,,die sich mit Ihrem Traum vom Sozialismus und Kommunismus, den ich nicht träume, aber wie jeden Traum respektiere, notdürftig und dennoch geschickt verkleidet hat". Grass versprach seinerseits, gegen Notstandsgesetze im eigenen Land zu protestieren und nach Deggendorf in Niederbayern zu ziehen, um dort ,,in eine Kirche" zu ,,spucken" (PW 6f.) – eine von dort ausgegangene antisemitische Affäre beschäftigte damals die deutsche Öffentlichkeit.

Ebenso wie an diesen noch immer nahezu satirisch jonglierenden Bemerkungen ist die Grassche Beziehung zur politischen Realität an einem Aufruf abzulesen, den er damals in einem von Martin Walser herausgegebenen Taschenbuch ,Die

Alternative oder Brauchen wir eine neue Regierung?' drucken ließ. Die Wirklichkeit wurde durch die literarische Brille betrachtet, wenn es dort hieß: ,,Doch nun zu euch, ihr arbeitsamen Klarissinnen, ihr klugen Ursulinen, ihr barmherzigen Vinzentinerinnen. Wie oft habe ich euch mit schwarzer Tusche, mit grauer Kohle gezeichnet und mit kühnen Worten bedichtet. Noch jüngst verkaufte ich ein Blatt, betitelt: ,Dreizehn Nonnen mit Regenschirmen' an einen Säufer, Arzt und Gotteslästerer: der Mann besserte sich, will konvertieren und SPD wählen". Die Nonnen erhielten die Weisung: ,,schlagt der Äbtissin ein Schnippchen, wählt SPD!". In ähnlich burschikoser Weise sprach Grass Landsleute im Danziger Platt an und brachte sich bei seinen Lesern in Erinnerung: ,,Nicht daß ich sagen will, Oskar Matzerath wählt SPD, aber sein Sohn und Halbbruder Kurt – Sie erinnern sich? – . . . hat mir versprochen, wieder fleißig zur Kirche zu gehen und SPD zu wählen". Dies wollte Grass als ,,einen Beweis mehr" geltend machen, ,,wie einflußreich Schriftsteller sein können" (PW 3f.). Damit offenbarte sich jedoch lediglich die selbstironisch aufgezäumte Unsicherheit dessen, der sein angestammtes Metier verläßt und sich auf neues Terrain vorwagt, zunächst tastend und unter kokettem Rückbezug auf die Belletristik. Das aktive Eingreifen in den Wahlkampf 1965 führte bald zu engerem Kontakt mit politischer Realität.

Bundestagswahlkampf 1965 und Große Koalition

Allerdings gefiel sich der Grassche Beitrag zum 1965 von Hans Werner Richter herausgegebenen Rowohlt-Bändchen ,Plädoyer für eine neue Regierung' noch immer in literarischer Attitüde. Willy Brandt wurde vorgestellt mittels einer Sprechszene ,,Spiel in einem Akt" unter dem wenig publikumswirksamen Titel ,POUM oder die Vergangenheit fliegt mit'. Erst eine nachträglich angeführte Fußnote gibt die politische Absicht des Miniaturstückes zu erkennen: ,,Die POUM (Partido Obrero de Unificación Marxista) war eine spanische linkssozialistische Arbeiterpartei, die, innerhalb des republikanischen Lagers, von den Kommunisten bekämpft und mit stalinistischen Methoden als Trotzkisten-Partei verfolgt wurde" – also ein bis zur Unkenntlichkeit verklausuliertes Bekenntnis zur schwierigen Position der sozialdemokratischen Mitte. Bezeichnend auch noch ein Satz, der weiterhin seine Gültigkeit für die Grassche Beziehung zur SPD behalten sollte: ,,Da die Tendenz dieses Stückes ohnehin SPD-freundlich ist, darf die skeptische Grundstimmung betont und – auf Wunsch – übertrieben werden"[36] – unübersehbar also die Schwierigkeit des Schriftstellers, sich auf politische Identifikationsmuster festzulegen.

Auf seinen Wahlreisen allerdings, die Grass als Einzelgänger durchführte, kam er zur Sache. Er besuchte über 50 Städte, seine Initiative wurde unterstützt von Kollegen wie Siegfried Lenz, Paul Schallück und Max von der Grün; auch der Komponist Hans Werner Henze war gelegentlich mit von der Partie (Se 83). Die Erträge aus den Wahlveranstaltungen sollten Bibliotheken der Bundeswehr und der Neukonzeption eines Schullesebuches für die 9. Klasse zugute kommen. Die SPD stand dem Unternehmen des Schriftstellers, der auch später niemals das Parteibuch erwarb, reserviert gegenüber; vor allem bei den Landesverbänden der Partei gab es Vorbehalte. Sie bezogen sich einmal auf die Skandalfama des als blasphemisch und pornographisch gescholtenen Autors, dessen ,Blechtrommel' noch vielfach als unverdaulicher Brocken galt. Zum anderen mochte die Skepsis grundsätzlich motiviert sein: Was Grass 1965 erstmals praktizierte, widerstritt zu sehr dem Bild, das man sich in Deutschland traditionsgemäß vom Schriftsteller zu machen gewohnt war, als daß man Grass in repräsentativer politischer Rolle ohne weiteres ernstzunehmen geneigt war. Wenn Grass seinerseits ausführte: ,,Der Ort des Schriftstellers ist inmitten der Gesellschaft und nicht über oder abseits der Gesellschaft" (Se 44), so nahm er damit eine Haltung ein, die der deutschen Öffentlichkeit, aber auch den Schriftstellerkollegen, einen Lernprozeß aufzwang, der nicht auf Anhieb zu bewältigen war. Zum dritten gab es Differenzen in Sachfragen:

Hinsichtlich der Anerkennung der Oder-Neiße-Linie und der Notwendigkeit innen- wie außenpolitischer Veränderungen nahm Grass progressive Positionen ein, die von manchen Kreisen der SPD damals noch nicht geteilt wurden.

Grass ließ in seinen Wahlreden keinen Zweifel an seinem literarischen Herkommen. Demokratie pries er an unter Hinweis auf einen „amerikanischen Kollegen", nämlich: „Walt Whitman soll unser Podest sein. Auf ihn gestützt, als Bürger zwischen Bürgern, gilt es, den Mund aufzumachen: ‚Dich singe ich, Demokratie!'" (Se 12), verkündete Grass potentiellen SPD-Wählern, für die er einen „ES-PE-De krähenden Hahn" auf einem Komposthaufen gezeichnet hatte. „Es-war-einmal"-Geschichten wurden in die CDU-Schelte bildkräftig eingeflochten, neben dem „Loblied auf Willy" zitierte Grass aus einer selbstverfaßten ‚Transatlantischen Elegie' (Se 40); dem glücklosen Kanzler Ludwig Erhard suchte er mit der Parabel von ‚Des Kaisers neuen Kleidern' beizukommen (Se 42ff.). An Berufung auf literarische Kronzeugen fehlte es nicht, etwa Lessing oder Andersen, ja Grass konnte gelegentlich ein kleines Kolleg über die Geschichte des Aufklärungsdenkens halten (Se 45ff.). Dies alles mochte, aufs ganze gesehen, geringe Breitenwirkung haben, trug aber doch dazu bei, die ‚Ohne-mich'-Haltung vor allem in bürgerlichen Kreisen aufzulockern und den Boden für spätere politische Resonanz zu bereiten.

Nur mühsam ließ sich Grass zu politischen Details herab: „Schulen so viele, daß Blödbleiben Kunst wird. Reformen und Wohlfahrt. Solide, etwas farblose Sozialdemokratie. Und kein Gedröhn mehr und Schicksalsgeraune". Alltag wohl, aber immer noch durch die literarische Brille: „Streitbar im Kampf um die Grünanlagen. Unerbittlich, wenn es um Spesenabrechnungen geht. Es ließen sich Revolutionen entfesseln, die dem heruntergekommenen deutschen Hotelfrühstück zu Leibe rückten. Es ließe sich", so der Immer-noch-Literat, „Alltag erzählen, direkt, ohne Rückblende und ohne den immer noch abfärbenden Hintergrund: Tausendjähriges Reich. Es liegen ‚Demokratische Geschichten' in der Luft" (Se 20).

Dennoch erhob Grass auch konkrete Forderungen und ließ bereits deutlich jene Hinneigung zum Reformismus der kleinen Schritte erkennen, der später zum Programm wurde. So setzte er sich ein für Schwangerschaftsabbruch und Herabsetzung des Wahlalters auf 18 Jahre, für die Aufhebung der 5%-Wahlklausel und Grenzanerkennung im Osten (PW 31).

Die Bundestagswahl 1965 wurde von der CDU knapp gewonnen; Grass machte seinem Unmut in einer alsbald lebhaft umstrittenen Rede Luft, die er bei Entgegennahme des Georg-Büchnerpreises im Oktober 1965 vor der Darmstädter Akademie hielt: ,,Denn diese unsere Niederlage läßt sich nicht schminken. Wir möchten sie streicheln, ihr mit Zucker schön tun: sie gibt uns nicht Pfötchen". Grass ereiferte sich über die ,,Katastrophe vom 19. September" (Se 74) und riß mit seinen Ausführungen insgesamt einmal mehr Grenzbarrieren zwischen Literatur und Politik nieder, indem er dieses Mal Wahlkampfpraxis in ein Auditorium hineintrug, das mit Distanz zum politischen Tagesgeschäft und schmückenden Büchner-Zitaten gerechnet hatte. An gleicher Stelle ließ Grass jedoch auch seinem Zorn gegen den ,,Seminar-Marxismus" freien Lauf, kritisierte die Anhänger Fidel Castros und die ,,kleidsam weltbürgerliche Elite", wandte sich also gegen Kollegen und Intellektuelle, denen ,,für die Sozialdemokraten, mit ihren abgeschliffenen Ecken und ihrem zum Hinken verurteilten Elan" kein ,,freundliches Ja zu entlocken" gewesen sei (Se 76). ,,In diesem Lande", so resümierte Grass seine jüngsten Erfahrungen voller Bitterkeit, ,,schlüpft wahrlich eher das berühmte Wüstentier durch ein Nadelöhr, als daß ein Gelehrter seinen geistigen Hochstand verläßt und der stinkenden Realität seine Reverenz erweist" (Se 81).

Grass trat damit sehr bewußt in die Rolle eines Tabubrechers ein und skizzierte ein Selbstverständnis, das sich abheben sollte vom traditionell deutschen Zwiespalt zwischen Geist und Macht. Grass deutete bei dieser Gelegenheit seine Metapher von der ,,Schnecke" an, die später energisch ausgebaut werden sollte, als er von den Sozialdemokraten sprach, die ,,ihr Programm den wechselnden Zeiten anpassen, also von Kompromissen gehemmt, unendlich langsam vom Fleck kommen" (Se 82). Insgesamt hatte das Auftreten von Grass 1965 zwar noch erhebliche Unsicherheiten beim Übergang vom literarischen auf das politische Feld gezeigt; der grundsätzliche Bruch mit einer bis dahin weithin unangefochtenen Verhaltensnorm, daß nämlich der Schriftsteller in Deutschland oberhalb der politischen Realität angesiedelt sei, war jedoch vollzogen.

Im Dezember 1966 trat der längst schon angeschlagene Kanzler Erhard zurück, eine große Koalition mit Kurt Kiesinger an der Spitze und Willy Brandt als Vizekanzler und Außenminister wurde gebildet. Diese Ereignisse stießen auf entschiedene Ablehnung bei Grass und konfrontierten ihn wohl endgültig mit der Mühsal des politischen Alltagsgeschäftes. Fortan ging es ihm, wie er bald danach formulierte, um ,,Versuche, als Bürger und Schriftsteller direkt und weitgehend ohne die Hilfsmittel der literarischen Fiktion über Politik zu schreiben und zu sprechen"[37] – der Schriftsteller trat hinter den Politiker Grass einen deutlichen Schritt zurück.

Die politische Landschaft der Bundesrepublik schien damals auf eine rasche Polarisierung zuzusteuern: Auf der einen Seite entstand eine besorgniserregend anwachsende neo-nazistische NPD, auf der anderen Seite bildete sich die APO, die von Studenten und Teilen der Intelligenz getragene Außerparlamentarische Opposition, heraus. Diese zwanghafte Konstellation – ein Altparteigenosse als Kanzler, die SPD anpassungsbeflissen, aber im zweiten Gliede an der Macht, die parlamentarische Ordnung von links und rechts unter Druck – wurde zum politischen Schlüsselerlebnis für Grass. Fortan sah er sich in einen Kampf an mehreren Fronten, ja streckenweise selbst gegen die Sozialdemokratie verwickelt.

In einem offenen Brief an Willy Brandt nahm Grass im Dezember 1966 entschieden Stellung gegen die Bildung der Großen Koalition zwischen CDU und SPD: ,,Zwischen den Herren Kiesinger und Strauß" sah er Brandt zum ,,Kronzeugen einer falschen Harmonie" herabgewürdigt. ,,Die große und tragische Geschichte der SPD wird", so fürchtete Grass, „für Jahrzehnte ins Ungefähr münden", die Jugend werde sich „vom Staat und seiner Verfassung" abkehren (Se 95). Brandt antwortet seinerseits ebenfalls mit einem offenen Brief, der in dem gegen die APO gerichteten Satz gipfelte: „Das Gewissen der Sozialdemokratischen Partei schlägt nicht außerhalb dieser Partei" (Se 96).

Die Auseinandersetzungen um den Kurs bundesrepublikanischer Innenpolitik zeigten, daß es Grass nicht nur darum ging, SPD-Parteiinteressen durchsetzen zu helfen; er bemühte sich vielmehr darüber hinaus, Einfluß zu nehmen auf sozialdemokratisches Selbstverständnis und auf innen- wie außenpolitische Programmentwürfe der Partei. Der Adept schob sich in die keineswegs freudig akzeptierte Rolle des parteiprogrammatischen Mentors.

Am schärfsten gestaltete sich der Konflikt mit dem CDU-Kanzler Kurt Georg Kiesinger. Wegen der früheren NS-Mitgliedschaft des neuen Kanzlers war Grass offenbar bis in persönlichste Bereiche betroffen. Das konnte so weit gehen, daß Grass Kiesinger als „fiktiven Vater" und sich selbst als „den fiktiven Sohn" bezeichnete (Se 99) – zweifellos fand eine Projektion von Generations- und Familienschicksal statt. Dies mag mit zur Erklärung beitragen, warum Grass diese Auseinandersetzung mit letztem persönlichen Einsatz betrieb. Der politische Vorgang war allerdings klar genug und ließ Grass in einem offenen Brief an Kiesinger die Fragen aufwerfen: „Wie soll die Jugend in diesem Land jener Partei von vorgestern, die heute als NPD auferstehen kann, mit Argumenten begegnen können, wenn Sie das Amt des Bundeskanzlers mit Ihrer immer noch schwerwiegenden Vergangenheit belasten?" (Se 100) Wie gravierend der Fall Kiesinger für Grass war, läßt sich an den Spuren ablesen, die Kiesingers Kanzlerschaft sowohl in ‚örtlich betäubt' wie auch im ‚Tagebuch einer Schnecke' hinterlassen sollte.

Aus späterer Sicht darf angemerkt werden, daß Grass mit seiner damaligen Bewertung von Großer Koalition und Kiesinger nicht recht behielt. Weder Große Koalition noch NPD wuchsen sich zur Gefährdung des parlamentarischen Staatswesens in der von Grass befürchteten Weise aus. Allerdings bleibt zu vermuten, daß die Grasschen Attacken gegen Kiesinger auf die Dauer doch zu einer merklichen Imageschwächung der CDU beigetragen haben und insofern für spätere Wahl- und Personalentscheidungen relevant wurden.

Der Befürchtung, die Bundesrepublik stehe vor einem neuen politischen Rechtsrutsch, gab Grass im März 1967 bei einer Rede in Israel Ausdruck: Hier sprach nun abermals ein Literat, der sich mit Mitteln seines Metiers aufs politische und historische Feld begab, wenn er das Fortwirken der braunen Vergangenheit folgendermaßen umriß: ,,Denn noch immer fände ein Jean Paul in meinem Land sein ,Schulmeisterlein Wuz', auch wenn der Schulmeister heute Biochemiker ist. Milieu genug breitete sich einem Wilhelm Raabe aus, seinen ,Stopfkuchen' in Fortsetzungen zu schreiben. Und doch müßten beide Schriftsteller schier verzweifeln an solch neubiedermeierlicher Idylle, weil alle in den ,Flegeljahren', in der ,Sperlingsgasse' noch heiter umspielte und ironisch umzäunte Dämonie inzwischen, so harmlos sie wieder tut, viertausend Tage lang und länger alle Macht innegehabt hat". Das Verdrängen dieser Nazi-Vergangenheit verglich Grass mit dem Einmieten von Futterrüben: ,,Aber Futterrübenmieten werden im Frühjahr angestochen, dann stinkt es landauf, landab, und keine Idylle ist vor dem vergorenen Anhauch sicher" (Se 129). Daß Grass noch stets Schwierigkeiten hatte, wenn es darum ging, historische oder theoretische Sachverhalte begrifflich abzuleiten, liegt hier auf der Hand und wurde ihm in der Kontroverse mit der politischen Linken auf breiter Front immer wieder vorgehalten: Die Nazizeit unter Hinweis auf Jean Paul und Wilhelm Raabe als dämonisch gewordene deutsche Idylle herauszustellen, das konnte nicht recht befriedigen und zwang zu Fragen nach der Grasschen Identität an der Grenze von Literatur und Politik.

Ein Nachruf auf den Tod von Konrad Adenauer vom Mai 1967 faßte das Erleben der Grass-Generation und das Selbstverständnis der damals Vierzigjährigen in folgender Weise zusammen: „Seit meinem zweiundzwanzigsten Lebensjahr sehe ich mich dem dogmatischen Willen Konrad Adenauers gegenüber. Seine einsamen Entschlüsse werteten die politischen Vorstellungen meiner Generation ab, ehe sie formuliert waren; er lehrte uns Ohnmacht üben; wir paßten uns an“. Konsequente Festigung der deutschen Teilung, Restauration eines Obrigkeitsbegriffes unter der „Parteifirmierung CDU“, auf diesen Nenner brachte Grass seine Einwände gegen die deutsche Nachkriegspolitik. Ein „allzu festes und lichtarmes Staatsgebäude“ habe Adenauer hinterlassen, in das nun behutsam „Fenster und Türen zu brechen“ seien (Se 146ff.).

Der Anspruch, den Grass inzwischen vor der deutschen Öffentlichkeit vertrat, wurde besonders sichtbar im September 1967. Zeitungen des Springer-Konzerns (Berliner Morgenpost, Mittag, Hamburger Abendblatt) hatten auf der Grundlage einer Falschmeldung von angeblichen Differenzen zwischen dem in der DDR ansässigen Schriftsteller Arnold Zweig und seinem Staat berichtet. „Der Zweck aller Lügen“, so Grass in einer Fernsehmagazinsendung, „war es, einen Konflikt zwischen Arnold Zweig und der Deutschen Demokratischen Republik, in der er nach freier Wahl lebt, zu erfinden“. Gegen diese „Beleidigung eines großen deutschen Schriftstellers“ wehrte sich Grass und verband damit den Vorwurf, die Springer-Zeitungen verbreiteten „mit wahrhaft faschistischen Methoden Zweckmeldungen“. Grass forderte den Deutschen Presserat, Bundestag und Bundesverfassungsgericht auf, gegen den Konzern einzuschreiten, der „wie ein verfassungswidriger Staat im Staat die demokratische Ordnung der Bundesrepublik verletzen konnte“. Das Selbstverständnis von Grass wurde deutlich durch die Tatsache, daß er sich, „wie ich weiß, stellvertretend für viele“ bei Arnold Zweig entschuldigte und ihn bat, „trotz allem, die Bundesrepublik und West-Berlin nicht mit den Springer-Zeitungen zu verwechseln“ (Se 163f.).

Nicht nur die Springer-Gruppe, sondern auch der Deutsche Journalistenverband wehrte sich gegen den pauschalen „Faschismus"-Vorwurf. In einer Erwiderung verschärfte Grass jedoch seine Kritik unter Hinweis auf Methoden ,,unter dem Propagandaminister Dr. Joseph Goebbels". Er hoffe, so unterstrich Grass seinen publizistischen Anspruch, er habe ,,im Sinne vieler deutscher Journalisten gesprochen", denn ,,die Glaubwürdigkeit der Deutschen Presse in der Bundesrepublik" dürfe durch die Springer-Praktiken nicht geschmälert werden (Se 165 f.).

Daß Grass gegen die politische Rechte scharf polemisierte, konnte nicht überraschen: Springer-Blätter nannten ihn jetzt, so BILD im September 1967, ,,rot angehauchten Modeschriftsteller", und ,,Dichter mit der Dreckschleuder" (PW 334). Die WELT fand sich zu einem die Grassche Doppeltätigkeit immerhin spitzfindig beleuchtenden Kompromiß bereit: ,,Machen wir einen deutlichen Unterschied: Es gibt den Schriftsteller Grass, den auch diejenigen einen Meister der deutschen Sprache nennen, die seine Bücher nicht mögen. Und es gibt den Amateurpolitiker Grass, der Ulbrichts Propagandachinesisch in einer Manier redet, die fatal an die Hetze einer vergangenen Epoche erinnert" (Kommentar vom 27. 9. 1967). Und CDU-Vertriebenenminister von Hassel rechnete Grass schlicht zu ,,den Herren von der extremen Linken" (PW 338 f.).

Gegenüber dieser ,,Linken" jedoch steuerte Grass ebenso auf hartem Konfrontationskurs: Während sich Teile der Intelligenz, später auch breitere Schichten der liberalen deutschen Öffentlichkeit nach 1967 entschieden zur Linken hin umorientierten, beharrte Grass auf einer der SPD um Willy Brandt nahestehenden Position des demokratischen Sozialismus'. Damit manövrierte er sich eine Zeitlang zwischen nahezu alle Stühle und komplizierte seine Situation noch zusätzlich durch gelegentlich unbegreifliche verbale Kraftakte.

Im Juni 1967 war der Student Benno Ohnesorg im Zusammenhang mit Studentenprotesten gegen den Berlinbesuch des Schahs erschossen worden. Im April 1968 wurde auf den linken Studentenführer Rudi Dutschke ein Attentat verübt; es folgten Gewaltaktionen gegen Springer-Häuser und Demonstrationen, wobei es weitere Todesopfer gab. Aus unmittelbarer Nähe skizzierte Grass zum 1. Mai 1968 seine Auffassung über die Vorgänge: ,,Die Massenblätter des Springer-Konzerns riefen monatelang zum Durchgreifen, zur tätigen Selbsthilfe auf und heuchelten nach dem Mordanschlag auf Rudi Dutschke biedermännische Empörung". Jedoch auch der Gegenseite, der durch den Sozialistischen Deutschen Studentenbund (SDS) geführten akademischen Jugend gab Grass Schuld: ,,Die Aktionen einiger Studentenverbände, besonders des SDS, nach dem Mordanschlag auf Dutschke, setzten Gegengewalt frei" (Se 168). Einerseits forderte Grass die Auflösung des Springer-Konzerns und die Überführung einiger wichtiger Blätter in eine Anstalt des Öffentlichen Rechts (Se 174), andererseits verlangte er, der SDS möge sich aus seiner ohnehin fragwürdigen ,,Führungsposition" zurückziehen.

Grass entwickelte um diese Zeit konkretere Vorstellungen hinsichtlich seiner politischen Ziele. Gegen die Linke führte er aus, diese ,,so unheilvoll deutsche Revolution zeichnet sich, samt der obligaten Konterrevolution, durch falsche Töne, theatralische Gestik und durch Anmaßungen aus". Es gebe in Wirklichkeit ,,keine Basis für eine Revolution", vielmehr sei der ,,Staatsstreich von rechts" zu befürchten. Den Studenten hielt Grass ,,altmodische Klassenkampfpositionen" vor und sprach vom ,,Mißverständnis zwischen Arbeitern und Studenten, das sich heute schon zur Feindschaft zwischen Arbeitern und Studenten verhärtet" habe (Se 172 f.).

Seit 1967 hatte Grass einen Briefwechsel mit dem tschechoslowakischen Schriftsteller Pavel Kohout geführt: Themen waren Phänomene des heraufziehenden Prager Frühlings und die Möglichkeiten eines demokratischen Sozialismus.[38] Am tschechischen Modell verdeutlichte Grass in der Folge immer wieder seine Vorstellungen eines schrittweise vorangehenden Reformismus, auch in bezug auf die deutsche Situation. ,,Der 1. Mai", so hieß es in der erwähnten Rede, ,,ist der geeignete Tag, den Tschechen und Slowaken für diese Lektion in Sachen Demokratie zu danken" (Se 180). Der russische Einmarsch in die Tschechoslowakei vom August 1968 veranlaßte Grass,

114

umso entschiedener die Vorbildlichkeit des tschechischen Versuches zu betonen gegenüber einer Neuen Linken im Westen, die die ,,Toleranz" aufgekündigt habe und ,,die Liberalität zum Todfeind der Revolution" (Se 182) erklären wollte. Grass forderte sowohl von Marxisten als auch Sozialdemokraten eine Neubesinnung: ,,im gleichen Maße, wie sich der Sozialismus seinen Geschwistern aus Zeiten europäischer Aufklärung, nämlich den demokratischen Grundrechten, zu nähern versuchte, sollte sich die Sozialdemokratie vom kurzsichtigen Konsumdenken lösen und einen Sozialismus der siebziger Jahre entwerfen, in dem durch qualifizierte Mitbestimmung und Mitverantwortung die Kontrolle der Macht- und Produktionsmittel auf demokratische Weise gesucht wird" (Se 184).

Was dem Politiker Grass von Seiten der Linken verübelt wurde, war nicht nur dieses gemäßigt reformistische Programm, es waren auch die teilweise sehr entschiedenen Begleitattacken. ,,Im Lager der westeuropäischen Linken" fänden sich ,,brillante Schüler" von Joseph Goebbels (Se 184), der SDS sei in Prag ,,mit teutonischer Überheblichkeit" aufgetreten (Se 183), das Engagement für Che Guevara, die cubanischen Erfahrungen Hans Magnus Enzensbergers, das ,,rhythmische Klatschen und die Argumentationslosigkeit lautstarker Ho-Tschi-Minh-Rufe" wurden zurückgewiesen, das ,,Desaster der westeuropäischen Linken" schon in diesem Moment kühlen Blickes konstatiert (Se 183f.). Im ,,wilden Aktionismus" entdeckte Grass die ,,deutsche Lust am Untergang", dem SDS bescheinigte er ,,Revolutionsmethoden des 19. Jahrhunderts" (Se 192), die Formel von den Revolutionären ,,aus allzugutem Haus" schliff sich als unablässig wiederholter Topos ein. So konnte es nicht ausbleiben, daß Rudi Dutschke, nach dem Attentat kaum genesen, verkündete: ,,Die politische Bekämpfung von Günter Grass ist wichtiger als alles andere" (zitiert nach SP 8/69, 145).

Wenn Grass bereits Ende 1968 von ,,hochangesetzter Begeisterung" sprach und deren ,,Umschlag in Resignation" (Se 194) prophezeite, wenn er vor ,,irrationalen Gewalttaten" warnte (Se 195), wenn er in den ,,Kaufhausbränden in Frankfurt" (Se 201) Vorzeichen einer drohenden Gewalteskalation vermutete, so ist ihm ein erhebliches Witterungsvermögen für weitere Entwicklungen nicht abzusprechen. Die eigene politische Arbeit resümierte Grass im Dezember 1968 in folgender Weise: ,,Wenn mich vor zwei Jahren der Abschluß der Großen Koalition ernsthaft und grundsätzlich an der SPD zweifeln ließ, der Generalangriff der links- und rechtsextremen Flügel auf diese Partei hat mich darin bestärkt, weiterhin als Sozialdemokrat den langsamen und permanent von Rückschlägen gezeichneten Weg der Reform zu wählen" (PW 154).

Immerhin hatte dieses Jahr für Grass eine erstaunliche, fast kuriose Anerkennung beschert: Der Publizist und Historiker Golo Mann konnte (im Mai 1968) in der ,Frankfurter Allgemeinen Zeitung' allen Ernstes vorschlagen, Grass solle Regierender Bürgermeister von Berlin werden. Die Beschreibung des Schriftstellers durch Golo Mann ergibt ein Grass-Porträt aus der Sicht eines freundlich gesonnenen Konservativen: ,,Wenn einer in Berlin Frieden machen kann, so ist es Grass. Er kennt und liebt die Stadt. Er steht mit einem Fuß im Lager der Studenten, mit dem anderen dort, wo man Ordnung und Legalität schätzt. Er hat Kontakt mit den Leuten, Herzenswärme und Einfälle; Vitalität und die geforderte Nervenkraft. Da er von hellem, keineswegs unpraktischem Verstand ist, so würde er vom administrativen Kram das Notwendigste schnell lernen; das Übrige könnten andere tun" (PW 120). Im darauffolgenden Jahre nannte H. L. Arnold Günter Grass in der ,Frankfurter Rundschau' einen ,,Praeceptor democratiae germaniae" (PW 148) – Grass war zu einer respektierten, wenn auch nicht unumstrittenen Institution geworden.

Bundestagswahlkampf 1969 und Kanzlerschaft Willy Brandts

Im Wahlkampf 1969 setzte sich Grass erneut massiv für die SPD ein. Bereits 1968 waren Sozialdemokratische Wählerinitiativen begründet worden, zum Kreis der Mitarbeiter oder freundlich beispringenden Helfer gehörten Arnulf Baring, Kurt Sontheimer, Horst Ehmke, Erhard Eppler, Eberhard Jäckel sowie Studenten (Ta 58, Se 8). Präsidium und Vorstand der SPD hatten im November 1968 ihr Placet gegeben (Bü 84): Grass trat nicht mehr als schneidiger Einzelkämpfer auf, sondern hatte seinen Status gegenüber Partei und Basis offizialisieren können. Bald nach der Wahl von Gustav Heinemann zum Bundespräsidenten im März 1969 ging Grass auf Wahlreise, insgesamt trat er bis zum September in annähernd 90 Wahlkreisen als Redner auf (das ‚Tagebuch einer Schnecke‘, protokollierte später sorgfältig); ein Büro in der Bonner Altstadt funktionierte als Anlaufstelle (PW 157).

In der ‚Rede von den begrenzten Möglichkeiten‘ formulierte Grass als Wahlziel die Ablösung der Großen Koalition und ging ausführlich auf die Leistungen der SPD-Politiker in den drei zurückliegenden Jahren der Kanzlerschaft Kiesingers ein: Heinemanns Justizreform, Erhard Epplers ,,vorausschauende Entwicklungspolitik'' wurden als zukunftsweisende Leistungen gewertet (Bü 54), Brandts Politik insbesondere hinsichtlich einer Grenzanerkennung im Osten beginne Früchte zu tragen. Ferner skizzierte Grass den zukünftigen Dialog zwischen Wählerinitiativen und Partei: Die Wähler sollten schon vor den Wahlen an der Kandidatenaufstellung beteiligt werden (Bü 57), ein konkretes Projekt für politische Basisarbeit, an dessen administrativer Durchsetzung Grass jedoch später nicht weiterarbeitete. Betont wurden im Wahlkampf Mitbestimmung und Bildungsreform: ,,Die Mitbestimmung in allen Bereichen unserer Gesellschaft wird nur möglich sein bei gleichzeitiger Schulreform, bei gleichzeitiger Gewerkschaftsreform und nicht zuletzt bei veränderten Mehrheitsverhältnissen im Bundestag'' (Bü 61). Die Wahlkampfreden von Grass hatten jetzt ihren rhetorischen Schwung, ihre frühere Freude am Zitat, an der Parabel, am ,,Es-war-einmal''-Einschub, am lässigen Rückgriff auf die Literatenrolle, verloren: Pragmatisch (um nicht zu sagen knochentrocken) ging es um die politische Alltagsrealität in ihrer ganzen Dürftigkeit. Nach knapp gewonnener Wahl und

Bildung einer SPD-FDP-Koalition unter Brandt und Scheel betonte Grass denn auch die Unangemessenheit weiträumiger Perspektiven: ,,Die Linke ... sollte sich streng an das Regierungsprogramm der sozial-liberalen Koalition halten und dessen Einlösung als Vorbedingung für erweiterte Möglichkeiten begreifen und fördern" (Bü 66). Der Literat Grass schien seine Ursprünge leugnen und sich ganz ins politische Lager begeben zu wollen.

Im Oktober 1969 hielt Grass auf dem Schriftstellerkongreß in Belgrad eine Rede, bei der er sich wie selten sonst bemühte, seine ,Revisionismus'-Vorstellung anhand historischer Modelle zur Diskussion zu stellen: ,Literatur und Revolution oder des Idyllikers schnaubendes Steckenpferd' lautete der Titel. Grass geißelte die selbst in den Feuilletons konservativer Zeitungen vorherrschend gewordene Ansicht, ,,die Literatur habe die Magd der Revolution zu sein". Grass trat der Meinung entgegen, Revolutionen seien historisch notwendig, wobei er sowohl die Französische als auch die Oktober-Revolution infrage stellte, denn die letzlich nur zerstörenden ,,Mechanismen einer Revolution" seien unabhängig von ,,linken wie rechten Ideologien" (Bü 69). Damit war Revolution nicht nur als potentieller deutscher Vorgang verworfen, sondern als historisches Prinzip überhaupt infrage gestellt – eine für die Grassche Geschichtstheorie maßgebliche Voraussetzung.

Im März 1970 begleitete Grass den Kanzler Willy Brandt bei dessen Treffen mit dem Vorsitzenden des DDR-Ministerrates, Willi Stoph, in Erfurt. Im Dezember des gleichen Jahres war er dabei, als Willy Brandt in Warschau die deutsch-polnischen Verträge unterzeichnete und als es zum Kniefall Brandts am Ehrenmal in Auschwitz als Sühnegeste kam. Aufgrund der guten persönlichen Beziehungen zwischen Brandt und Grass war der Schriftsteller also mit einem Stück deutscher Repräsentation nach außen betraut.

Im November 1970 plädierte Grass auf dem 1. Schriftstellerkongreß des Verbandes deutscher Schriftsteller (VS) in Stuttgart für die gewerkschaftliche Organisation der Schriftsteller.

„Seitdem Gustav Heinemann Bundespräsident ist und seitdem Willy Brandt, ein Mann des Widerstandes gegen den Nationalsozialismus, Bundeskanzler ist, finden wir Schriftsteller zum erstenmal Gelegenheit, aus teils anerzogenen, teils überlieferten Rollen herauszufinden und inmitten, nicht außerhalb der Gesellschaft als verändernde Kraft zu wirken", so resümierte Grass die neue Situation nach dem Regierungswechsel. Als mögliche Themen für schriftstellerische Arbeit nannte Grass Medienkritik, Umweltprobleme, Bildungsfragen. Der Schutz des geistigen Eigentums und der Urheberrechte müsse im Mittelpunkt zukünftiger Gespräche zwischen Autoren und Gewerkschaften stehen (Bü 95 f.). Grass war neben Dieter Lattmann Hauptbefürworter einer Auffassung, die die Identität der Schriftsteller im Rahmen von Gewerkschaft und Arbeitswelt neu bestimmen wollte (vgl. das SPIEGEL-Gespräch in SP 47/70).

Wenn Grass bei Überlegungen dieser Art eine Schlüsselrolle spielte, so weist das sicherlich wieder zurück auf sein ,kleinbürgerlich' unkonventionelles Herkommen: „Einer Vielzahl linksbürgerlicher Schriftsteller und Theoretiker", so führte Grass in Stuttgart aus, „wollte es bisher nicht gelingen, diese Schwelle zu überspringen und sich außerhalb des aufgeklärten Bürgertums als Lohnabhängiger, als Arbeitnehmer, als jemand zu verstehen, der des Schutzes der Gewerkschaften bedarf" (Bü 93). Grass, durch seine Vergangenheit offenbar gefeit gegen solche Vorurteile, konnte hier ebenso neuartige Entwicklungen einleiten wie durch seine politische Tätigkeit überhaupt.

Im März 1971 hielt Grass in Bonn eine ,Rede an die Sozialdemokratische Bundestagsfraktion', und zwar ausdrücklich „im Auftrag der Sozialdemokratischen Wählerinitiative und aus der Sicht des Wählers". Einmal mehr bemühte er sich, auch programmatisch und organisatorisch Einfluß auf die Parteiarbeit zu nehmen und verwies vor allem auf die Dringlichkeit von Bildungsreform, Umweltschutz, Steuerreform, ging ferner ein auf das Betriebsverfassungs- und das Städtebauförderungsgesetz, auf flexible Altersgrenze und Öffnung der Rentenversicherung, auf die Notwendigkeit einer gesetzlichen Krankenversicherung für Landwirte (Bü 115, 120 ff.).

Angesichts solcher ins politische und legislative Detail hineinreichenden Bemühungen wurde im Rahmen der publizistischen Öffentlichkeit immer lauter die Frage nach der Identität von Grass gestellt. In vielfacher Variation wurde Standpunkt und Selbstverständnis als Schriftsteller vor allem auch im Verhältnis zu den schreibenden Zunftgenossen erörtert. In welchem Maße Grass angesichts einer sich an ihm vorbei nach links bewegenden Kulturszene zum Einzelgänger zu werden drohte, machte exemplarisch der Konflikt mit dem Dramatiker Heinar Kipphardt im Frühjahr und Sommer 1972 deutlich. Grass unterstrich zu jener Zeit seinen Anspruch auf breite politische Wirkung durch eine regelmäßige Kolumne in der ‚Süddeutschen Zeitung‘ und im Berliner ‚Abend‘.

Kipphardt hatte als Chefdramaturg der Münchner Kammerspiele ein Stück von Wolf Biermann (‚Der Dra-Dra‘) auf die Bühne gebracht. Das zugehörige Programmheft war von Kipphardt presserechtlich zu verantworten und sollte 24 Köpfe aus Politik, Wirtschaft und Medien abbilden. Ein Begleittext wies auf diese ‚Drachen‘ hin im Sinne der Biermannschen Drachentöterschau. Zwar verhinderte Kipphardt das Erscheinen der Bilder, die Information hierüber gelangte jedoch, vermutlich über den mitbetroffenen Münchner Oberbürgermeister Hans-Jochen Vogel, an Grass. In seiner SD-Kolumne stellte Grass daraufhin fest, Kipphardt sei „unter die Hexenjäger gegangen", sei „ein Nachbar Ziesels geworden", geriete „in den schmalen Bereich, der zwischen Joseph Goebbels und Eduard von Schnitzler offengeblieben ist" (PW 355). Grass untermauerte diese überaus harte Attacke mit dem Hinweis, hier werde das „Kesseltreiben" der Springer-Presse gegen politische Gegner mit gleichen Mitteln von links wiederholt. Er sah in den verhinderten Programmheftseiten „schlimmste deutsche Tradition" fortgesetzt, „Hetze, die zum Mord führt" (PW 355 f.).

Die Vorgänge führten schließlich zur Ablösung Kipphardts als Dramaturg, hatten aber auch eine deutliche Distanzierung großer Teile der linksliberalen Intelligenz von Grass zur Folge. Grass selbst war sich seines Verhaltens und der sich ergebenden Konsequenzen letztlich wohl doch nicht sicher: Die in diesem Zusammenhang erschienenen Artikel sind in den politischen Sammelbänden von Grass nicht nachgedruckt worden. Andererseits wird man mittlerweile sagen dürfen, daß Grass außerordentliche Sensibilität für das Heraufziehen irrationaler Gewaltversuche bewiesen hat. Auch wer das Grassche Vorgehen überspannt findet, muß ihm zubilligen, daß er Phänomene wie die Baader-Meinhof-Bande, die RAF, den Terrorismus als Möglichkeiten frühzeitig im Blick hatte. „Ich dramatisiere nicht", hatte Grass damals geschrieben, „ich sehe, wie Aufrufe zur Gewalttätigkeit und die Gewalttätigkeit gesellschaftsfähig zu werden beginnen" (PW 369).

Anschaulich wurde die isolierte Position von Grass am 28. Mai 1971, als er einer ‚Peer Gynt'-Aufführung in der Berliner Schaubühne am Halleschen Ufer beiwohnte. Das Stück wurde unterbrochen, die Schauspieler unter Anführung des Regisseurs Peter Stein verlasen von der Bühne herab einen Angriff gegen Grass: Man bezeuge „seine Verachtung gegenüber dem hier anwesenden Günter Grass, der in der Manier eines bezahlten Mietlings der Münchner SPD-Spitze einen Schriftsteller-Kollegen in übelster Weise verleumdet und dadurch den Münchner Skandal mit hervorgerufen" habe (PW 372).

Die Situation, in die Grass geraten war, wurde bald darauf von der ‚Deutschen Zeitung' folgendermaßen erläutert: „Es gehört in Deutschlands intellektueller Gesellschaft derzeit zum guten Ton, gegen Günter Grass lautstark zu opponieren" (PW 386), und Arnulf Baring stellte in der ZEIT fest, „daß die neuerdings weitverbreitete Abneigung gegen Grass unter Schriftstellern, unter Linksintellektuellen mir symptomatisch scheint für einen politischen Klimawechsel in der Bundesrepublik". Nachdem man der Grasschen Wahl- und Wählerinitiative bislang überwiegend mit Sympathie gegenübergestanden habe, komme es „in den meinungsbildenden Gruppen des Landes aus der Mode, für die SPD zu sein" (PW 389f.).

Die Grassche Position zu Beginn der siebziger Jahre wird greifbarer, wenn man sie gegen andere Autoren abhebt und kritische Stimmen aus der schriftstellerischen Zunft vergleichend beizieht. In einem Gespräch von 1970 hatte sich Grass mit H. M. Enzensberger und Martin Walser auseinandergesetzt. Gegen Enzensbergers Kuba-Engagement hat Grass häufiger polemisiert, Enzensberger stellt offensichtlich ein Gegenmodell dessen dar, was Grass an politischer Tätigkeit vorschwebt: ,,Wie immer Enzensberger sich verändern wird, ob er nun sein Vorbild einmal in Kuba oder dann wieder bei sich egozentrisch oder sonstwo sucht, das sind *seine* Sprünge. Bei *mir* ist das recht kontinuierliche und beharrliche Arbeit gegenüber einem zähen Stoff; und dieser zähe Stoff ist hier in der Bundesrepublik zuerst gegeben und nicht in Kuba. Daran messe ich politisches Verhalten." Und gegen Martin Walser, der damals zur Gründung eines Vietnam-Büros aufgerufen hatte: ,,Spenden anfordern und dann nicht die Arbeit leisten, damit dieses Vietnam-Büro mit seinen Möglichkeiten, bessere Informationen zu liefern, auch entsteht, davon halte ich nichts. Ich halte das, gelinde gesagt, für Scharlatanerie." Gegen Walsers Selbstverständnis als Kommunist wandte Grass ein, daß Walser ,,diesen hohen Anspruch nur durch ein Minimum an Gegenleistung" decke. Und als prinzipieller Kontrast zur eigenen Aktivität: ,,Vielleicht ist es einigen Schriftstellern noch nicht aufgefallen, daß politische Betätigung etwas anderes ist, als versuchsweise Ideen im Nachtprogramm starten zu lassen" (TK 22f.). Im Grasschen Verständnis also auf der einen Seite der nüchterne Pragmatiker mit seinen mühseligen Alltagsgeschäften, auf der anderen die Propagandisten abstrakter Ideen, die jedoch vor Detailarbeit zurückscheuen.

Die Bewertung des Politikers Grass von außen her bietet naturgemäß ein völlig entgegengesetztes Bild. Im Juni 1971 befaßte sich Günter Herburger in einem ZEIT-Artikel ‚Überlebensgroß Herr Grass' mit dem Schriftstellerkollegen: ,,Zuerst haben wir nur gelächelt", heißt es da zur politischen Arbeit von Grass, ,,dann die Köpfe geschüttelt, allmählich wird es uns zu bunt". Herburger kann vor allem den Identitätsbruch zwischen Künstler und Politiker nicht verwinden: ,,Er koppelt seinen literarischen Marktwert verzweifelt mit politischer Nützlichkeit", dies jedoch sei ,,ein schrecklicher Irrtum", man könne nicht Politiker sein und gleichzeitig schreiben: ,,Es stimmt einfach nicht, daß ein Täter, ein politisch Aktiver, am Schreibtisch seine Konsequenzen ausschmückt, vergessen machen" könne. Jedoch wollte Herburger die Hoffnung auf Grass nicht endgültig begraben: ,,Wir glauben, daß er, der überlebensgroß gewordene Kleinbürger, noch genug Zähigkeit, Temperament, Phantasie und Selbstmitleid, schöne, dicke Selbstanklage besitzt, daß er wieder einmal zu uns gehören könnte, wenn er genügend schrumpft"; und ,,falls er noch einmal zusammenschnurrt, wie unsereins, werden wir ihn wieder verstehen". Augenblicklich aber sei Grass mit jemandem zu verwechseln, ,,der auch die Verwaltungslaufbahn hinter sich haben könnte und jetzt dröhnt wie Vaters Ofenblech".[39]

Anderer Art sind die Zweifel, die Max Frisch in seinem ‚Tagebuch 1966–1971' verlautbarte: ,,Kann einer", so hieß es in der ruhigeren Diktion des Schweizers, ,,als Wahlkämpfer eindeutig sein, als Schriftsteller offen bleiben?" Grass sei ,,sich bewußt, eine öffentliche Figur zu sein wie kein anderer deutschsprachiger Schriftsteller". Den Rollenkonflikt nuanciert Frisch hingegen, abweichend von Herburger, so: ,,Er repräsentiert. Was er nicht ganz versteht: die Situation des Privat-Schriftstellers".[40] Herburger scheint stark dem deutschen Denkmodell vom vermeintlich naturgegebenen Widerspruch zwischen Geist und Macht, Kunst und Politik verhaftet und reagiert auf die Grassche Grenzverletzung mit sichtlicher Verwirrung. Max Frisch sieht zweifellos weiter, wenn er die Grasssche Öffentlichkeitsaktivität als legitime Variante schriftstellerischen Daseins begreift und lediglich moniert, daß Grass sein Verhalten zum allgemein verbindlichen deklarieren möchte. Hinter Max Frisch steht wohl die Erfahrung des romanischen Kulturraumes, wo es die für Deutschland typische Innerlichkeit des Denkens und Schreibens als Widerspruch zur

Öffentlichkeit der politischen Geschäfte nicht in gleichem Maße gegeben hat.

Zur etwa gleichen Zeit äußerte sich ein weiterer Fachkollege zu Grass, offenbar vor dem Hintergrund einer früheren engen Privatbeziehung, nämlich Peter Rühmkorf. Nach dem Erfolg der ‚Blechtrommel‘, schreibt Rühmkorf in seinen Erinnerungen ‚Die Jahre die Ihr kennt‘, sei Grass „zunächst durchaus noch als Privatperson vorhanden" gewesen; „auch als sein Ruhm sich richtig auftat wie eine Wundertüte, blieb seine Persönlichkeit in ihren großen Zügen unverbildet". Zunächst eher charaktereologische Einwände: „Ein schwieriger Fall für seine Bekanntschaften wurde Grass erst, als die Qualität seiner politischen Meinungsbeiträge seinem wachsenden Bedürfnis nach ungebrochener Resonanz nicht mehr nachkam. Er, der von Anlage, Milieuschäden und Temperament her eigentlich zum Anarchismus neigte (seine persönliche Auflehnungsform gegen kleinbürgerlichen Stickmief), versuchte sich plötzlich links zu definieren, was freilich aus Mangel an tieferer Geschichts- und Bücherkenntnis nur bis zum Godesberger Programm reichte". Hier trägt Rühmkorf nun einen Einwand vor, der in trivialisierter Form schon längst zum festen Requisit der Grass-Kritik geworden war: das oft beklagte, viel gescholtene ‚Theoriedefizit‘ bei Grass, seine Unlust, Auskunft zu geben über historische und begriffliche Zusammenhänge seiner Ansichten. „Mit dem Sprung auf den Paukboden der Politik", fährt Rühmkorf fort, „begab er sich nun auf eine Bühne, wo andere die bessere Ausbildung, den schärferen Perspektivblick, auch entschiedenere Zielvorstellungen besaßen, eine Konkurrenz, der er mit zunehmend unerträglicherem Besserwissertum begegnete. Seiner kleinbürgerlichen Einzelhändlerdenkungsart gemäß war die nachgodesbergische Sozialdemokraterei das Äußerste, was er sich an politischer Grundlagenforschung zumuten mochte. Seiner an sich löblichen Verhaftung an den Teppich, d. h. dem haushälterischen Blick auf das wirklich und praktisch Erreichbare, gesellte sich, wertmindernd, eine fast kindlich-aperspektivische, eine naive Oskar-Optik, die bloße Phänomene für gesellschaftliche Triebkräfte und Verpackungsgewichte für politische Inhalte hielt". Deutlich kommt bei Rühmkorf allerdings auch private Verärgerung zum Vorschein, wie sie um jene Zeit im Grass-Umkreis überhaupt verbreitet gewesen zu sein scheint: ,,Aber auch was die Einschätzung seiner eigenen Kreationen anging, wußte er bald nicht mehr, wo die Politik anfing und die Kunst aufhörte bzw. wo die öffentlichen Dinge radikal im argen lagen und das Subjekt seine Grenzen hatte. Schließlich griff das magische Denken (die Verwechslung von Wunsch und Wirkung) so mächtig Platz in seinem Bewußtsein, daß die zur Institution aufgeblasene Privatperson ernsthaft zu glauben schien, sie hätte goldene Hände, die schlechthin allem, was sie berührten (Bau, Steine, Erden, Druck und Papier und selbstverständlich Politik) den Stempel der Allgemeinverbindlichkeit aufdrückten".[41]

Bei Rühmkorf zeichnet sich ein Konfrontationsmuster durch, das wiederum zurückverweist auf die ‚kleinbürgerliche' Herkunft von Grass einerseits, auf die aus mehrfachem Grund unduldsame akademische Intelligenz andererseits. Man neigte im universitären Rahmen wohl von Anfang an dazu, den Autodidakten und bildungsmäßigen self-made-man Grass nicht ganz ernst zu nehmen, soweit es das Gebiet der Gesellschaftstheorie betraf. Grass hatte seinerseits eine präzise Witterung für solche Vorbehalte und reizte die Ablehnung durch gezielte Provokation erst richtig heraus. Als Beleg hierfür sei, nochmals im Rückgriff auf den Herbst 1968, der Aufsatz ‚Die angelesene Revolution' erwähnt. ,,Nur angelesen", nannte Grass dort studentische Revolutionsvorstellungen, ,,weil von der Theorie her dürftig belegt". Im anschließenden Satz jedoch ist Grass durchaus daran gelegen, die akademische Linke auf eigenem Felde zu schlagen, also auch seinerseits mit den Waffen politischer Theorie zu fechten; ,,angelesen", heißt es da, ,,weil von der Theorie her dürftig belegt, angelesen, weil die blindlings geschleuderten Lenin- und Luxemburg-Zitate allenfalls beweisen, daß die so freigebig Zitierenden bis heute nicht den fundamentalen Gegensatz zwischen Lenin und Rosa Luxemburg begriffen haben, angelesen, weil geklittert und rasch in Jargon umgemünzt" (PW 129). Es ist nur allzu offensichtlich, daß Grass sich bis in rhetorische Figur und Sprachgestus hinein eben jener herablassenden Argumentationstechnik bedient, die er doch gerade zurückweisen möchte.

Dies dürfte auf ein tiefersitzendes Legitimationsproblem bei Grass hinweisen. Denn der Grassche Gegenentwurf orientiert sich im Prinzip an den gleichen Werthaltungen, deren sich die akademischen Kontrahenten bedienen. Wenn Grass sich genötigt sah, Einzelargumente auf den abstrakten Oberbegriff zu bringen, benutzte er gleichfalls ein derart grobes Raster, daß ihm argumentativ kaum mehr beizukommen war. Im angeschnittenen Fall sahen die von Grass bemühten historisch-theoretischen Folgerungen etwa so aus: ,,Zwar müssen Marx, Mao und Marcuse die Zitate hergeben, doch mir will es seit langem so vorkommen, als versuche sich wieder einmal der deutsche Idealismus mit Hilfe des Studentenprotestes zu regenerieren". Grass weicht damit auf das höchst unsichere Feld der Völkertypologie aus und kommt infolgedessen über eine stark klischierte Andeutung vorgeblich ,deutscher' Merkmale nicht hinaus. So hieß es an gleicher Stelle dann auch: ,,Wer gestern noch seine schönpolierte Musiktruhe mit der Internationalen bediente, wird morgen die Götterdämmerung auflegen und dem Urraunen lauschen wollen" (PW 130 f.).

Also Richard Wagner und sonst auch Hegel; sie sind für Grass die deutschen Archetypen, die Chiffren für ein Menetekel, das Grass gewöhnlich mit ,,deutscher Verstiegenheit" und ,,deutschem Idealismus" kenntlich zu machen sucht. Es müßte sich lohnen, das Grassche Deutschlandbild vor allem in seinen kulturkritischen Momenten einmal zu durchleuchten. Man stößt bei ihm immer wieder auf Argumente, die an Nietzsches prinzipielle Einwände gegen deutsches Wesen erinnern – die Ablehnung Wagners und Hegels bei Grass würde damit übereinstimmen. Vergleichbares findet sich des weiteren in der Essayistik der Nietzsche-Nachfahren, wobei an Thomas und Heinrich Mann, besonders auch an Gottfried Benn zu denken

126

wäre. Insgesamt darf man festhalten, daß sich die Grassche Deutschlandkritik nicht durch Originalität auszeichnet; vielmehr pflegt Grass auf diesem Felde mit grobem Pinselstrich und starker Vereinfachung zu arbeiten.

Auf einer Rede in Athen im März 1972 setzte sich Grass mit den stereotyp wiederholten Einwänden gegen seine ,,Doppeltätigkeit" auseinander: ,,Da heißt es, der Schriftsteller habe Distanz zu wahren. Da heißt es: Die Tagespolitik mit ihrer saftlosen Zweitsprache verderbe den literarischen Stil. Da heißt es apodiktisch: Geist und Macht sind unversöhnlich". Dem stellte Grass als Antwort entgegen: ,,Ein Schriftsteller muß sich durch Wirklichkeiten, also auch durch politische Wirklichkeit in Frage stellen lassen; das kann nur geschehen, wenn er seine Distanz aufgibt. Ein literarischer Stil, der wie Zimmerlinden in geschlossenen Räumen und fürsorglich abgestützt Treibhauswachstum verspricht, wird zwar als Kunstsprache reinlich bleiben, doch die Wirklichkeit ist nicht rein". Das ,,beliebte Gegensatzpaar – Geist und Macht" nannte Grass schlicht ,,fiktiv" (Bü 138). Grass erledigte also ein sowohl für ihn selbst als auch für die gesamte politische Intelligenz fundamentales Rollenproblem mit zumal in Deutschland außerordentlicher historischer Reichweite, indem er dessen Existenz einfach leugnete – eine wenig überzeugende Lösung, wie sich bald an ihm selbst erwies.

Das Jahr 1972 brachte nach gescheitertem Mißtrauensvotum gegen Willy Brandt vorgezogene Bundestagswahlen, die von der sozialliberalen Koalition überlegen gewonnen wurden: Grass, wiederum aktiv im Wahleinsatz, durfte sich am Ziel seiner politischen Wünsche sehen. Im März 1973 kündigte er in einer Rede vor der Sozialdemokratischen Wählerinitiative an, ,,nach geleisteter Arbeit einen deutlichen Schritt zurückzutreten. Und da ich zur Verblüffung vieler, seit Jahren unentwegt fragender Journalisten nicht vorgehabt habe, Staatssekretär oder gar Minister zu werden, bitte ich darum, sich damit abzufinden, daß mir mein Beruf, Schriftsteller zu sein und Grafiker zu bleiben, wichtig genug ist". Die alte Rollenschranke war also wieder in Kraft, Grass begann damals mit dem ‚Butt‘ als neuem literarischen Großprojekt: „ich habe mir viel Papier gekauft. Meine Geschichte will zeitraffend weitererzählt werden" (Bü 153).

Grass behielt zunächst noch verschiedene politische Aktivitäten bei, reiste mehrfach nach Israel, verfolgte als besonderes Steckenpferd Fragen der Entwicklungspolitik, für die sich damals unter Regie des befreundeten Bundesministers Erhard Eppler Perspektiven aufzutun schienen. Ferner kümmerte sich Grass um Probleme der gewerkschaftlichen Organisation der Schriftsteller und sprach im Juni 1973 auf einem vom Kommitee für Kultur und Erziehung des Europarates veranstalteten Symposion in Florenz (Bü 164 ff.). Er beobachtete zunehmend kritisch den Zustand der SPD unter Willy Brandt und formulierte im März 1974 in einer ‚Rede vor der Fraktion der SPD‘ seine Bedenken angesichts des „Wankelmutes der Bundesregierung". Bei der jungen Generation konstatierte er „resignative Anpassung", bei der bundesdeutschen Gesellschaft „Erschlaffung" (Bü 182 f.). Ohne Aggressionen, aber dennoch entschieden sprach er von seinen Vorbehalten angesichts einer innenpolitischen Situation, die wenige Monate später, im Mai 1974, im Zusammenhang mit der Spionageaffäre Guillaume zum Rücktritt von Willy Brandt als Kanzler führte.

Nach dem Rücktritt von Willy Brandt

Der Rücktritt jenes Mannes, dessen politischen und persönlichen Weg Grass seit etwa 1960 mit zunehmender Intensität begleitet hatte, mußte einen tiefen Einschnitt bilden: „Meine politischen Impulse", meinte Grass kurz nach dem Spionageskandal, „habe ich aus der unglücklichen deutschen Geschichte erhalten. Willy Brandt war mir Beispiel. Er ist mein politischer Lehrmeister gewesen. Sein Rücktritt hat mich getroffen. Die Umstände seines Rücktritts haben auch bei mir Spuren hinterlassen". Nach dem Rücktritt sei ihm „eine langjährige Phase politischer Arbeit und Kleinarbeit wie abgebrochen" vorgekommen. „Resignation bot sich an. Zorn mischte sich mit Enttäuschung" (Bü 265, 270).

Die Arbeit am ‚Butt' war unterdessen fortgeschritten, die Rückkehr zur Literatur, der Ausstieg aus der Politik hatte sich in der resignativen letzten Phase der Kanzlerschaft Brandts angebahnt und wurde jetzt zur beschlossenen Sache. Aus der Rückschau hielt Grass 1977 fest, er habe „das Bedürfnis" gehabt, „nach fast einem Jahrzehnt politischer Arbeit der Sekundärsprache der Politik zu entfliehen, wieder einem epischen Konzept zu folgen, also etwas als Vorlage zu wählen, das sich nicht nach Legislaturperioden messen läßt" (Ra 10). Im 1976er Wahlkampf trat Grass nur zweimal im Rahmen von Wählerinitiativen auf, jeweils zusammen mit Siegfried Lenz.

Zur innenpolitischen Situation der Nach-Brandtschen Ära gab Grass 1976 folgendes Urteil ab: „Nach dem Rücktritt von Willy Brandt wurde die Politik der sozialliberalen Koalition glanzlos. Bei aller notwendigen Versachlichung ging ihr die Perspektive verloren. Der Überschwang rasch wechselnder utopischer Vorstellungen, die zu Beginn der siebziger Jahre allerlei Resolutionspapiere billig gemacht hatten, schlug um in pragmatische Engsicht und Sprachlosigkeit allen Problemen gegenüber, die sich nicht kurzerhand über den ökonomischen Leisten schlagen ließen" (De 227). Aus diesen Bemerkungen wird ersichtlich, daß Grass unter der Ägide eines Kanzlers Helmut Schmidt nicht jene Rolle hätte übernehmen können, die er zu Zeiten von Willy Brandt innehatte. Angesichts der Grassschen Kritik wäre übrigens die Frage aufzuwerfen, ob Grass mit seinem streng reformistischen Standpunkt bei rigoroser Beachtung des in kleinen Schritten Machbaren, mit seinem harten Urteil gegen ideelle Fernziele und übergreifende Denkentwürfe nicht – ungewollt – mitgewirkt hat an der von ihm im nachhinein beklagten „Versachlichung" des politischen Klimas und „pragmatischer Engsicht". Wenn nicht alles täuscht, klingen manche Vorwürfe gegen den Regierungsstil Helmut

Schmidts jenen Einwänden recht ähnlich, die früher von linker Seite gegen Grass selbst erhoben wurden.

Aus dem Jahre 1976 sind zwei Aktivitäten politischer Art anzuzeigen, die Grass wiederum erhebliche publizistische Resonanz verschafften: Zum einen gab er zusammen mit Heinrich Böll und Carola Stern die Zeitschrift ‚L 76. Demokratie und Sozialismus' heraus, die es sich zum Programm macht, ,,Standort und Perspektiven des demokratischen Sozialismus" (Heinrich Vormweg) zu diskutieren. Grass meldete sich selbst zu Wort mit Artikeln gegen den Radikalenerlaß (‚Als das Radieschen umbenannt werden sollte', L 76/1) und gegen Intoleranz und Bürokratismus in Ost und West.

Erhebliche Beachtung fand Grass, zum zweiten, mit einem von ihm im Luchterhand-Verlag durchgesetzten Mitbestimmungsmodell. Das fast abgeschlossene ‚Butt'-Manuskript brachte ihn in eine günstige Ausgangsposition, und Grass konnte es sich erlauben, mit den Verlagen Luchterhand, Hanser und Fischer eineinhalb Jahre lang zu verhandeln. Im Juni 1976 berichtete er auf der Darmstädter Jahrestagung des Verbandes deutscher Schriftsteller: Im Verhältnis von Verleger und Autoren habe sich ,,ein Rest Leibeigenschaft gehalten", da Autorenrechte bei Verlagsveräußerungen ohne weiteres mitverkauft würden. Mit altgewohnter Spitze gegen die Linke hieß es da: Die ,,leibeigenen Autoren waren so sehr mit der Befreiung anderer beschäftigt, daß ihnen gar nicht auffallen wollte, daß ihre eigene und hingenommene Unfreiheit oft lächerlich im Gegensatz stand zu ihrer in jeder Himmelsrichtung posaunten Proklamation". Grass setzte schließlich, im ,,Jahrzehnt der Mitbestimmung", einen ,,Verlagsbeirat mit mitbestimmender Funktion der Autoren" bei Luchterhand durch (De 219 ff.) – an den Verhandlungen hatten zuletzt auch Peter Härtling und Gabriele Wohmann teilgenommen. Der Verlagsbeirat wirkt vor allem mit bei personellen Veränderungen in der Geschäftsführung des Verlages, bei gravierenden Programmänderungen und bei einem Wechsel der Besitzverhältnisse des Verlages. Soweit sich die Vorgänge von außen beurteilen lassen, hat

Grass seine politische Erfahrung, belletristische Produktivität und geschicktes Spiel auf der Medienklaviatur zusammenfassen und einen bedeutenden Schritt vorwärts tun können in Richtung auf Absicherung der Autoren und Wahrung der literarischen Kontinuität einzelner Verlagshäuser.

Was Grass durch seine politische Arbeit insgesamt bewirkt hat, läßt sich in knapper Form kaum resümieren. Zweifellos hat der Schriftsteller erfolgreich mitgewirkt an der Veränderung des politischen Klimas in der Bundesrepublik, in einem Maße womöglich wie nur wenige Spitzenpolitiker oder Interessenverbände. Daß Grass auf mindestens zwei Gebieten Außerordentliches leistete – künstlerische Produktion und politischer Einsatz –, fand stärkste Beachtung, führte allerdings immer wieder zur Frage nach der Identität eines Mannes, der mehrere große gesellschaftliche Rollen nebeneinander zu spielen versuchte.

Als sicher darf gelten, daß Grass auf politischem Felde demokratisches Bewußtsein geweckt, Mitbestimmung realitätsnah gefördert und das Selbstverständnis der bundesdeutschen Intelligenz stabilisiert hat. Aus den Affären mit Erhard und Kiesinger sind Grass und seine schreibenden Zunftgenossen gestärkt hervorgegangen. Was ein Autor von konventionell bürgerlich-akademischer Herkunft wohl kaum zustande gebracht hätte, ist ihm, dem ‚kleinbürgerlichen‘ Außenseiter und Aufsteiger aus eigener Kraft, gelungen: Die überlieferten Vorstellungsklischees vom unaufhebbaren Gegensatz von Geist und Macht in Deutschland zu erschüttern, und zwar nicht nur mittels theoretischer Postulate (wie es früher etwa Heinrich Mann oder die ‚Weltbühnen‘-Mitarbeiter getan hatten), sondern durch konkreten Einsatz in der tagespolitischen Arena und in den Medien. Zum politischen Lehrmeister allerdings, als der Grass zu Beginn der siebziger Jahre häufig apostrophiert wurde, konnte er es nicht bringen. Seine zunehmend trockenere Sachbezogenheit, sein begeisterungsfeindliches, programmatisch gegen hochfliegende Ideen und weitgreifende Utopien gerichtetes Haften an der Praxis waren von vornherein nicht darauf angelegt, Schule zu machen. Auch stieß der gelegentlich apodiktische Ton des Vortrages, das zuweilen besserwisserisch und allzu selbstüberzeugt wirkende Auftreten des Schriftstellers vielerorts auf Vorbehalte.

Grass' Beziehung zur akademischen Intelligenz und zur studentischen Jugend blieb ambivalent: Einerseits kaum verhohlene Verachtung bei Grass gegenüber utopieorientiertem Vorausdenken und theoretischen Entwürfen überhaupt; andererseits aber doch das Bemühen, eigene Positionen historisch abzuleiten und theoretisch zu fundieren. Dabei trat die Schwäche des Pragmatikers Grass offen zutage. Wenn Grass etwa Linkes wie Rechtes immer wieder ineinssetzte, wenn er die beiderseitigen Propagandatechniken wiederholt und pauschal bei Dr. Goebbels beheimatete, wenn er schließlich alles, was energisch über den Tag hinausdachte, auf den deutschen Idealismus Hegelscher Provenienz zurückzuführen sich bemühte, dann mußte er nähere Ausführungen schuldig bleiben und kam über Schlagworte und Metaphern wie ,Schnecke' und ,Roß' nicht hinaus. Begriffe wie Reformismus und ,Revisionismus' wurden zwar am tschechischen Modell und anderweitig, auch unter Hinweis auf Eduard Bernstein, August Bebel und Leszek Kolakowski, dargetan. An detaillierterer Diskussion der angeschnittenen Probleme jedoch zeigte sich Grass nicht interessiert; wo es nicht um unmittelbares politisches Handeln ging, wich er aus. Daß Grass sich im Zuge seines tagespolitischen Engagements immer erneut auf die Tradition europäischer Aufklärung berief, mag verständlich sein aus einem Legitimationsbedürfnis gegenüber bürgerlich-akademischen Kreisen heraus. Aber auch hier ließ Grass diejenigen im Stich, die seine historischen Prämissen über die gebotenen Vermittlungsstufen hinweg gerne in die Gegenwart hinein mitverfolgt hätten.

Die Stärke von Grass lag in der politischen Praxis. Hier hat er erhebliches politisches Gespür bewiesen: Für den Zerfall der Neuen Linken zeigte er ein untrügliches Witterungsvermögen; vorm Ausufern linker Gewaltdiskussion über politische Sektenbildung bis hin zum Terrorismus hat er frühzeitig und scharf gewarnt; daß linke Utopien in Resignation und politische Rechtsschübe einmünden würden, war ihm vorab deutlich. Bemerkenswert bleibt auch, daß er die Fähigkeit Willy Brandts, innere Reformen und eine neue Ostpolitik anzustoßen, beizeiten angekündigt hat. Von der Notwendigkeit einer Grenzanerkennung im Osten als Bedingung europäischer Entspannung hat Grass – als mitbetroffener Danziger – früher zu reden gewagt als weite Kreise selbst der SPD.

Das politische Bewußtsein der deutschen Öffentlichkeit in den frühen siebziger Jahre ist von Grass mitgeprägt worden. Sein Auftreten hat politische Weichenstellungen – vor allem in Hinblick auf Polen – erleichtert. Überhaupt trug Grass dazu bei, daß die SPD nach ihrer Umorientierung von einer Arbeiter- zur ,Volkspartei‘ für breitere Kreise auch des Bildungs- und Besitzbürgertums wählbar wurde. Als singuläres Phänomen, sowohl gegenüber den schreibenden Zeitgenossen als auch im Hinblick auf das in der Vergangenheit bei deutschen Autoren Übliche und Gewohnte, wird Grass in Erinnerung bleiben. Seine in den siebziger Jahren sich mehrenden Hinweise auf die Notwendigkeit entwicklungspolitischer und ökologischer Neuansätze machen vermutlich das Zukunftspotential seines politischen Denkens und Handelns aus.

VII. Dialektisches Theater

‚Die Plebejer proben den Aufstand' (1966)

Nach dem durchschlagenden Erfolg der ‚Danziger Trilogie'
wandte sich Grass – im Vorfeld und Zusammenhang mit dem
1965er Wahlkampf – wieder dem Theater zu. Im Januar 1966
kam im Berliner Schiller-Theater unter der Regie von Hansjörg
Utzerath das Schaupiel ‚Die Plebejer proben den Aufstand' zur
Aufführung – ein energischer Versuch von Grass, auf die
Bühne zurückzukehren, nachdem ein Funk-Unternehmen mit
dem ,,Einakter" (TK 16) aus ‚Hundejahre' (,,Eine öffentliche
Diskussion", Hj 571 ff.) 1963 wenig Resonanz gefunden hatte.
   1964 hatte Grass in der Berliner Akademie der Künste, der er
seit 1963 angehörte, einen Vortrag zur Stoffgeschichte des ‚Plebejer'-Dramas gehalten: ‚Vor- und Nachgeschichte der Tragödie des Coriolanus von Livius und Plutarch über Shakespeare
bis zu Brecht und mir' (LC 27 ff.) – es galt, Shakespeares
400. Geburtstag zu feiern. Der Brite, so führte Grass aus, habe
im ‚Coriolan' die aktuellen politischen Kämpfe seiner Epoche
untergebracht, Sir Walter Raleigh sei als Modell für die Zentralfigur anzusehen. ,,Ähnliche Spiegelungen aktueller Verhältnisse wird sich dieses Stück immer wieder gefallen lassen müssen" (LC 29 f.), hatte die These gelautet, die zugleich programmatisch die neuerlichen Absichten umriß, die Grass anhand
dieses Stoffes verfolgte.
   Brechts Versuch, mit einer ‚Coriolan'-Bearbeitung ,,dieses
Stück für sich und das Theater am Schiffbauerdamm zu retten",
habe scheitern müssen (LC 33). Durch detaillierten Stoffver-
gleich – Grass erwies sich als um philologisches Rüstzeug bemühter Interpret – arbeitete er heraus, daß es für Brecht darum
ging, das Shakespearsche Original ,,zu einem Tendenzstück
umzuformen", indem Coriolan ,,zum Kriegsspezialisten ver-

gröbert" wurde, während sich die entgegenstehenden Volkstribunen zu „Klassenkämpfern" mauserten (LC 40). Den „vulgären Volksverächter" Shakespeares habe Brecht „zum bewußten Volksfeind" gewandelt (LC 43), das Stück sei durch „auferlegte Tendenz" (LC 46) ins Klassenkampfschema hineingezwungen worden. Coriolan sei „intellektualisiert", Menenius als Patrizier „versimpelt" und Volumnia zu „sittenstrenger Kälte" umgebaut. Am Schluß ereigne sich nicht ein pompöser Trauerfall wie noch bei Shakespeare: „Bei Brecht wird kalt und mechanisch jemand abgemurkst, der überflüssig ist und seine Rolle längst zu Ende gespielt hat" (LC 46–51).

Im folgenden skizzierte Grass dann die Idee seines eigenen Stückes. Da Brecht 1952/53 am Shakespearschen ,Coriolan' gearbeitet habe, wolle er die Brechtsche Ostberliner Probenbühne aufs Theater bringen. In diese Probenarbeit sollen sich Nachrichten vom Aufstand des 17. Juni auf der Stalinallee mischen. Brecht habe den Ereignissen jenes Tages abwartend gegenübergestanden, „sein Revolutionserlebnis war der Spartakusaufstand gewesen" (LC 53). Der „Chef des Theaters" entziehe sich der Forderung der Bauarbeiter nach Unterstützung und sei lediglich an Theaterarbeit interessiert: „Was immer passiert, alles wird ihm zur Szene; Parolen, Sprechchöre, ob in Zehner- oder Zwölferkolonnen marschiert wird, alles wird ihm zur ästhetischen Frage: eine ungetrübte Theaternatur" (LC 54).

Grass räumte freilich schon damals ein: „Der Fall Brecht und der Fall Sir Walter Raleighs erlauben und erlaubten Fälschungen der Theatergeschichte und der englisch-römischen Geschichte zugunsten der jeweiligen Historienstücke" (LC 53). Der kühne Griff von Grass nach den großen Vorbildern geschah also von Anfang an in der Absicht, Freiheit zu gewinnen für Veränderungen am Stoff – was Shakespeare sich erlaubt hatte, sollte sich Grass auch gestatten dürfen –, also auch Beweglichkeit zu erlangen gegenüber dem historischen Modell Brecht und dem Arbeiteraufstand; auch „der siebzehnte Juni" sei bereits „historisch geworden" (LC 54).

In das Theaterstück vom Versagen eines Bühnen-„Chefs"
angesichts der politischen Realität, die ihm da unvorhergesehen
ins Haus steht, ist die Erfahrung von Grass im 1965er Wahlkampf massiv eingeflossen. Die Wechselwirkung von politischer und literarischer Aktivität bei Grass läßt sich an diesem
Beispiel besonders eindringlich vor Augen führen: Im Sommer
1965, also während der Fertigstellung des ‚Plebejer'-Manu-
skriptes, führte Grass in einer Wahlrede aus, er habe „den
17. Juni 1953 vom Augenschein" gekannt und miterleben müssen, „wie dieser große, traurige und verregnete Tag in beiden
Teilen Deutschlands verfälscht worden ist" (Se 19), nämlich
vom ursprünglichen Arbeiterprotest zu ‚Volksaufstand' im
Westen und zum vom ‚Klassenfeind' initiierten Umsturz im
Osten. Ebenso wie später am Beispiel des tschechischen Reformismus' gedachte Grass schon jetzt, anhand der Ostberliner
Vorgänge von 1953, seine Vorstellung von historischer Dynamik und politischem Wandel darzustellen. Der „Arbeiteraufstand" habe „im spontanen und erfolgreichen Beginn wie in
der Niederlage deutliche sozialdemokratische Züge" (Se 30)
getragen, führte Grass aus.

Man würde die ‚Plebejer' also mißverstehen, betrachtete man
sie lediglich als Versuch, die deutsche Unfähigkeit zur Revolution pauschal vorzuführen. Vielmehr vertritt Grass – in drama-
turgischer Verlängerung seiner Wahlkampfpraxis – die Ansicht, daß die Ostberliner Arbeiterschaft durchaus keinen globalen Umsturz der DDR-Ordnung beabsichtigte, sondern lediglich eine streng begrenzte pragmatische Reform einiger im
Theaterstück auch mehrfach exakt bezeichneter Mißstände an-
strebte. Man will gar keine „Revolution", gemäß den Ausführungen eines Poliers im 1. Akt: „Geordnet, wie wir von den
Baustellen kommen, dabei vollkommen unpolitisch, als Menschen nur und ohne Fahnen, ziehen wir zum Regierungsvier-
tel" (TS 253). Diesen Arbeitern geht es nicht, wie der „Chef"
immer wieder festgestellt sehen will, um einen „Aufstand":
„Na, Aufstand ist zu hoch gegriffen./ Es geht uns einzig um
die Normen" (TS 248), weist man ihn zurück.

Es handelt sich in diesem Theaterstück um das Scheitern einer reformistischen Strategie sozialdemokratischer Prägung; und zwar schlägt der Versuch der Arbeiter, ihre Situation durch kleinschrittige Maßnahmen zu verbessern, deshalb fehl, weil sich ihnen die bürgerliche Intelligenz im rechten Moment nicht zur Verfügung stellt, ja grundsätzlich auf Distanz zu Betrieb und Straße bedacht ist. Auch dafür gibt es in den 1965er Wahlreden von Grass genügend Hinweise: ,,Ich rufe die deutschen Gelehrten und Wissenschaftler, die Theologen und Pädagogen, die Schriftsteller und Studenten, die Künstler und Ärzte, die Architekten und Ingenieure, alle rufe ich auf, denen der Geist nahesteht, denen die Vernunft Basis aller Erkenntnis ist". Die Grassche Forderung lautet, sehr ähnlich derjenigen, die die Ostberliner Arbeiter an den ,,Chef" herantragen: ,,Laßt Eure Arbeit wenige Stunden ruhen und tragt mit Wort und Schrift dazu bei, daß Hochmut und Ignoranz nicht länger ... zum tödlich wirkenden Hemmnis geraten" (Se 66 f.). Oder gleichzeitig gegen Seminar-Marxisten und Kubareisende: ,,Wer wollte auch verlangen, daß sich diese kleidsam weltbürgerliche Elite mit unseren kleinbürgerlichen Sozialdemokraten und ihren mühseligen Reformbestrebungen einließe?" (Se 76). Ferner zur Akzentuierung einer spezifisch nationalen Problematik, wie sie gerade in diesem ,,deutschen Trauerspiel" vom vergeblichen Aufstand der ,Plebejer' vorliegt: ,,In diesem Lande schlüpft wahrlich eher das berühmte Wüstentier durch ein Nadelöhr, als daß ein Gelehrter seinen geistigen Hochstand verläßt und der stinkenden Realität seine Reverenz erweist" (Se 81). Und gleichzeitig machte Grass eine Bemerkung, die sich fast schon mit Brechts Theaterrealität berührt: ,,Die hohe Schule des Geistes vermag eben jede peinliche Alltäglichkeit just in eine Parabel zu verwandeln" (Se 82).

Das ,Plebejer'-Drama ist also vor einem zweifachen Mißverständnis zu schützen. Zum einen geht es nicht um die Individualität von Bert Brecht, so sehr auch Anspielungen auf Biographie und Werk dieses Dichters darauf hinzudeuten scheinen. Vielmehr sucht Grass ein Modell zu entwickeln, im Rahmen dessen Brecht prinzipiell auch austauschbar wäre. ,,O, Ihr schmalbrüstigen Radikalen", hieß es in der Grasschen Büchner-Preis-Rede vom Oktober 1965, ,,denen Reformen zu langsam und widersprüchlich verlaufen. Ihr redet Revolutionen das Wort, die längst stattgefunden und sich selbst umgebracht haben, während die viel verlachten Reformisten" – als solche wären die Arbeiter von der Stalinallee in der ersten Phase des Aufstandes zu begreifen – ,,unverdrossen hier ein bißchen verbessern, ... also von Kompromissen gehemmt, unendlich langsam vom Fleck kommen und sich Sozialdemokraten nennen" (Se 82). Der ,,Chef" wäre demgemäß als Repräsentant jener ,,schmalbrüstigen Radikalen" einzustufen, nicht als unverwechselbare Persönlichkeit Brecht.

Das zweite Mißverständnis bestünde darin, die ,Plebejer' als Schauspiel über den 17. Juni 1953 aufzufassen. Auch hier gilt: Trotz genauer dokumentarischer Anhaltspunkte (Datum, Wochentag ,,Mittwoch", topographische und andere Details) ist die ,,stinkende Realität" ganz allgemein anvisiert, freilich in jenem prägnanten Moment, wo sich spontan und gleichsam naturwüchsig Ansätze zur Veränderung im Sinne der Grasschen reformistischen Geschichtstheorie zeigen. Wenn man also, wie in der Kritik häufig geschehen, Grass eine Verfälschung der Brecht-Vita und des 17. Juni vorgeworfen hat, so war man dem schon im Untertitel signalisierten Modellcharakter des ,,deutschen Trauerspiels" nicht gerecht geworden; freilich ist das Schauspiel seinem Motivgewebe nach so vielschichtig angelegt, daß die ,reformistische' Grundidee offenbar nicht klar genug in Erscheinung tritt, um von der Bühne herab unmittelbar mitvollzogen werden zu können.

Betrachten wir die Szenenfolge des vieraktigen Stückes näher: Theater auf dem Theater, der ,,Chef" bei der Probe, ,,das Rom Coriolans in markierter Dekoration". Im Angesicht einer Coriolan-Puppe diskutieren die Regieassistenten Litthenner und Podulla die Neukonzeption des ,,Chefs": ,,Plebejer und Tribunen will der Chef aufwerten, damit Coriolan auf klassenbewußte Feinde stößt"; die ,,These" lautet: ,,Nicht wirre Revoluzzer, bewußte Revolutionäre will er sehen" (TS 236). Bereits die zweite Szene legt die Interessenkonstellation offen, der der „Chef" verpflichtet ist: Die Regierung unterhält ihm, dem privilegierten Ästheten, „ein Theater für die Arbeiterklasse", ein „neues Haus" mit „Drehbühne" ist ihm versprochen (TS 240). Im Anschluß an ein früheres „Spartakus-Stück" (bei Brecht ‚Trommeln in der Nacht' von 1919), dessen „Revoluzzer mit Mond"-Haltung noch immer in Kraft ist, entwickelt der „Chef" seine Theaterstrategie: „Mit geschulten Volkstribunen den Plebejern zeigen: Wie macht man Revolution, wie macht man keine". Von Anbeginn zeigt sich jedoch, wie wenig tragfähig der Boden ist, auf dem der „Chef" sich bewegt: Anspielungen und Zitate aus den ‚Buckower Elegien' („Silberpappeln", TS 242) lassen deutlich werden, daß der Theaterästhet jederzeit mit dem Rückzug in die Innerlichkeit als komplementärer Möglichkeit liebäugelt.

In der 4. Szene werden Unruhen aus der Stadt ins Theater gemeldet, der „Chef" verbittet sich jedoch, mit „schönen ernsten Gesichtern unsere heitere Probe" zu stören (TS 244) – der klassische Gegensatz des Schillerschen „Ernst ist das Leben/ heiter die Kunst" wird, offenbar als Signal für ein deutsches Syndrom, anspielend hereingeholt.

„Volumnia", Mutter des Coriolan im vorgesehenen Stück, Freundin des „Chefs" (angelehnt an Helene Weigel, aber ebensowenig mit ihr zu identifizieren wie Brecht mit dem „Chef") bricht sogleich in jenes Revolutionspathos aus, das Grass später in ‚Davor' und ‚örtlich betäubt' der exaltierten Sozialistin Irmgard Seifert erneut in den Mund legen wird: Zum „Volksaufstand" verfälscht Volumnia die Vorgänge schon jetzt, später wird sie in expressionistischen Beschreibungen der Straßenunruhen schwelgen, um sich endlich ins schlechte Bestehende zu schicken, ja zynische Anpassung anzuraten. Als der „Chef" vernimmt, daß die Vorgänge auf der Stalinallee ohne „Plan" ablaufen, rettet er sich zunehmend in ironische Ablehnung. „Dieser Kerl färbt ab" (TS 254) hält ihm Volumnia – insofern durchaus Sprachrohr der Grasschen Auffassung – unter Hinweis auf die Coriolan-Puppe vor: Für Grass ist die Parallele zwischen dem römisch-shakespeareschen Coriolan und dem „Chef" im gebrochenen, im Grunde vollkommen ablehnenden Verhältnis zum ‚Volk', zu den ‚Plebejern' gegeben. Beide, der römische Kriegsherr und der moderne Theatermann, sind auf das Volk zur Inszenierung ihrer Kriegs- oder Theaterprojekte angewiesen, doch sie wollen es sich vom Leibe halten, wo immer es nahe zu rücken droht.

Der zweite Akt bringt gleich eingangs die Parabel vom Tiger und Theoretiker; Podulla und Litthenner erörtern sie als Sinnbild für die Beziehung von Praxis (= Tiger) und Theorie. Sie ironisieren die Haltung des „Chefs", wenn sie ausführen, der Tiger folge dem Theoretiker, statt ihn zu fressen, weil das Tier über die Zahl seiner Zähne und die Ästhetik seiner Sprunggelenke nicht Auskunft zu geben vermag. Für den „Chef" seinerseits steht fest: „Ich hasse nun einmal Revolutionäre, die sich scheuen, den Rasen zu betreten" (TS 270); die ins Theater gelangten Arbeiter mit ihren moderaten Forderungen nach einem Manifest sind ihm lediglich „äußerst gefährliche Biertischstrategen" (TS 277). In der 6. Szene tritt der regimetreue Schriftsteller Kosanke auf (er soll an das historische Vorbild von Kurt Bartels, genannt ‚Kuba', angelehnt sein). Kosanke verlangt, der „Chef" möge sich umgehend auf die Seite der Regierung schlagen: „Du hast die Zunge und den Witz,/ sie allesamt, sind fünfzigtausend,/ verhetzte und verführte Elemente,/ nach Haus zu schicken, wo sie hingehören" (TS 278). Dem „Chef" sind alle diese Erörterungen allein als Theatermaterial von Belang, er ist ein Ästhet reinsten Wassers: „Die Massen wird man auseinandertreiben;/ dies Material jedoch wird bleiben" (TS 281).

Im dritten Akt wird vom „Sog" (TS 284) der Ereignisse berichtet, der Aufstand ist führerlos, da auch die „Intelligenzler" in der „Universität" sich dem Appell der Bauarbeiter versagt haben (TS 265) – das Grassche Modell ist also gesamtdeutsch angelegt und bezieht sich keineswegs nur auf die Schwächen der westlichen Intelligenz. Die Eigendynamik des

Aufstandes führt zu jener Radikalisierung, die, wie Grass dartun möchte, den bewaffneten Gegenschlag zwangsläufig nach sich zieht. Auch der „Westen" begreift nicht, worum es geht: Fußball und Konsum sind wichtiger als die Solidarität mit der Stalinallee (TS 285 f.).

Als Sendboten ausufernder Radikalität treten in der dritten Szene Wiebe und Damaschke auf, sie kommen aus Bitterfeld und Merseburg: Was als begrenzter Wunsch nach Korrektur der Arbeitsnormen begonnen hatte, kippt jetzt um in die Forderung nach Sturz des Regimes, ja nach deutscher Wiedervereinigung. Als der „Chef" sich einem Streikaufruf verweigert, schickt man sich an, ihn zusammen mit seinem Dramaturgen Erwin aufzuknüpfen. Das altrömische Gleichnis vom Bauch und den Gliedern tut, wie schon in Shakespeares ‚Coriolan' als Gradmesser für die Beziehung von Adel und Plebs, so jetzt ein weiteres Mal seinen Dienst, um hier das Verhältnis von Arbeitern und Intelligenz, im weiteren Sinne von Praxis und Theorie anzuzeigen: Die Bedrohten erzählen das Gleichnis und retten sich damit vor dem Zugriff der radikal gewordenen Aufständischen.

Das Eingreifen der russischen Panzer erfolgt zwangsläufig, die Vorgänge überstürzen sich, Arbeiter tragen die vom Brandenburger Tor geholte Fahne herein, der Aufstand steuert auf einen Kulminationspunkt voll sinnloser Heroik zu. Eine Friseuse gibt sich als Schülerin des „Chefs" insofern zu erkennen, als sie früher seine Stücke (die Kattrin der ‚Mutter Courage' wird erwähnt, TS 303) gesehen hat und davon politisch stimuliert wurde. Sie sucht den Chef mit markantem – aber im Grassschen Sinne verfehltem – Pathos auf die Straße hinauszulocken: „Schrott/ sind alle Panzer, wenn wir beide/ Berlin ein Zeichen geben, komm!" (TS 304). Der „Chef" schwankt einen Moment, die Nachricht „Ausnahmezustand verhängt. Kriegsgesetz herrscht" (TS 305) drückt alles zu Boden. Der Höhe- und Wendepunkt des Dramas ist in diesem Moment, am Ende des dritten Aktes erreicht, eine Peripetie wie aus Gustav Freytags Lehrbuch ‚Die Technik des Dramas'. Überhaupt ist das vieraktige Theaterstück mit seiner strengen Beachtung der Einheiten von Ort und Zeit, mit seinen Jamben- und Knittelverspartien, mit seinem an Friedrich Hebbel erinnernden Untertitel sehr konsequent an klassischen Mustern orientiert. Grass erweist sich ein weiteres Mal als geradezu klassizistisch bemühter Handwerker, auch wo es um eine vollkommen gegenwärtige Problematik geht.

Der vierte Akt der ,Plebejer' zeigt den ,,Chef" als Vereinsamten, der sich zur Reflexion über die Gründe seines Scheiterns genötigt sieht: ,,Als die Maurer vom Sieg plapperten, waren sie mir lächerlich. Erst ihre Niederlage überzeugte mich" (TS 313). Der regimetreue Kosanke triumphiert mit linker Phraseologie, wobei wiederum auffällt, daß er in eben jenen Utopien schwelgt, die Grass sonst bei der westlichen Linken aufs Korn zu nehmen pflegte: ,,ohne Gewalt, ohne Zwang, ohne Unterordnung, ohne den besonderen Zwangsapparat, der sich Staat nennt" (TS 316), so stellt Kosanke sich den Endzustand vor. Volumnia, auch sie eine schwadronierende Intelligenzlerin ohne Blick für die kleinformatige Tatsächlichkeit der Anfänge auf der Stalinallee, rät zur bedingungslosen Anpassung: ,,Denk an dein Theater, die veränderte Lage stellt Forderungen an uns", den linientreuen Kosanke möchte sie gar zur ,,Mitarbeit" aufgefordert sehen, ,,er hat Stücke geschrieben" (TS 310). Der ,,Chef" verfaßt schließlich eine Erklärung, von der er im vorhinein weiß, daß sie lediglich fürs Archiv bestimmt ist; Schuld, Scham, Reue veranlassen ihn, sich zusammen mit dem getreuen Dramaturgen Erwin aufs Land zurückzuziehen. Die immer schon drohende Flucht in die Innerlichkeit wird angetreten, mit Zitaten aus Brechts ,Buckower Elegien' (Gedicht ,Böser Morgen') schließt Grass: ,,Unwissende. Ihr Unwissenden! Schuldbewußt klag ich euch an" (TS 321).

Von allen Grasschen Theaterstücken fanden die ,Plebejer' die meiste Resonanz. ,,So viel scheint mir sicher", stellte Volker Klotz nach der Uraufführung in der ,Frankfurter Rundschau' fest, ,,nach allerlei kauzigen Bühnenetüden ist dem Autor zum ersten Male ein theatralisch und thematisch bündiges Drama gelungen". Klotz nahm Grass zu recht gegen den Vorwurf der „Verfälschung" Brechts in Schutz und meinte: „Keine Privatperson steht in Frage – das wäre allenfalls anekdotisch reizvoll –, sondern ein brisanter Sachverhalt: die Tragödie der Theorie. Theorie und Praxis finden so wenig zusammen wie der Chef und die Arbeiter" (Lo 132f.).

Neben dieser sachgerecht argumentierenden Besprechung gab es allerdings auch heftige Polemik: Walter Jens nannte die ,Plebejer' „ein sprachlich interessantes, gedanklich eher dümmliches Stück" und sprach die häufig als unzulänglich angesehene Berliner Uraufführung von Schuld frei: „Der Regisseur kann veranschaulichen – denken muß der Autor schon selbst".[42] Auch Rudolf Augstein hatte zuvor schon im SPIEGEL kein Blatt vor den Mund genommen: „Niemand wird Grass aufhalten, aber die Wahrheit ist wohl, daß ihn sein Ruhm berauscht hat. Er, der viel kann, muß alles können. Er begehrt nicht das Unmögliche, sondern spielt den großen Zampano"; und abschließend: „Politik, Revolution, Brecht und exemplarisches Theater – klassisch oder dokumentarisch – haben ein Erfordernis gemeinsam: richtiges Denken" (SP 5/66, 87).

Wo nun aber der Grassche Denkfehler stecken soll, wurde nicht recht klargestellt. Zugrunde liegt bei Augstein wie Jens offenbar ein Verkennen der Grasschen Dramaturgie und der Wirkungsabsicht des Stückes. Grass forderte 1966 in einer von Joachim Kaiser initiierten Rundfrage der Süddeutschen Zeitung eine Inszenierung seines Stückes, „die sich vornimmt, der dialektischen Spannung des Textes nachzugehen und es sich verbietet, die Pseudo-Dramatik des Aufstandes als Krücke zu benutzen". Es kam für Grass also weder auf eine im landläufigen Verstande spannende Handlung an, noch lag sein Interesse beim Vorzeigen bündiger Lösungen. Insofern mutet die Forderung nach „richtigem Denken" etwas kurzschlüssig positivistisch an.

Grass hat mehrfach auf eine „dialektische Dramaturgie" als die ihm vorschwebende Theaterform verwiesen, im Anschluß etwa an Bert Brechts ,Die Maßnahme'. Seine relativen Mißerfolge auf der Bühne begründete Grass mit eben dieser Dramaturgie, ,,die offiziell nicht hoch im Kurs steht, da sie Spannungen nicht aus dem unmittelbaren Handlungsablauf bezieht, sondern eben aus dialektischen Verhältnissen der Handelnden oder Handlungsgruppen zueinander" (TK 16).

Im Falle der ,Plebejer' hätte man sich also folgendes zu vergegenwärtigen: Der Ostberliner Aufstand sollte als Modell geschichtlicher Dynamik und Veränderung behandelt werden. Nach einer ersten Phase reformistisch-,sozialdemokratischen' Zuschnitts verweigert die bürgerliche oder akademische Intelligenz das steuernde Eingreifen. Daraufhin entfaltet die Bewegung auf der Straße ihre zerstörerische Eigendynamik und provoziert den bewaffneten Gegenschlag. Die ,richtige' Lösung konnte natürlich nicht vorgespielt oder *expressis verbis* von der Bühne herab verkündet werden. Vielmehr ging es darum, die Chancen und Gefahren der Vorgänge immer wieder im Verfahren von Näherungslösungen diskutierend zu umkreisen. ,Richtig' im Grasschen Sinne verhalten sich die Maurer, Putzer und Poliere des ersten Aktes mit ihrem streng begrenzten, also reformistischen Verlangen nach Herabsetzung der Arbeitsnorm. Alle anderen Figuren verfehlen nun mehr oder minder deutlich diese Ideallösung, die in pragmatischer Durchsetzung berechtigter und erreichbarer Forderungen bestanden hätte: Der ,,Chef" ist zögernder Ästhet, den die Wirklichkeit nur als Steinbruch für seine Theaterarbeit interessiert und der sich der Realität durch Flucht in totale Revolutionsvorstellungen entzieht. Volumnia verfälscht die Ereignisse mit blechernem Pathos zum ,,Volksaufstand" und greift damit einer Einschätzung vor, die sich später auch im ,,Westen" durchsetzt. Der Dramaturg Erwin paßt sich weitgehend unselbständig an den ,,Chef" an. Der regierungstreue Kosanke hat die Erhaltung der eigenen Macht im Auge und drischt marxistische Phrasen, die wiederum als repräsentativ für die Intelligenz in Ost und West gelten können. Die Friseuse, Damaschke und Wiebe im dritten Akt verfallen einer Aktionismus-Romantik, die schließlich notwendigerweise unter Panzern begraben wird. Als Beispiel für den Versuch, Personen nicht als psychologische Ganzheiten vorzuführen, sondern sie in dialektische Positionen auseinanderzulegen, kann die Volumnia der letzten Szenen gelten: In IV.4 rät sie dem ,,Chef" zu Opportunismus und Anpassung, verhält sich also im Grasschen Sinne absolut falsch. In IV.6 und IV.7 hingegen analysiert sie mit unbarmherziger Konsequenz das Fehlverhalten des Chefs und ist insofern unbezweifelbar Sprachrohr Grasscher Ansichten.

Am 17. Juni wurde die Chance vertan, behutsame Änderungsversuche einzuleiten. Das provozierte – nach Grasscher Auffassung mit historischer Logik – den blutigen Gegenschlag von rechts (man vergleiche dazu nochmals die Grass-Rede von 1969 ‚Literatur und Revolution‘, Bü 67ff.). Ein großer Aufwand ist vertan, am Ende stehen die Dinge sogar erheblich schlimmer als zu Beginn. In der Weigerung der bürgerlichen Intelligenz, realitätsgerecht auf die spontane Revolte der Straße einzugehen, um sie auf reformistischem Kurs zu halten, offenbart sich für Grass die deutsche Misere als historisch und gegenwärtig stets wiederholtes Debakel deutsch-bürgerlicher Geistigkeit; insofern behandelt das ,,deutsche Trauerspiel" exemplarische Vorgänge und keinesfalls nur den dokumentierten Vordergrund des 17. Juni. Gewicht und Tragfähigkeit des Bühnenstückes sollten also an den geschichtsphilosophischen und dramaturgischen Ausgangspositionen von Grass gemessen werden und natürlich auch an seiner sprachlichen Kraft und Bühnenfähigkeit. Der Frage, ob Brecht dokumentengetreu behandelt oder ob der 17. Juni verfälscht dargestellt wurde, ist kein Gewicht beizumessen.

1971 hat Grass seine Dramaturgie gesprächsweise nochmals resümiert und – erstaunlich nur für den, der die ‚Plebejer‘ mißverstand – auf Brecht zurückgeführt.: ,,Ich setzte die dramaturgischen Akzente anders: Weg vom absurden Theater, auch weg von dem, was man katalogisierend poetisches Theater nennt" – Grass distanziert sich damit offensichtlich von eigenen früheren Bühnenversuchen aus den fünfziger Jahren; ,,und dann beginnt etwas, was mich in Brechts Theaterarbeit in Ansätzen immer sehr interessiert hat: sein Übergang vom epischen zum dialekti-schen Theater. Die Spannung liegt nicht im Handlungsablauf", Grass hatte das immer wieder unterstrichen, „sondern in These, Antithese und Synthese, also in dialektischen Span-nungsverhältnissen" (Ru 65 f.).

‚Davor‘ (1969)

Noch sehr viel deutlicher als in den ‚Plebejern‘ wird das Grass-sche Bemühen, auf der Bühne handlungsdistanziert diskutieren zu lassen, in ‚Davor‘, dessen Uraufführung im Februar 1969 im Berliner Schiller-Theater unter der Regie von Hans Lietzau stattfand. Hier geschieht praktisch gar nichts mehr im Sinne von spannender Ereignisfolge. Fünf Figuren halten Gesprächs-positionen gegeneinander, betreiben ein kammermusikalisches Argumentationsspiel: „Die offene Bühne zeigt alle Schauplätze gleichzeitig", heißt es in der Regieanweisung; Raum und Zeit werden also nahezu irrelevant. Ferner: „Auf Wunsch des Au-tors verzichten alle Regisseure auf Filmeinblendungen, kabaret-tistische Einlagen und zusätzliche Massenszenen, die etwas de-monstrieren sollen, das der Autor nicht demonstrieren will". Jeder Außenbezug wird bewußt abgeschnitten: „Die Wirklich-keit ist die Wirklichkeit der Bühne" (TS 325) ordnet Grass an.
Auftretende Personen sind Studienrat Eberhard Starusch und seine Kollegin Irmgard Seifert, beide im Moment der Vor-gänge vierzig, ferner zwei Siebzehnjährige, der Schüler Philipp Scherbaum und seine Klassenkameradin Veronika Lewand, schließlich ein unbenannt bleibender Zahnarzt. Das Stück ent-spricht inhaltlich dem Mittelteil des ebenfalls 1969 erschienenen Romans ‚örtlich betäubt‘. Daher geben wir uns hier mit knap-pen Hinweisen zufrieden, um die Problemlage erst im Roman-zusammenhang ausführlicher zu behandeln.
Der Schüler Scherbaum möchte seinen Dackel vor dem Ber-liner Café Kempinski verbrennen, um dadurch ein Protestzei-chen zu setzen gegen Vietnamkrieg und Große Koalition unter

Kiesinger: man befindet sich im „Januar siebenundsechzig" (TS 347). In einer Folge von 13 Szenen wird nun gezeigt, wie Scherbaum vom Verbrennen seines Dackels abgebracht wird. Der Titel ‚Davor' wird an einer Stelle aufgegriffen: „Schon im Davor beginnt das Danach" (TS 406). Grass meint damit wohl, daß schon im Ansatz der letztlich vergeblichen Revolution die nachfolgende Erschlaffung und Resignation enthalten ist: Spektakuläres Handeln zieht notwendig den Gegenschlag nach sich, raumgreifende Taten führen auf politischem Feld in die Sackgasse.

Grass bedient sich, vielleicht in Anlehnung an mittelalterliche Bühnenformen (Passionsspiele, geistliche Dramen) mehrfach simultaner Szenen: Telefonpartner sprechen an räumlich getrennten Apparaten, die Spielflächen werden per Fahrradfahrt verbunden, zwei Dia-Vorträge an verschiedenen Orten sind ineinandergeblendet (3. Szene), ebenso eine Party und Lehrergespräche (10. Szene); die 12. Szene spielt durchweg auf mehreren Spielflächen zugleich. Starusch nennt einmal inhaltlich beim Namen, was die Grassche stationäre Diskussionsdramaturgie entfaltet: „Vorgeschmack überlappt den Nachgeschmack. Alles schmeckt gleichzeitig und widerspricht sich" (TS 404) – zugleich ist der Bezug auf den Titel des Stückes unüberhörbar.

Der ausdrückliche Verzicht auf spielerische Einlagen aller Art, das Grassche Bemühen, die Bühnenvorgänge ganz auf den Dialog abzustellen, war 1969 möglicherweise bereits unzeitgemäß, als nämlich ‚living theater', Straßentheater und politische Theaterformen dabei waren, ganze neue Darbietungs- und Wirkungstechniken zu erschließen. Der Versuch eines Diskussionstheaters ohne Handlungsmuster und Unterhaltungsbeiwerk erschien zum damaligen Zeitpunkt bereits als Anachronismus. Zudem krankt das Werk inhaltlich an Voraussetzungen, die dem Betrachter des Theaterstückes nicht mitgegeben werden. Die Figur Starusch stammt, als früherer „Störtebeker", aus ‚Blechtrommel' und ‚Hundejahren'; seine Nachkriegsschicksale werden auf dem Theater so zaghaft angedeutet, daß man schon ‚örtlich betäubt‘ nachlesen muß, will man die Anspielungen (,,Zementindustrie'', TS 361) verstehen. ,,Einfall und Einfälle des Werkes vermitteln wenig erregende Einsichten in eine vorrevolutionäre Phase'', schrieb Fritz Rumler damals im SPIEGEL, ,,und im Vergleich zu den hochgemuten Versen der ‚Plebejer‘ oder den kaschubischen Kraftmeiereien seiner Romane hört sich die ‚Davor‘-Argumentation ziemlich hausbacken an'' (SP 8/69, 146).

Grass hat denn auch im folgenden Abstand genommen von weiterer Theaterarbeit. Schon 1970 sprach er enttäuscht vom damals sich abzeichnenden Theaterbegriff, der nicht in Richtung seiner eigenen Vorstellungen lag: ,,Wenn Theater als eine Anstalt verstanden wird, auf der Konfliktfälle unmittelbar ausgetragen werden'', dann sei seine dialektische Konzeption ,,natürlich theaterfeindlich; oder auch dann, wenn man Theater reduzieren will auf operettenhaft-dekoratives Verhalten'' (TK 17). Das deutsche Regietheater der siebziger Jahre (Zadek, Stein, Peymann) konnte Grass demgemäß keine attraktiven Arbeitsvoraussetzungen bieten. Der Autor werde an, so meinte Grass 1979 bei einer Mannheimer Lesung, zum Lieferanten des Librettos degradiert, das Operettenmäßige selbst bei Shakespeare-Inszenierungen interessiere ihn nicht. Was im Regietheater bei den Regisseuren fehle, sei der Respekt für Text und Autor. Im Falle eines Wandels sei künftige Wiederaufnahme seiner Bühnenproduktion indessen denkbar, meinte Grass.

VIII. Von Danzig zur Bundesrepublik

‚örtlich betäubt' (1969)

Zur parallelen Entstehungsgeschichte von ‚Davor' und ‚örtlich betäubt' hat Grass 1970 angemerkt: „Auf jeden Fall hat es mich beim Schreibprozeß gereizt, auf der einen Seite diesen Kursivtext der Prosa zu benutzen und im Konjunktiv zu bleiben und dieses sparsame Milieu mit einzubeziehen" – also Westberlin, Schule, Zahnarztpraxis – „und auf der anderen Seite es davon zu lösen und diesen langsam dialektischen Prozeß nur auf den Dialog zu stellen" (TK 17).

Während frühere Erzählwerke nur im letzten Teil und eher beiläufig die gesellschaftliche Wirklichkeit im Nachkriegsdeutschland aufgegriffen hatten, setzen sich Roman wie Theaterstück erstmals entschieden mit der Gegenwart der späten sechziger Jahre auseinander; sie spielen 1967 in der Phase der heraufziehenden Studenten- und Schülerrevolte. Dazu erneut eine Grass-Bemerkung: „für mich ist ‚örtlich betäubt' das erste bewußt zu unserer Jetztzeit parallel gesetzte Buch und mein erster Versuch, mich mit Gegenwarts- und . . . den sehr harten, nüchternen Friedensproblemen auseinanderzusetzen" (TK 7).

Zur Entstehungsgeschichte des Erzählwerkes teilte Grass mit: „Im Januar 1966 begann ich mit den ersten Aufzeichnungen", die damals noch „den Arbeitstitel Verlorene Schlachten" trugen.[43] Das deutet darauf hin, daß Grass zunächst im Sinn hatte, die Vorgeschichte seines mit ihm gleichaltrigen (nämlich 1927 geborenen) Studienrates stärker zu akzentuieren, die ‚Danziger Trilogie' womöglich zur Tetralogie auszubauen. So entdeckt der überraschte Leser in Starusch jenen „Störtebeker" wieder, der im zweiten ‚Blechtrommel'-Buch als Führer einer Jugendbande beim Überfall auf eine Danziger Kirche ausgehoben und verurteilt wurde; auch in ‚Katz und Maus' war „Störtebeker" mehrfach aufgekreuzt (KM 86, 92, 118, 126), und in den ‚Hundejahren' hatte bereits gestanden, er wolle „später einmal Philosoph werden" (Hj 393), wozu er aufgrund seiner Heidegger-Leidenschaft bestens vorbereitet schien (Hj 359, 366 ff.). Das Urteil für Störtebeker hatte damals auf Minenräumen an der Front gelautet, wie wir erst jetzt erfahren (ö 272) – das Prinzip des unterirdischen Zusammenhangs aller Grass-Stoffe ist also unvermindert durchgehalten. Während der Romanniederschrift von ‚örtlich betäubt' jedoch „bot der beginnende, zunehmende, dann stagnierende Studentenprotest dem Autor Widerstand wie Widerspruch", ließ Grass verlauten: Die Gegenwartsereignisse überlagerten offensichtlich ein älteres Erzählkonzept.

Im ersten und dritten Romanabschnitt befindet sich Studienrat Starusch im Sessel seines Zahnarztes (zu den auftretenden Personen vgl. den vorangehenden Abschnitt über ‚Davor'). Zunächst wird Staruschs Hackbiß am Unter-, später am Oberkiefer korrigiert; eingeschoben ist als mittlerer Teil des Romans eine vierzehntägige Behandlungspause. Sie zeigt, so Grass, „den Erzähler in Bewegung; dem Alltag" – gemeint ist Schul- und Privatleben des Junggesellen – „ausgesetzt, fehlen ihm die Fluchtmöglichkeiten in Ersatzhandlungen".

Diese Fluchtmöglichkeiten bestehen hauptsächlich in Staruschs fortgesetzten Bemühungen, eigene Vorgeschichte als Variationen seiner nie endgültig aufgehellten Biographie zu entwerfen. Er betreibt diese Versuche, Möglichkeiten seines Vorlebens reflektierend einzuholen, in Assoziationen, Erinnerungsbruchstücken, vagen Phantasien vorm Fernsehapparat seines Zahnarztes. Starusch empfindet sich als Versager – dahingehend war wohl das ursprüngliche Arbeitsprojekt der ‚Verlorenen Schlachten' zu deuten. Da er „sich immer wieder Versagen vorwerfen muß, beginnt er, Vergangenheit zu erfinden", so steht es in dem vermutlich von Grass selbst redigierten Klappentext der Erstausgabe. „Seine Liebe zur Wahrheit ist die Liebe dessen, der leicht und gut lügt: er beruhigt sich mit Geschichten, die ihn zeigen, wie er nie gewesen ist", nämlich als einen erfolgreichen Draufgänger und als einen smarten Karrieristen.

Starusch gibt vor, Anfang der fünziger Jahre Maschinenbau studiert und nach einer Verlobung mit ,,Sieglinde Krings" eine Einheirat in deren Familienunternehmen – Zementbranche als Hinweis auf Wiederaufbau und Wirtschaftswunder – angestrebt zu haben. Als Vater Krings, eine phantasieentsprungene Parallelfigur zum mehrfach genannten ,,Durchhaltegeneral" Schörner, aus der Kriegsgefangenschaft zurückkehrt, kommt es zum Bruch, Starusch wird nach erneutem Studium ,,Studienrat für Deutsch und also Geschichte" (ö 16). Starusch leidet nach wie vor an seinem durch Nazikrieg und Bandenanarchie verursachten Jugendtrauma. Es gelingt ihm nicht, soweit wird man diesem Entwurf einer Autobiographie trauen dürfen, seine Vergangenheit zu verdrängen und in eine platt technokratische Berufskarriere zu schlüpfen. Der Versuch, sein Vorleben auszulöschen, schlägt schmerzhaft fehl, ,,ein erfolgreicher junger Mann inmitten erfolgreicher junger Nachkriegsmänner" (ö 33) wird aus dem Gleis allzu glatter Anpassung geworfen – Wirtschaftsaufschwung und Naziverdrängung hängen ja für Grass immer zusammen. Von daher rührt Staruschs Identitäts- und Bewußtseinskrise, wie Grass mit diesem Stoff überhaupt der ,,jüngsten deutschen Geschichte und ihren Auswirkungen bis in unsere Tage hinein" (ö 74) auf der Spur ist – im Roman durch gründliches Ausloten der historischen Perspektive, in ,Davor' in reduzierter, flacher gegenwartsbezogener Weise.

Alles was mit Zahnbehandlung und Kiefernpathologie zu tun hat, muß unter diesem Aspekt entschlüsselt werden. Wie häufig in früheren Grass-Büchern – man denke an die fast durchweg lädierten Helden und Erzähler der ,Danziger Trilogie' – ist auch hier Krankhaftes und Deformiertes Signal zeitgeschichtlicher Beschädigung. Staruschs Gebiß verleiht ihm ,,ein übertrieben markantes Aussehen. Brutalität wird vermutet" (ö 23). Grass stilisiert diese Eigentümlichkeit als ,,Ducekinn" (ö 319) deutlich in Richtung auf den zurückliegenden Faschismus. Im demokratischen Normalklima, dem schon Oskar Matzerath mit seinem sich neu herausbildenden Buckel entgegenwuchs, stellt der Kieferndefekt sich dann als „angeborene Progenie" (ö 36) heraus, die – als Chiffre für Staruschs unaustilgbare Vergangenheit – unter andauernder „örtlicher Betäubung" behandelt werden muß.

Ein konsternierter, im Grunde gebrochener Mann also stellt sich, tiefgreifend beschädigt, einer Gegenwart, deren Jugendvitalität und politische Scheindynamik ihn ängstigt und zugleich mitreißt. Grass hat sich mehrfach voll bitterer Enttäuschung über seine Generationsgenossen geäußert: Im gleichaltrigen, ebenfalls 1927 geborenen Starusch führt er ein Exemplar dieser Spezies vor. So beklagte sich Grass im Herbst 1968, ein Jahr vor Erscheinen von ‚örtlich betäubt', in einer Rede über „die Intellektuellen meiner Generation, die den Studenten leichtfertig die notwendige Kritik ersparten und versuchten, den blinden Aktionismus einer pseudo-revolutionären Bewegung mitzumachen" (Se 183). Und 1969 führte er in einer Wahlrede aus, was Starusch sich lediglich als Möglichkeit seines Vorlebens zurechtphantasieren darf: die „heute Vierzigjährigen" Generationsgenossen seien „flexible Konsumenten, die tüchtig und pragmatisch ihrer Karriere nachlaufen, biegsam, weil ohne politisches Rückgrat"(PW 182).

So liebäugelt auch Starusch mit der 1967 zeitgemäß erscheinenden Revolutionsbetriebsamkeit. Immerfort kreist Phantasie und Denken des zwangsläufig im Zahnarztstuhl festgehaltenen Studienrates um Chance und Gefahr von „Gewalt". Wie schon der „Chef" in den ‚Plebejern' euphorische Schübe hatte und momentweise wünschte: „Könnte ich mitschwimmen, Rom verlassen, mich bewegen, bewegt werden . . . außer mir, aber dabei sein"(TS 288), so auch Starusch: „Er ruft auf zu Gewalt, die endlich mit den allgemeinen auch seine traurigen Verhältnisse verändern soll" (Klappentext). Oder in Romandiktion: „Vierzigjährige, abgelagerte, gestaute . . .Wut . . . Entwürfe der Wut: Bulldozer!" (ö 158). „Bulldozer" signalisieren – ein weiteres Mal erweist sich Grass als äußerst bedachter Konstrukteur seiner Schlüsselmetaphern – das Verlangen nach dem

,,großen Abräumen" (ö 159), nach dem alles zertrümmernden Gestus der Revolution, die in jenem Augenblick in der Luft zu liegen scheint. Staruschs Destruktionsphantasien sind übrigens – insofern ist er zwar nicht mehr Heideggerianer, aber noch immer Philosoph – abgestützt auf Nietzsche, der mit ,,Umwertung aller Werte", mit dem ,,Übermenschen" (ö 144) und mit dem ,,Nachlaß der achtziger Jahre" (ö 356) erstmals im Grasschen Werk gegenwärtig ist, wohl um den Bildungsbürger Starusch von politischeren Revolutionskonzepten – etwa maoistischer Provenienz – abzuheben.

Bislang wurde meist versucht, den Studienrat als für Grass selbst relevante Identitätsfigur in den Mittelpunkt der Betrachtung zu rücken, obgleich sich Grass gegen eine solche Gleichsetzung selbstverständlich gewehrt hat (vgl. TK 7). Demgegenüber sei es hier unternommen, die sehr reduzierte Romanhandlung – wobei stets auch das Theaterstück im Auge zu behalten ist – aus der Perspektive des Schülers Scherbaum aufzurollen. Scherbaum hat den Plan gefaßt, seinen Dackel vor dem Berliner Café Kempinski zu verbrennen. Die Barbarei des ins Napalmstadium eingetretenen Vietnamkrieges und die kürzlich angelaufene Kanzlerschaft des Altparteigenossen Kiesinger treiben ihn zu dieser Protestaktion; die dumpfe, im Konsum erstickende Mentalität der Erwachsenen tut ein übriges: ,,Auswählen können und nachbestellen, das verstehen sie unter Demokratie" (ö 237), so charakterisiert der Schüler die triste Welt, in die er hineinwächst. Es wäre mithin zu überlegen, warum Scherbaum trotz guter Vorsätze und moralischer Zielvorstellungen nicht zur Tat gelangt. Welchen Handlungshemmungen unterliegt der Siebzehnjährige, am Ende womöglich resignierend? Von dieser Leitfrage aus sind die einzelnen Romanfiguren und ihre dialektische Zueinanderordnung abzuleuchten.

Starusch beurteilt die Motive seines Schülers mit kühlem Blick: ,,Es handelt sich schlicht um einen dünnhäutigen Burschen, der nicht nur naheliegendes, der auch entlegenes Unrecht spürt" (ö 270). Roman und Bühnenstück decken nun in sehr subtiler Weise auf, wie die moralische Feinfühligkeit des Jugendlichen in einem Netz von Sozialkontakten, Gesprächen und gezielt an ihn herangetragenen Hemmungstaktiken und Druckmechanismen erstickt wird. Gleich seinem Mentor Starusch landet Scherbaum schließlich auf dem Zahnarztsessel: Wie alle anderen wird auch er in den allgemein gesellschaftlichen Zustand „örtlicher Betäubung" hineingetrieben. Grass erzählt (und läßt in ‚Davor' spielen) die Geschichte einer allzu gelungenen Sozialisation, einer Anpassung, die allem Anschein nach zur Kapitulation vor schlechter und dumpfer Alltäglichkeit führt.

Starusch selbst ist viel zu gebrochen, als daß er gegenüber dem von Selbstzweifeln zernagten Scherbaum je zu klarer Linie fände. Zwischen beiden Figuren herrschen intensive, auf wechselseitiger Projektion beruhende Bindungen. „Als ich siebzehn war, hab ich auch", erinnert sich Starusch an seine Jugendbandenzeit im Nazi-Reich. „Wir waren gegen alle und alles. Nichts wollte ich erklärt bekommen, wie du. Und wollte nicht so werden, wie ich jetzt bin". Und als Scherbaum ihm Handlungsunfähigkeit vorwirft: „Früher mit Siebzehn konnte ich auch. Da war ich ein Täter. Damals war Krieg" (ö 233). Das bei Grass auch sonst gegenwärtige Motiv der ‚Siebzehnjährigkeit' wird über einige Parallelgestalten hinweg ausgebaut. Starusch bemüht sich, vom Standpunkt historischer Einsicht aus zu argumentieren, er weist auf den „siebzehnjährigen Gymnasiasten Bartholdy" (ö 273) hin, der 1797 in Danzig beim Versuch, die Republik auszurufen, scheiterte. (Der ‚Butt' wird sich nochmals ausführlich mit diesem jungendlichen Revolutionär und seiner langen Festungshaft befassen, Bu 451 ff.).

Eine Revolution, so doziert Lehrer Starusch, habe nur dann eine Chance, wenn „weite Kreise der Gesellschaft" eine Tat wie die von Scherbaum geplante „als auslösendes Zeichen zu begreifen bereit sind" (ö 275). Davon könne im Berlin des Frühjahres 1967 keine Rede sein. Aus Starusch spricht die historische Vernunft in ihrer ganzen Unzulänglichkeit gegenüber dem spontanen Moralismus des Schülers, der sich Revolutions-

154

strategien nur nachträglich als eher verzweifelte Hilfskonstruktion zurechtzulegen vermag. Grass hat Starusch gesprächsweise als „gebrochenen Mann der Aufklärung, konfrontiert mit der Mühsal der Aufklärung" (TK 7) bezeichnet. Gegenüber Scherbaum erleidet der Studienrat, dem zumal als Geschichtslehrer unausgesetzt die Frage zu schaffen macht: „Können Erfahrungen vermittelt werden?" (ö 273), mit seinem halbherzigen Plädoyer für praktische Rationalität denn auch fortgesetzt Niederlagen.

Der Historiker Starusch muß erleben, daß der Schüler seinerseits mit einer wesentlich überzeugenderen Leitgestalt aufwartet: Mit dem als Widerstandskämpfer 1942 siebzehnjährig in Plötzensee hingerichteten Verwaltungslehrling Helmut Hübener (einer historischen Figur). Dieser hatte, anders als der sich apolitisch-anarchistisch verstehende Bandenführer Störtebeker, zielstrebig und pragmatisch gegen das Naziregime gearbeitet: durch Mitschrift fremder Radiosendungen etwa, durch Morsen und Flugblattaktivität aus dem Untergrund heraus. Scherbaum gelingt es streckenweise, am historischen Modell zu verdeutlichen, was ihm selbst vorschwebt. Doch dieser Ansatz scheint am Ende zu versacken, es bleibt lediglich der Name „Morsezeichen" für eine von Scherbaum geführte Schülerzeitung.

Die von Studienrätin Irmgard Seifert bei Scherbaum hervorgerufenen Handlungshemmungen sind anderer Natur. Ebenso wie Starusch hat sie zu NS-Zeiten Schulderfahrungen machen müssen, die nun als neurotische Bedrängnis fortwirken. Kurz vor Kriegsende hatte die fanatisierte Siebzehnjährige – abermals das gängige, auch sonst bei Grass immer wieder generationstypische Beschädigung anzeigende Altersmotiv – als BDM-Führerin einen wehrunwilligen Bauern bei der Partei denunziert. Von daher ihre „verjährte Zwangssituation" (ö 77), ihr rhetorisches Pathos, das Starusch als „Blüten des Spätexpressionismus" (ö 75) von sich weist. Einerseits Irmgard Seiferts damaliger „hysterischer Schrei nach der Panzerfaust" (ö 190), und heute „immer noch" (ö 192) ihre Drohung mit der Polizei; andererseits flammende Aufrufe zugunsten von Sozialismus und erlösender „Tat". Grass demonstriert am Beispiel dieser Lehrerin ein weiteres Mal seine auch sonst vertretene Auffassung, daß linker und rechter Extremismus zusammenfallen in gemeinsamer Ablehnung eines mittleren reformistischen Kurses. Bei Scherbaum (der diesen Kurs allerdings immer nur phasenweise vertritt) meint die Lehrerin in krasser Verkennung, aber mit radikalem Pathos, „Reinheit", das „Erlösende, Größe" wahrnehmen zu sollen. Sie versucht, den zögernden Schüler zum Märtyrer zu stilisieren. Scherbaum wird von diesem Anspruch lediglich entmutigt und zurückgestoßen: „Weiß überhaupt nicht, wovon Sie reden" (ö 268), so weist er seine hochtrabend verständnislose Lehrerin ab. Irmgard Seiferts Redeschwall erinnert an entsprechende Deklamationen der Volumnia in den ,Plebejern': Beide sind innerlich gebrochene Intellektuelle, die mit der „Tat" kokettieren, die dürftige Alltagspraxis zum Anlaß für rhetorische Selbstdarstellung nutzen, um schließlich in resignative Anpassung zurückzusinken. Zustimmung aus dieser Richtung und in dieser selbstbesessen realitätsblinden Tonlage zerstört Scherbaums ohnehin schwankende Entschlußkraft nur umso sicherer.

Eine andere Spielart, Scherbaum von Handeln und moralischer Standfestigkeit abzuziehen, führt Grass anhand der Mitschülerin Vero Lewand vor. Diese versteht sich – geprägt unter anderem vom sozialistischen Redeschwall ihrer Lehrerin Seifert (ö 74) – als Maoistin. Auch den Schwärmereien Veros, die sich mit ihren Gesinnungsgenossen „an der Schwelle der dritten Revolution" (ö 205) glaubt und damit nur groteske Verblendung zu erkennen gibt, steht Scherbaum äußerst reserviert gegenüber. Bei einer „Party" der Berliner Linken, die Grass auch im Theaterstück voller Hohn und Ironie schildert, wird Scherbaum klar, daß sein Projekt des Hundeopfers ins Propagandagetriebe von Revolutionspredigern gerät, die seine Motive nicht kennen und nur ein spektakuläres Polit-Happening veranstalten möchten. Scherbaums Tatbereitschaft wird von dieser Seite her durch Aktionismusromantik und verblasene Revolutionstheorie aufs nachhaltigste beeinträchtigt. Blickt man auf die ‚Plebejer‘ zurück, so bietet sich die Parallele der „Friseuse“ im dritten Akt zu Vero in ‚Davor‘ und ‚örtlich betäubt‘ an.

Drehpunktfigur auf der Bühne wie im Buch ist der „Zahnarzt“. Grass stellt mit ihm den Technokraten von allerbeschränktestem Zuschnitt vor. Geistig beruft sich der Arzt auf einen müden Stoizismus, beständig hantiert er mit Seneca-Zitaten. Jedes Übel dieser Welt ließe sich nach seiner Auffassung steuern, „wenn sich die Politik, wie es die Medizin tut, weltweit auf Fürsorge beschränkt“ (ö 250). „Religionen und Ideologie“ möchte er durch „Hygiene und Aufklärung“ ersetzen (ö 263). Er formuliert also einen durchaus borniertem Fortschrittsbegriff: ‚Aufklärung‘ betrachtet er nicht im Grasschen Sinne als Tradition pragmatischen Vernunfthandelns, sondern er verkürzt diesen Begriff aufs technisch Materielle, verunstaltet ihn zur Idylle im Krankenzimmer. Starusch behält Übersicht genug, die Unzulänglichkeit nur-technokratischer Lösungsangebote sehr genau zu durchschauen; er tut es gerade auch da, wo er dem Arzt selbstironisch mit einem eigenen „pädagogischen Fürsorgeprinzip“ (ö 342) zur Seite tritt.

In diesen Zusammenhang gehört das „Zierfischmotiv“, das in ‚Davor‘ im Hinblick auf die Lehrerin Seifert noch stärker ausgebildet ist als im Roman. Doch auch in ‚örtlich betäubt‘ signalisiert es die vergebliche Bemühung, gesellschaftliche Prozesse auf dem Weg von Fürsorge und Prophylaxe in den Griff zu bekommen: „Sorgfältige Fütterung, wohltemperiertes Wasser . . . – und doch schwimmt heute ein Schleierschwanz, morgen ein Goldbarsch mit dem Bauch nach oben“ (ö 182). Das Fischmotiv entwirft ein Bild gesellschaftlicher Wirrnis und enthält insofern ein Stück Grasscher Geschichtsphilosophie: Gesellschaftliche und historische Vorgänge können am Leitfaden rationaler Schemata nur unzureichend verständlich gemacht werden. „Chaos der Geschichte“ (ö 199), „absurd wie Totozahlen“ (ö 114) lautet die zugehörige Theorie. Zugleich belegt das Fischmotiv im Zusammenhang mit der Zahnarzt-Thematik, mit welcher Sorgfalt Grass seine Motive knüpft.

Starusch ist gewiß Sprachrohr von Grass selbst, wenn er mit der zahnärztlichen und allen verwandten Haltungen abrechnet: „Die Bescheidenheit der Fachleute ... ist der Hochmut unserer Tage ... Fortschrittsgläubiger Klugscheißer. Tüchtiger Fachidiot. Umgänglicher Technokrat. Betriebsblinder Menschenfreund. Aufgeklärter Spießer. Großzügiger Kleinkrämer. Reaktionärer Modernist. Fürsorglicher Tyrann. Sanfter Sadist" (ö 246f.).

Nachdem Scherbaums Entschlußfähigkeit schon längst untergraben ist, scheitert er endgültig an diesem Arzt. Es vollzieht sich, was Starusch als „tagtägliche Kapitulation der Erwachsenen" (ö 267), was Irmgard Seifert als Unfähigkeit zur „spontanen Handlung" (ö 268) diagnostiziert. Von Beginn an verfolgt der Arzt die taktische Linie: „Gespräche verhindern Taten", wie es in ‚Davor‘ heißt (TS 354). Der mürbe gewordene Scherbaum erbittet alsbald „teilweise Betäubung" (ö 284) seines Hundes, beginnt Seneca zu lesen und schwenkt damit zur allgemeinen Stagnation über.

In krasser Deutlichkeit beschreibt Starusch den Endzustand moralischer Versteinerung: „Auch Scherbaum wird zu einem stehenden Gewässer. Da die Welt ihn schmerzt, geben wir uns Mühe, ihn örtlich zu betäuben" (ö 293). Und schließlich noch dezidierter: „Jetzt ist er erwachsen, also gebrochen" (ö 307). Scherbaum nimmt eine quälende Zahnbehandlung auf und hat sich damit endgültig den Verhaltensmustern und Normzwängen der Gesellschaft unterworfen. Seine moralische Spontaneität, seine Sensibilität gegenüber dem gleichgültig hingenommenen Unrecht sind weitgehend applaniert. Der Vernunftdruck der beiden in Wirklichkeit zutiefst verunsicherten Fürsorge-Technokraten hat Scherbaum überwältigt, an der Revolutionsschwärmerei unklarer Wirrköpfe ist er gescheitert, allerdings mit einem Projekt, an dessen Fragwürdigkeit von Anbeginn kein Zweifel bestehen konnte.

Gebißkorrektur und Lokalanästhesie stehen für pathogene Anpassungsvorgänge ebenso wie für Beschädigungen durch Vergangenheit. Dazu merkt Grass an: „ ‚örtlich betäubt‘ meint

... über den zahnmedizinischen Anlaß hinaus den Gesellschaftszustand".[44] Zuletzt vernimmt der Romanleser, daß Scherbaum ein Medizinstudium begonnen hat (ö 358), in ‚Davor' ruft Starusch seinen Zöglingen sogar nach: ‚‚Ihr wißt ja noch gar nicht, wie weit rechts ihr euch wiederfinden werdet" (TS 392). In seinem polemischen Aufsatz ‚Die angelesene Revolution' vom Herbst 1968 hat Grass einen Weg skizziert, der gewiß Veros, vielleicht auch Scherbaums Zukunft betrifft: ‚‚Wie viele Jungrevolutionäre werden ... sobald sie die Universität verlassen und der Berufskarriere ... geopfert haben werden, treu und brav CDU wählen ... wohlsituierte Mittdreißiger", die sich ‚‚bei einem Gläschen Mosel gern ihrer revolutionären Vergangenheit erinnern". Dort hatte Grass auch die Haltung der Vierzigjährigen angegriffen und damit den generationstypischen Starusch vorausgreifend skizziert: ‚‚er kann es schlecht ertragen, schon vierzig Jahre alt zu sein und noch nichts für die Revolution getan zu haben". Er, ‚‚der dieses Land und seine Kriegs- und Nachkriegsgeschichte kennen müßte" – auch das gilt als Motivationshintergrund für Starusch – ‚‚ihm macht nach soviel Niederlagen" – der ursprünglich geplante Romantitel sollte bekanntlich ‚Verlorene Schlachten' lauten – ‚‚die Spontaneität unheimlichen Spaß, er benutzt den Studentenprotest als Jungbrunnen" (PW 131 f.).

Auch bei Starusch läuft alles auf ein Scheitern hinaus, er liebäugelt ebenso mit Rückzug hinter seine Bücher wie zuvor schon der ‚‚Chef" in den ‚Plebejern'. Staruschs Verlobung mit der Kollegin Seifert führt schwerlich zur Ehe, neue Eiterherde bilden sich unter seinen Zähnen.

In einem Interview wurde Grass auf diesen deprimierenden Romanausgang angesprochen: Er selber, so führte der Schriftsteller damals (1970) noch aus, mache in seiner politischen Arbeit weiter, ‚‚trotz aller Skepsis". Bei Starusch jedoch sei er ‚‚nicht ganz sicher ..., ob er nicht in Resignation steckenbleiben wird". Auch dem Schüler mochte Grass keine optimistische Prognose stellen: ‚‚Das gleiche gilt für ... Scherbaum, dessen weitere Entwicklung ich auch nur vermuten kann" (Ru

72). In beiden Fällen scheint sich der Rückzug auf eine stickige Innerlichkeit (Starusch) oder aufs problemblind Technokratische (Scherbaum) abzuzeichnen.

Wo ist eigentlich inmitten der Problemkonstellationen und Diskussionsebenen von Buch und Theaterstück die Grassche Position zu orten? Ähnlich wie in der zuvor schon behandelten „dialektischen" Dramaturgie umkreisen auch in ‚Davor' und ‚örtlich betäubt' die Erörterungen immer wieder die moderate Mitte des Grasschen Demokratieverständnisses: Wünschenswert ist ihm ein politisches System, das langsam und in kleinen, undramatischen Schritten seine Evolutionen und Reformen betreibt, pragmatisch, ohne Utopie, Vorwärtssprung und Zusammenbruch. Eine platte Identifikation mit einer der fünf Figuren ist für Grass demgemäß völlig ausgeschlossen. Der Studienrat steht der Grasschen Vorstellung immer dann nahe, wenn er aufklärerisch am Werke ist. Das reformistische Modell wird etwa in ‚Davor' von Starusch genau bezeichnet: „Also Vernunft, Lernen, Zögern, Arbeit, Fleiß, Zweifel, Neubeginn, Verbesserung, Entwicklung, Schritt für Schritt: eine lächerliche Springprozession" (TS 354).

Scherbaum seinerseits nimmt durchaus teil an Grasschen Konzeptionen, wenn er an den pragmatischen Widerstand von Helmut Hübener erinnert und diesen Ansatz als Schülerzeitungsredakteur fortsetzen möchte. Sogar der Zahnarzt, obgleich doch offensichtlich ein skurriler Fachidiot, vermag, „belesen" wie er ist, „allen Mißbrauch der Macht" staatsphilosophisch auf Hegel zurückführen. Solange er Hegel „umständlich" widerlegt, bewegt er sich in Grasschen Denkbahnen. Aber er tut es mit allzu dürftiger Argumentation, mit dem Hinweis nämlich „auf den friedlich evolutionären Fortschritt der Zahnmedizin" und auf eine „weltweite Krankenfürsorge" (ö 135f.): Der korrekte kritische Ansatz verkommt bei ihm immer wieder zur Farce.

Sehr in Reichweite Grasschen Argumentierens bewegt sich der Arzt auch mit seiner konsequenten Ablehnung von Gewalt. „Aufrufe zur Gewalt ... finden in mir einen unversöhnlichen

Gegner" (ö 144), hält der Doktor dem vom „Bulldozer" fabelnden Studienrat entgegen. Ähnliches hat Grass, bis in den Wortlaut hinein, in politischen Reden ausgesprochen (vgl. Se 192). Wenn der Arzt jedoch den „Gewaltverzicht" mit Unterlassung von „Anästhesie des Unterkiefers", also mit „Fürsorgeentzug" (ö 136) durchzusetzen droht, so biegt er seine akzeptable Ausgangsposition ein weiteres Mal ins platt Lächerliche ab.

Man darf also resümierend festhalten, daß Grass die eigene politische Position in mehrere Figuren auseinanderlegt, um aus der Diskussion der jeweils nur teilrichtigen Ansichten Spannung und dramatische wie epische Vorwärtsbewegung zu gewinnen. Die Dramaturgie des dialektischen Theaters als Diskussionsspiel von Personen und Gruppen gegeneinander prägt jedenfalls auch die Erzähltechnik von ‚örtlich betäubt‘ und steuert dessen sorgfältig auf Schwebezustände abzielende Motivkomposition.

Demgemäß bleibt der Schluß auf der Bühne wie im Buch offen. Scherbaum übernimmt am Ende eine Schülerzeitung. Entspräche dies vielleicht dem Grasschen Bestehen auf dem „kleinen alltäglichen Fortschritt" (TS 354), von dem Starusch in ‚Davor‘ mit durchaus positivem Akzent redet? Scherbaum knüpft mit ‚Morsezeichen‘ an seine Leitfigur Hübener an, er möchte das Blatt im Schulrahmen als Kampfinstrument gegen Kiesinger und Große Koalition einsetzen, also im Grasschen Verstande durchaus mit korrekter Stoßrichtung. Andererseits jedoch wird Scherbaum als Redakteur ein weiteres Mal zum Einlenken gezwungen: Er „spricht neuerdings im Plural" (ö 324), er muß sich Zensur, ja „Selbstzensur" (ö 326) aufdrängen lassen. „Nach all den Kompromissen", kommentiert Starusch zuletzt die Aktivität seines Schülers fast zynisch, jedenfalls höchst doppeldeutig, „kann er jetzt, immerhin, einen kleinen Erfolg verbuchen", nämlich „die Bewilligung der Raucherecke" (ö 331).

Wo führt das hin? Immerwährende Kapitulation vor den bestehenden Verhältnissen, moralisches Zerbrechen im beständi-

161

gen Zwang zu Anpassung und Alltagskompromiß? Oder geht Scherbaum nun doch über zu zäher, kleinschrittiger Reformtätigkeit, die getragen wäre von der Einsicht in die Sinnlosigkeit spektakulärer Auftritte? Diese den Gesamthorizont von Roman und Bühnenstück ausmachende Frage kann bündig nicht beantwortet werden, Grass versucht sie trotz allem, was auf Scheitern und Resignation hindeutet, offen zu halten. Alle Aspekte verharren zuletzt in der Schwebe, definitive Entscheidungen oder gar akzeptable Orientierungsprogramme und Handlungsanweisungen werden nicht angeboten. Max Frisch formuliert im ,Tagebuch 1966-1971' die auf die Grassche Doppeltätigkeit im allgemeinen, auf ,örtlich betäubt' wohl im besonderen bezogene Frage: ,,Kann einer als Wahlkämpfer eindeutig sein, als Schriftsteller offen bleiben?"[45]

Die Gesamtintention von ,örtlich betäubt' wäre unter zwei Aspekten zu sehen. Zum einen läßt sich das Buch von der Konstellation Starusch/Seifert aus betrachten. Unter diesem Aspekt wird eine aus dem früheren Grass-Œuvre bekannte Thematik fortgeführt, die sich bezeichnen ließe als Anpassungs- und Identitätskrise von Figuren, die zur Nazizeit – teils durch Einwirkung von außen, korrelativ dazu aber auch durch eigene Schulderfahrung – beschädigt wurden und nun dem aus Verdrängung der Nazigeschichte sich ergebenden Gesellschaftszustand mit seiner ganz andersgerichteten politischen Dynamik distanziert oder leidend gegenüberstehen. ,,Wie nüchtern und skeptisch entließ uns der Krieg?" fragt Starusch. ,,Gesetzte Mittdreißiger bis Vierziger finden kaum Zeit, sich ihrer Niederlagen zu erinnern" (ö 179). Starusch/Seifert sind in ,örtlich betäubt' noch immer ins bundesrepublikanische Abseits gedrängt, in dem schon Matern und Brauxel in den ,Hundejahren', der Erzähler Pilenz in ,Katz und Maus', Oskar Matzerath in der ,Blechtrommel' sich bewegten.

Zum anderen wäre die historische Momentaufnahme der gesellschaftlich-politischen Situation im Frühjahr 1967 zu betonen, und zwar aus Sicht einer ,,örtlichen Betäubung" des nicht zu spontanem moralischen Handeln gelangenden Siebzehnjährigen Scherbaum. Vor allem durch das Gegeneinandersetzen von teils ‚richtigen‘, teils nach Ansatz oder Begründung ‚falschen‘ politischen Positionen ergibt sich die neuartige Technik simultanen Bühnenspiels und Romanerzählens: Vermischung von Außengeschehen und innerem Monolog, mosaikartige Wiedergabe von Realität und Reflexion, weitgehende Auflösung von Chronologie und straffer Handlungsdisposition.

‚örtlich betäubt‘ mag als beredter Ausdruck der Grasschen Geschichtsphilosophie gelten. Der Roman fordert einen höchst aufmerksamen Leser, der den Text jeweils nach vorwärts und rückwärts überschauen muß, um die komplizierten Themengewebe mitvollziehen zu können. ,,Beschleunigter Stillstand“ (ö 114), so nennt Grass die geschichtliche Absurdität beim Namen – ästhetisch umgesetzt scheint dieser Sachverhalt in feingliedriger Motivarbeit. Auf dem Wege der Konfrontation verschiedenartigster Positionen blockiert sich schließlich alles wechselseitig: Scherbaum handelt nicht, die anderen Personen resignieren, Stillstand scheint in der Tat einzutreten. Die durchgehende Ambivalenz aller Vorgänge läßt sich bereits an Scherbaums Protestabsicht greifen. Fragwürdig blieb sie als Versuch, Bewußtsein auf dem Wege des Gewaltanstoßes zu verändern. Im positiven Licht jedoch erscheint die moralische Sensibilität, der dieser Plan entsprang. Ebenso wie Starusch ,,liberaler Marxist“ ist, ,,der sich nicht entscheiden kann“ (ö 205), ebenso kehrt die gleiche Grundfigur im ganzen des Romans wieder, der tatsächlich, laut Grass, ,,fast nur aus Zwischentönen und gebrochenen Konflikten“ (TK 12) besteht.

Die Kritik hat ‚örtlich betäubt‘ nahezu einhellig abgelehnt. Argumentiert wurde nach zwei Richtungen hin: Zum einen wurde dem Buch der erzählerische Schwung der ‚Blechtrommel‘ entgegengehalten, die sich überhaupt für viele Kritiker zum Archetypus verdinglicht hat, an dem jedes weitere Grass-Buch unbedenklich gemessen wird. So schrieb H. L. Arnold damals, man merke dem Roman nicht an, ,,daß er von einem Autor ist, dem soviel ursprüngliches Erzählertalent nachgesagt worden ist wie Grass“. Nichts mehr sei zu spüren ,,von erzählerischer Ökonomie oder, auf der anderen Seite, von überragender Fabulierkunst".[46] Demgegenüber sei nochmals betont, daß der Roman an seinen politischen und geschichtsphilosophischen Prämissen und ihrer erzählerischen Umsetzung geprüft werden muß, nicht am völlig andersgearteten Kompositionsschema der ‚Blechtrommel'.

Andererseits monierte man 1969, als ein Großteil der bürgerlichen Intelligenz links an Grass vorbeizuziehen im Begriff war, den mangelnden politischen Gehalt des Buches. Horst Krüger etwa stellte fest, ihm sei „diese Geschichte als Beispiel, als Modell für das, was sich damals in Berlin und was sich heute in Deutschland im Zeichen der Protestbewegung vollzieht, von einer ärgerlichen Kleingeratenheit. Hier wird doch ein großer und bis in die Wurzel hinein politischer Stoff idyllisch individualisiert, verharmlost und auf einen bloßen Generationskonflikt reduziert" (PW XII). Hinter Krügers Einwänden steht wohl der damals gängige, später jedoch eher wieder in Zweifel gezogene Begriff von Literatur als einem Spiegel und Instrument des politischen Tageskampfes.

Der bemerkenswerteste Vorgang in der Rezeptionsgeschichte von ‚örtlich betäubt' war die außerordentliche Resonanz des Buches in den USA. Nach Erscheinen der englischen Übersetzung widmete das ‚Time Magazine' Grass im April 1970 eine Titelgeschichte und schrieb über den internationalen Ruhm des Autors: „Mit 42 sieht Grass gewiß nicht aus wie der größte Romancier der Welt oder Deutschlands, obwohl er möglicherweise beides ist" (PW 213). Daß ausgerechnet das in Deutschland reserviert aufgenommene ‚örtlich betäubt' zum großen US-Erfolg werden konnte, läßt sich wohl damit erklären, daß die der Rassenkonflikte und des Vietnam-Krieges müde amerikanische Mittelklasse das Buch als Empfehlung für gemäßigtes politisches Verhalten, für Anpassung und Karrieredenken mißverstehen konnte. Scherbaum ließ sich inmitten einer heftig bewegten Jugendgeneration als Exempel nehmen für Verzicht auf politischen Radikalismus und braves Sich-Fügen in die bestehenden Verhältnisse. Manfred Durzak meint in einer die deutsche und die amerikanische Rezeption vergleichenden Analyse, die amerikanischen Kritiker hätten Grass „zum Sprachrohr amerikanischer Mittelstandsideologie" umfunktioniert.[47] Nicht zuletzt diese internationale Resonanz ließ Grass 1972 zum vielgenannten Mitbewerber um den Literatur-Nobelpreis werden; dieser wurde dann zwar tatsächlich nach Deutschland verliehen, jedoch an Heinrich Böll.

,Aus dem Tagebuch einer Schnecke' (1972)

Rechtzeitig zum dritten Wahleinsatz 1972 erschien das ,Schneckentagebuch'. Zum ersten Mal findet sich in diesem Werk kein gattungsspezifischer Untertitel; wir hören nichts von ,Roman' und ,Novelle', also von Bezeichnungen, mit denen sich Grass früher an festgeprägte Erzähltraditionen anzulehnen pflegte. Ist hier etwa das Tagebuchmodell angesprochen mit seiner lockeren Kompositionsform und seinem monologisch verinnerlichten Charakter? Schon beim ersten Hinsehen fällt die Antwort negativ aus: Tragende Metaphern wie ,Schnecke' oder ,Melancholie' integrieren den Text, eine sorgfältige auskalkulierte Schichtung von Erzählebenen läßt an Romanhaftes denken.

Völlig neuartig an dem Buch ist die Position des Erzählers, Grass hat sie im nachfolgenden ,Butt' fortgeführt. Zum ersten Mal bietet Grass autobiographischen Stoff fast unverhüllt dar: „Im ,Tagebuch einer Schnecke'", so führte er im ZEIT-Gespräch mit Fritz J. Raddatz aus, „ist das Autor-Ich und das Erzähler-Ich weitgehend identisch" (Ra 10). Hatte der ästhetische Reiz früherer Erzählwerke von Grass gerade in der Differenz oder Teilidentität von Autor und Narrator gelegen, so ist hier die Distanz weitestgehend aufgehoben: Grass berichtet zunächst von seiner Wahlkampftournee zugunsten der SPD im Jahre 1969. Vorgeschaltet ist die Wahl von Bundespräsident Gustav Heinemann vom 5. März 1969, angefügt ein Vortrag im Dürerjahr 1971. Die Anregung hierzu ging aus von dem

Nürnberger Kulturdezernenten Hermann Glaser. Der Vortrag wurde zu einer Keimzelle des späteren Werkes: ,,es wächst sich die Niederschrift eines Vortrages", heißt es einmal, ,,den ich, dank Dr. Glasers vorausgezahlter Zeit, erst in zwei Jahren halten muß, zum Tagebuch einer Schnecke aus" (Ta 13).

Die Ebene 1969 bildet die vordere Zeitschicht des ,Tagebuches'. Dahinter lagert sich die Geschichte des ,,Hermann Ott", genannt ,,Zweifel", einer fiktiven Figur, die jedoch angeregt ist durch Erlebnisse des Literaturkritikers Marcel Reich-Ranicki (,,Eine Geschichte, die mir Ranicki als seine Geschichte vor Jahren erzählt hat, blieb bei mir liegen", Ta 23). Die Vita ,,Zweifels" erstreckt sich, nach knapper Raffung der Jugendphase (T 23) von den späten zwanziger Jahren bis in die Erzählgegenwart hinein. Da Zweifel sich als Lehrer und Betreuer um die Danziger Juden bemüht, kann Grass deren Austreibung aus der Weichselstadt ohne weiteres mit Zweifels Lebensgang verknüpfen. Die Tragödie dieses Exodus – ein Stück Naziverbrechen im beklemmenden Detail – wird bis in die Gegenwart verfolgt, und zwar durch die Darstellung der Schicksale Überlebender und mit Berichten über mehrere Grass-Reisen nach Israel. Beide Stoffschichten bewegen sich folglich aufeinander zu.

Sie dürfen durchaus mit den geläufigen Begriffen ,Erzählzeit' (Grass im 1969er Wahlkampf) und ,erzählte Zeit' (Zweifel und der Judenexodus) einander gegenübergestellt werden. Tatsächlich hat kein Werk seit der ,Blechtrommel' – auch der spätere ,Butt' und das ,Treffen in Telgte' stehen abseits – die Zeitdimensionen so detailliert ausgearbeitet und so raffiniert miteinander kontrapunktiert wie das ,Schneckentagebuch'. Grass hält sich also, was beim ,Tagebuch'-Titel überraschen mag, streng an die Verfahrensweise konventionellen Romanerzählens. Einerseits topographisch und zeitlich eingebundene Wirklichkeitswiedergabe von realistischem Zuschnitt – zur Judenfrage werden sogar Dokumente verarbeitet, Grass schließt an die zu jener Zeit blühende Dokumentarliteratur wenigstens punktuell an;[48] andererseits Fiktionales gemäß gewohnter Erzähltradition: Der Charakter dieses Buches ist mithin festgelegt durch eine eigentümliche Gemengelage narrativer und dokumentarischer Züge.

Auch von einem monologischen Charakter dieses Werkes kann keine Rede sein. Grass richtet sich vielmehr an eine genau bezeichnete Adressatenschaft, an seine eigenen Kinder nämlich, denen er von Danziger Vergangenheit und aktuellem Wahleinsatz berichtet: ,,vier Kinder ... gegensätzlich geratene Zwillinge, Franz und Raoul, elf – ein Mädchen, Laura in Hosen, acht – und Bruno, immer motorisiert, vier" (Ta 8). Es bildet sich also, auch dies eher ein Merkmal von Fiktionalität, das genau umrissene Profil einer werkinternen Kommunikationsbeziehung heraus.[49]

Im ‚Tagebuch' ist Grass einmal mehr Geschichtsschreiber seiner Danziger Heimat; er streicht die Vorzüge dieser Stadt als einem historiographischen Studienobjekt besonders nachdrücklich heraus: ,,Jetzt erzähle ich euch (solange der Wahlkampf dauert und Kiesinger Kanzler ist)" – man erkennt hier sehr deutlich die Verknüpfung der beiden Zeitschichten – ,,wie es bei mir zu Hause langsam und umständlich am hellen Tag dazu kam. Die Vorbereitung des allgemeinen Verbrechens begann an vielen Orten gleichzeitig, wenn auch nicht gleichmäßig schnell; in Danzig, das vor Kriegsbeginn nicht zum Deutschen Reich gehörte, verzögerten sich die Vorgänge: zum Mitschreiben für später" (Ta 16). Also: Danziger Vergangenheit wird aktualisiert als geschichtsdidaktisches Modell, und zwar im Hinblick auf eine Zuhörerschaft von begrenzter Aufnahme- und Abstraktionsfähigkeit, nämlich die Heranwachsenden.

Was treibt den mit dem Erzähler weitgehend identischen Autor, den Kindern ,,umschweifig" zu übermitteln, ,,wie es zu all dem gekommen ist"? (Ta 145) Immer wieder hat Grass mit Vehemenz gegen die deutsche Neigung protestiert, Nazigeschichte zu verdrängen. Sein Bericht für Kinder soll Erinnerungtabus und Schuldleugnungsmechanismen abbauen, die die umgebende Gesellschaft aufgerichtet hat, insbesondere in den Bildungsinstitutionen. Das ‚Tagebuch' richtet einen warnenden Appell an die Zuhörer mit ihrem kindlichen Erfahrungshorizont: ,,Es stimmt: Ihr seid unschuldig. Auch ich ... gelte als unbelastet. Nur wenn ich vergessen wollte, wenn ihr nicht wissen wolltet, wie es langsam dazu gekommen ist, könnten uns einsilbige Worte einholen: die Schuld und die Scham" (Ta 17). Grass möchte mit seiner Geschichtsrevue aber zugleich auch das Bewußtsein für gegenwärtige Mißstände schärfen. Der Zusammenhang ergibt sich vor allem da, wo der Wahlkämpfer Grass gegen den ehemaligen NS-Parteigenossen Kiesinger zu Felde zieht.

Die Zentralfigur Ott/Zweifel darf als Grassche Identifikationsgestalt gewürdigt werden, bis in die Namensgebung hinein. ,,Der Revisionist", so erläutert Grass 1969 die eigene, auf das Vorankommen in kleinen Schritten bauende Position, ,,lebt vom produktiven Zweifel" (Se 7). Grass stellt sein zeithistorisches Thema anhand einer genau ausgeführten Lebensgeschichte dar. Das dürfte vor allem didaktische und pädagogische Gründe haben. Näheren Aufschluß liefert eine Rede, die Grass 1970 in Berlin gehalten hat: ,Schwierigkeiten eines Vaters, seinen Kindern Auschwitz zu erklären'. Dort beklagt Grass die Unmöglichkeit, sich bei den von den Zwängen der Konsumgesellschaft deformierten Jugendlichen mit Erläuterungen zur NS-Vergangenheit überhaupt noch Gehör zu verschaffen. Das Verbrechen, so meinte Grass damals aus Anlaß einer Ausstellungseröffnung, bliebe abstrakt, es würde ,,Kindern allenfalls im privatisierten Einzelfall, etwa auf den Namen Anne Frank gebracht, deutlich oder, trivial gesagt, spannend" (Bü 90). Dies ist der Schlüssel zur kompositionellen Anlage des ,Schneckentagebuches': Es verfährt nämlich nach eben diesem Prinzip, historische Ereignisse personal einzubinden, wenn die Verbrechen an den Danziger Juden am Beispiel des Schicksals ihres mitbetroffenen Helfers Zweifel vorgeführt werden.

Eine Handvoll weiterer Themen und Motive prägt den streng komponierten Text des ,Schneckentagebuchs'. ,,Die Schnecke, das ist der Fortschritt" (T 9), erläutert Grass seine Schlüsselmetapher. In Opposition hierzu entwickelt er den Gegenbegriff ‚Roß‘ und setzt sich damit scharf von Hegels Staats- und Gesellschaftsmetaphysik ab, die ja nach der Grasschen Auffassung als Wurzelboden für linke wie rechte Revolutions- schwärmerei anzusehen ist: „In Jena, Kinder, hat er den Kaiser Napoleon hoch zu Roß und in der Einheit Roß und Reiter etwas gesehen, das er Weltgeist nannte“. Und im Anschluß daran die als politisches Programm schon längst wohlvertraute Absage an Hegel und seine Nachtreter: „seitdem galoppiert er – während ich auf das Bewußtsein der Schnecken setze“ (T 51). Die Tiermetapher ist zugleich auch Hinweis auf praktische und denkerische Mobilität und Lernfähigkeit: Gegenüber den He- gel-Adepten und anderen Dogmatikern möchte Grass unter- streichen: „Eine Schnecke – immer unterwegs – verläßt feste Standpunkte“ (Ta 177). Auch in bildhafter Übersetzung plä- diert der Schriftsteller für ‚Revision‘, für die Fähigkeit zu sach- angemessener Korrektur überkommener Lehren, falls sie zur Bewältigung aktueller Probleme nicht mehr taugen.

Die Schneckenmetapher spielt auch im graphischen Werk von Grass eine bedeutende Rolle. Aus dem Jahre 1972 gibt es zahlreiche Radierungen, die jene Integrationsmetapher für das politische, schriftstellerische und bildnerische Handeln und Produzieren immer wieder aufgreifen: ‚Lisbeth mit Schnecke‘, ‚Wasserturmschnecken‘, ‚Schnecke in Eilat‘, ‚Schnecke im Schwarzwald‘, ‚Schneckenwettlauf‘, ‚In Polen unterwegs‘, ‚Selbstporträts I‘ und ‚II‘ mit Schneckenhäusern im linken Auge – die bildnerische und denkerische Welt hängen bei Grass zusammen in einer Weise, die den mit nur argumentativen Mit- teln vorgehenden Interpreten in Verlegenheit bringt. Gegen die Grassche ‚Schneckenphilosophie‘ mag es rationale Einwände geben; die bildnerischen Werke jedoch reichen weiter und ent- ziehen sich dem erörternden Zugriff.

Für den oberflächlichen Betrachter bietet das ‚Schneckenta- gebuch‘ zunächst nur den Bericht über eine halbjährige Wahl- kampfreise im Jahre 1969 und die Erinnerung an den brutalen Antisemitismus im Nazi-Reich. Da Grass jedoch ins Zentrum seines Buches die Gesprächsbeziehung zwischen dem Erzähler und seinen Kindern rückt, läßt sich über das bloße Berichten hinaus gezielte Wirkungsabsicht vermuten. Auch inhaltlich geht es immer wieder um Jugendliche; zunächst zur Hitlerzeit: Zweifel wird mehrfach von einer ,,Horde Hitlerjugend" (T 28) zusammengeschlagen. In der Schule der Nazi-Zeit kommt es zu Gewalttätigkeiten gegen jüdische Klassenkameraden: ,,In der Turnhalle des Kronprinz-Wilhelm-Gymnasiums erhängte sich ... ein siebzehnjähriger Gymnasiast, nachdem ihn seine Mitschüler in der Toilette (nur so zum Quatsch) gezwungen hatten, seine beschnittene Vorhaut zu zeigen" (T 31 f.). Im August 1940 weist man die letzten Danziger Juden aus: ,,Viele Einwohner der Stadt ... verabschiedeten ihre ehemaligen Mitbürger lauthals ... Besonders viel Jugend war eifrig. (Zwar bin ich nicht dabeigewesen; aber" – die Autobiographie des Erzählers verbindet sich mit Didaxe – ,,Kinder – ich hätte mit meinen dreizehn Jahren dabei sein können)" (Ta 181).

Offenbar geht es Grass, abermals in direkter Verbindung von Politik und Literatur, um die Verführbarkeit Jugendlicher durch politische Ideologien; das ,Tagebuch' erzählt Beispielsfälle zur Warnung. Massiver ist der entsprechende Themenkomplex auf der Erzählebene 1969 ausgearbeitet. Der Narrator schildert immer wieder Konfrontationen mit jugendlichen Politschwärmern auf seinen Wahlreisen: ,,ich entdecke, in welch irrlichterndem Ausmaß der Haß in jungen Gesichtern Schönheit anstiftet ... Es sind nur wenige, denen die Mehrheit beklommen und süchtig zuschaut. Sie wollen abschaffen, irgendwas, das System, ersatzweise mich" (Ta 21). Häufiger werden ,,die Söhne der Bürger" apostrophiert, die ,,die Welt mit Hilfe eines Mikrofons zu erlösen versuchen" (Ta 39). Frühere ,,SA-Studenten" bringt Grass auf eine Linie mit ,,studierenden Maoisten" (Ta 31), er verknüpft auch insofern seine beiden Erzählbereiche thematisch. Man kann also feststellen, daß Grass im ,Tagebuch' seine politische Überzeugung von der prinzipiellen Gleichartigkeit des rechten und linken Radikalismus erzähltechnisch dadurch realisiert, daß er die beiden genannten Stoff- und Zeitschichten in Parallele setzt.

Zu den ideologisch fanatisierten Jugendlichen des Jahres 1969 heißt es, ähnlich wie auch in den politischen Reden von Grass: „Sie schmollen, weil nirgends was los ist. Sind traurig für sich. Ohne Zuhause, weil aus zu gutem Hause. Vergrämte Streichelkinder, die ihre Schwierigkeiten zur Litanei knüpfen: die Eltern, die Schule, die Verhältnisse, alles" (T 21). Daraus läßt sich als zentrale Thematik des ‚Schneckentagebuches' ableiten: Die Sozialisationsinstanzen Schule und bürgerliche Familie haben versagt; vor allem waren die Familien der oberen Mittelschicht trotz hohem Lebensstandard und kulturellem Anspruch nicht in der Lage, ihren Nachkömmlingen emotionale und politische Perspektiven mitzugeben; daher rührt der Hang der Jugendlichen, in radikale Heilsträume und politische Utopien abzudriften. Der Leser der endsiebziger und achtziger Jahre, mit der zusätzlichen Erfahrung des deutschen und internationalen Terrorismus, wird Grass eine bemerkenswerte Sensibilität für Ursachen und Anfänge dieses Phänomens zuerkennen müssen.

Übrigens beschränkt sich der Autor keineswegs auf deutsche Zustände, wenn er sein Generalthema idealistisch fehlgeleiteter Jugendlicher nach mehreren Seiten hin ausbaut: Bei einer Israel-Reise scheitert eine Lesung in der Jerusalemer Universität beinahe: „Junge Leute der rechtsradikalen Betar-Organisation versuchten, durch Lärm und Gebete die Lesung zu verhindern. Sie riefen: ‚Die Deutschen sind Mörder!' ". An dieser Stelle markiert der Erzähler abermals seine Wirkungsabsicht: „Ihr wißt, Kinder, ich habe dann doch gelesen. Ihr seid keine Mörder" (Ta 134). In ähnlicher Weise setzt Grass sich mit der Meinung junger Israelis auseinander, die der Ansicht sind, ihre ermordeten Angehörigen hätten Widerstand leisten müssen. Grass formuliert im Anschluß daran eine Sentenz, die das Mittelpunktsthema des ‚Schneckentagebuches' vielleicht am schlüssigsten auf den Begriff bringt: „Also muß Widerstand beginnen, bevor Ideen Gewalt bekommen" (Ta 173). Eben dies versucht der Erzähler zu bewirken, auf dieses Ziel hin ist die Mitteilungssituation ausgerichtet: Korrigierend einzugreifen, ehe es zu spät ist, also Kinder anzusprechen, ehe sie noch politischen Heilslehren verfallen sind. Am Beispiel vergangener und gegenwärtiger Fehlentwicklungen, möglichst anhand personalisierter Modelle, will Grass dartun, wie manipulierbar Heranwachsende sind und wohin jugendlicher Unbedingtheitsanspruch auf ideologischem und politischem Gebiet führen kann, wenn ihm nicht beizeiten der Riegel vorgeschoben wird. Die Warnung des besorgten Vater-Erzählers an seine Sprößlinge lautet denn auch unmißverständlich: ,,Es könnte sein, Franz und Raoul, daß euch später, wenn ihr was sucht, der Kommunismus Hoffnung macht ... Ihr könntet eines Tages, weil in Deutschland die Theorie vor die Wirklichkeit gestellt ist, in jenem totalen System ... die Lösung finden wollen". Der Erzähler formuliert als Beschwörung und Warnung: ,,Ich sage: Ich stünde euch dann im Wege" (Ta 172).

Ein weiteres umfassendes Themengeflecht dieses ,Tagebuches' fußt auf Dürers Kupferstich ,Melencolia I'. Zur Schwermut entwirft Grass den Gegenbegriff der ,Utopie' und findet so erneut die Verbindungslinie zu Gesellschaftstheorie und Wahltätigkeit. Die beiden polaren Begriffe stellen für Grass gefahrenträchtige Extrempositionen gesellschaftlichen Verhaltens dar, wenngleich der Schriftsteller im abschließenden Dürer-Vortrag auf dem Recht zur Melancholie ausdrücklich besteht und scharf ins Gericht geht mit dem in totalitären Systemen üblichen ,,Melancholieverbot" (Ta 349f.). ,,Die Schnecke" gilt ihm ,,als Mittlerin zwischen Melancholie und Utopie" (Ta 108). Grass verzahnt seine Motive ähnlich wie bei der Schneckenmetapher, indem er mehrere Figuren (Lisbeth Stomma, Augst, Zweifel selbst) an Melancholie leiden läßt.

Man kann das ,Schneckentagebuch' lesen als Schilderung eines siegreich beendeten Wahlkampfes oder als Grassche Autobiographie. Das Werk stellt dennoch keine rhapsodisch freie Aufreihung historischer oder gegenwärtiger Alltagserfahrung dar, sondern bemüht sich um außerordentliche konstruktive Strenge – zweifellos ein origineller Versuch, die gattungsmäßig vorgegebene lockere Form erzählerisch zu strukturieren und in den Griff zu nehmen. Grass hat mindestens bis 1974 hartnäckig auf der Vereinbarkeit seiner schriftstellerischen mit der politischen Tätigkeit bestanden, einen entsprechenden Rollenkonflikt wollte er zeitweise grundsätzlich leugnen. Noch im ‚Tagebuch' läßt er die Antithese von „Engagement" und „Schreiben" nicht gelten, die ihm von einigen „jungen Schriftstellern" (Ta 338) mit großer Hartnäckigkeit vorgehalten wird. Dieses Werk kann als Beleg verstanden werden für die Bemühung von Grass, als Künstler und Bürger seiner Doppelfunktion gerecht zu werden, gerade wenn man es von der handwerklichen Seite aus betrachtet: Grass berichtet von den Mühen politischer Tagesarbeit, aber er tut es nach den Spielregeln großer Erzählwerke.

Selbst im ‚Schneckentagebuch' behandelt Grass deutsche Gegenwart noch immer im Durchblick auf die Nazi-Geschichte. In ‚örtlich betäubt' transportieren – wie schon gezeigt – Starusch und Irmgard Seifert ihre Defekte in die sechziger Jahre hinüber; im ‚Tagebuch' übernehmen diese Aufgabe der zeitweilig von Schwermut geschlagene Zweifel, vor allem aber die Nebenfigur Augst. Dieser geht am Nazi-Trauma zugrunde, „das Bedürfnis, gekadert zu werden. Der Wunsch, gehorchen zu dürfen" (Ta 252) zerrüttet ihn; mit einem Gruß an die „Kameraden von der SS" (Ta 193) scheidet er beim Stuttgarter Kirchentag aus dem Leben. Augst, „als Fall exemplarisch" (Ta 225), befindet sich in neurotisch überspannter Weise auf der Suche nach Diskussion und „Partnerschaft" und ist doch gerade in seiner Kommunikationsfähigkeit zeit- und generationstypisch deformiert: Niemand habe „seine Generation (die Kriegsgeneration) gelehrt ..., flüssig zu sprechen" (Ta 193), beklagt er selbst sein Syndrom. Sprechunterricht und Tonbandversuche konnten ihm, so recherchiert der ‚Tagebuch'-Erzähler später bei der hinterbliebenen Augst-Familie, keine Erleichterung verschaffen. Übrigens biegt der Erzähler auch den Sonderfall Augst zurück auf die Linie grundsätzlicher Warnung vor politischen Utopien. Denn Augst geht deswegen zugrunde, weil er als Jugendlicher in ein totalitäres System hineingezwungen wurde und die Folgen niemals verkraftet hat:

,,Auch kannte ich, da beide alterslos sind, den jungen Augst, bevor der ältere zu sprechen begann" (Ta 192).

Ein anderes, außerordentlich detailliert ausgeführtes Exempel für den Zusammenhang von Zeitbarbarei und psychosomatischem Leiden stellt im ,Tagebuch' Lisbeth Stomma dar, die Geliebte und spätere Frau des vor den Nazis fliehenden Zweifel, der sich jahrelang im Keller des Fahrradmechanikers Stomma versteckt halten muß. Seit dem ,,ersten Kriegstag" (Ta 160), als ihr uneheliches Kind im Zusammenhang mit dem deutschen Vormarsch umkam, lastet ,,ganz normal Schwermut" (Ta 161) auf ihr. Ende 1944, als der Krieg sich dem Ende zuneigt, kommt Lisbeths ,,Normalisierung" (Ta 297) in Gang. Motivparallelen hierzu sind bei Grass in erheblicher Anzahl vorhanden: Oskar blieb klein und wächst dann im Rhythmus der begleitenden Zeit, Mahlke in ,Katz und Maus' entwickelt sich analog zum Verlauf des Weltkrieges, Brauxel und Matern in den ,Hundejahren' sind zeitbedingt angeschlagen, Starusch leidet am ,,Ducekinn" und Irmgard Seifert an ihrer Denunziations-Neurose – alle diese Pathographien meinen nicht nur individuelles Leiden abseits der großen Zeitbewegung; sondern in Anatomie und Psyche all dieser Figuren zeichnet sich eine katastrophale historisch-gesellschaftliche Gesamtszenerie durch.[50] Nach dem Krieg kommen häufig die Verdrängungs- und Schuldleugnungsmomente im restaurativen und wirtschaftsorientierten Nachkriegsdeutschland als verhärtende Faktoren hinzu.

Erst im ,Butt' löst sich Grass dann erstmalig vom Thema der NS-Geschichte und ihrer Verdrängung, auch wenn selbst dort noch die Köchin Lena Stubbe 1942 im KZ Stutthof zugrundegeht (Bu 570). ,örtlich betäubt' und das ,Tagebuch einer Schnecke' können als Schlußsteine der Auseinandersetzung mit deutscher Nazivergangenheit bei Grass betrachtet werden.

Bemerkenswert am ,Schneckentagebuch' ist das Verhältnis dieses Werkes zu den um 1972 gängigen Buchmarkttrends. 1977 analysierte der SPIEGEL neuere Entwicklungen auf dem Jugendbuchmarkt und führte aus: ,,1971 startete der Lektor

Hans-Joachim Gelberg, seitdem meistzitierter Kinderbuchmacher des Landes ... im Weinheimer Belz-Verlag seine Produktion". Für den Jugendbuchmarkt habe er damit Vorreiterdienst geleistet, „und alle, alle strömten in die breit geschlagenen Breschen ein, ob emanzipatorisch oder nicht"; weiter hieß es im SPIEGEL: „Mit einem Mal, nach endlos langem Zögern und Zaudern, entdeckten sogar die Romanciers für große Leute das bis dahin wenig gesellschaftsfähige Kinderbuch". Seitdem veröffentlichten u. a. folgende Autoren Kinderbücher: Herburger, Härtling, Konsalik, Max von der Grün, Utta Danella, Jägersberg, Heckmann, Degenhardt, Marie-Louise Fischer (SP 15/ 77, 223). Grass orientierte sich 1972 also durchaus am allgemeinen Marktinteresse und wollte das auch: „meinen und anderen Kindern den Stillstand im Fortschritt zu deuten" (Ta 346) war die erklärte Absicht des ‚Schneckentagebuches'. Als ergänzender Kommentar kann ein Gespräch aus dem Erscheinungsjahr herangezogen werden: „Wir sitzen hier großartig der Fiktion auf", erläuterte Grass im Anschluß an das ‚Schneckentagebuch', „es sei eine politische Generation herangewachsen. Das möchte ich nicht unterschreiben. Es gibt eine geringe Schicht, die politisch interessiert ist, und eine breitere, die politisch desinteressiert ist: eine Jugend, die vom Elternhaus her völlig unterdrückt ist, so daß die Wahlentscheidung der Eltern sich auf die Kinder überträgt".[51] Die Schriftstellerei, so darf man folgern, zielt hier durchaus auf künftige Wahlkämpfe, denn Grass sucht ein vorerst noch kindliches Wählerpotential anzusprechen und auf den von ihm für wünschenswert erachteten mittleren politischen Kurs vorzubereiten. „Während ich für meine und anderer Leute Kinder ein Buch schrieb, in dem der Fortschritt nach Schneckenmaß bemessen wird, beschrieb ich gleichzeitig, was das Gemüt schwer macht" (Ta 368), so versuchte Grass in der abschließenden Dürerrede sein Vorhaben zu resümieren.

Allerdings scheint das ‚Schneckentagebuch' letztlich doch nicht als Werk für Kinder ins Bewußtsein von Lesern und Kritik gedrungen zu sein. Grass stand der sogenannten ‚emanzipatorischen' Kinderliteratur zu fern, als daß er den Anschluß an entsprechende Markttrends forciert hätte. Im ‚Schneckentage-buch' geht es schließlich nicht so sehr um ‚Befreiung' von Repression und familiären und institutionellen Zwängen, viel-mehr sollen Heranwachsende vor dem Totalitätsanspruch poli-tischer Utopien und deren Verkündern gewarnt werden. Die Grasschen Vorbehalte gegen alles modisch Linke hob das ‚Schneckentagebuch' also doch wieder von dem meisten ab, was damals als neue Kinderliteratur propagiert wurde.

IX. Rückkehr zur Literatur

,Der Butt' (1977)

,Der Butt' von 1977 durfte als Markstein in der Vita von Grass insofern angesehen werden, als mit diesem Buch die Rückkehr zur Literatur nach etwa zehnjähriger politischer Arbeit endgültig vollzogen wurde. 1972 hatte Grass mit den Vorarbeiten zum neuen Großroman begonnen, ab 1974 beschäftigte er sich nahezu ausschließlich mit diesem vom Umfang her an ,Blechtrommel' und ,Hundejahre' anschließenden Riesenwerk. Zur Entstehungsgeschichte hat Grass im einem Gespräch vom September 1977 gegenüber H. L. Arnold mitgeteilt: ,,In der politischen Arbeit, in der Festgelegtheit, in der selbstgewählten Disziplin und Disziplinierung auf Vorgänge in der Gegenwart, auch beim notwendigen Umgang mit der politischen, also mit einer Sekundärsprache, wurde bei mir der Wunsch immer größer und dringlicher, eine Totale zu entwerfen, mich einem epischen Stoff zu stellen, einem Stoff, der mich ganz fordert, ein Brachland, ein Brachfeld zu beackern und nicht mehr in erster Linie auf Sekundäres angewiesen zu sein. Und da mich schon immer die Ernährungsfrage mehr als interessiert hat, und es mich oft genug geärgert hat, wie gerade in puritanischen Breiten diese zentrale Frage menschlicher Existenz, auch politisch gesehen, immer wieder verdrängt wird, zielte das Ganze auf etwas, was ich stichwortartig ein ,erzählendes Kochbuch' nannte. Und so ist auch in der ersten Arbeitsphase die Recherchierarbeit auf dieses in unserer Geschichtsschreibung ausgelassene, spärliche Restmaterial konzentriert gewesen. Dabei stieß ich auf einen weiteren in unserer Geschichtsschreibung ausgesparten Teil: auf den anonymen Anteil der Frauen an diesem Teil der Geschichte, als Köchin, als Hausfrau, als diejenige, die in erster Linie bei Revolutionen in der Ernährungsstruktur,

177

z. B. in der Ablösung der Hirse durch die Kartoffel, die bedeutsame Rolle spielt" (TK 30 f.).

Ehe wir auf die großen thematischen Felder des Romans eingehen, seien kurz zwei Gemeinsamkeiten zwischen dem ‚Tagebuch einer Schnecke' und dem ‚Butt' skizziert. Zum einen geht es um die Erzählerposition: Im ‚Tagebuch' waren Erzähler und Autor, nach einer Grasschen Formulierung, ‚‚weitgehend identisch" (Ra 10), Fiktionales war dort erst anhand der Figuren Zweifel, Augst und anderen entwickelt worden. Auch im ‚Butt' scheint es eine außerordentliche Nähe zwischen dem erzählenden ‚Ich', jedenfalls soweit es sich in der Gegenwart bewegt, und der autobiographischen Wirklichkeit des Schriftstellers zu geben. Allerdings steigt der Erzähler des ‚Butt' fortwährend über die Realitätsgrenze hinweg in fiktive Bereiche. Grass führte dazu aus, daß er ‚‚mit dem Satz: ‚Ich, das bin ich, jederzeit' mich zwar als Autor und Erzähler einführe, aber auch von vornherein weiß, daß ich, meinem epischen Stoff folgend, zur Fiktion werde" (Ra 10). Dennoch bleibt festzuhalten: In beide Bücher ist der Autor Grass mit seiner autobiographischen Wirklichkeit in einem Maße eingegangen, wie das bei früheren Werken undenkbar war.

Damit zusammen hängt eine zweite Gemeinsamkeit zwischen ‚Schneckentagebuch' und ‚Butt': In beiden Büchern gibt es ein zentrales Mitteilungsverhältnis, um das herum der gesamte Stoff angeordnet ist, und zwar so, daß sämtliche Erzählaspekte immer wieder auf diese mittlere Achse hin ausgerichtet sind. Im ‚Tagebuch' berichtet der Erzähler-Vater seinen Kindern in vielfältiger Brechung von der politischen Verführbarkeit Heranwachsender; im ‚Butt' illustriert eine millenare Galerie von Köchinnen die Krisen und Rollenkonflikte, die sich zwischen dem zentralen Erzähler-‚‚Ich" und seiner ihm zugesellten ‚‚Ilsebill" abspielen. Beide Male bildet also eine interne Kommunikationssituation den Angelpunkt des kompositorischen Gesamtvorhabens. Übrigens war der Plan zum ‚Butt' im ‚Schneckentagebuch' bereits angekündigt worden: ‚‚Bevor ich mal alt bin und womöglich weise werde, will ich ein erzählendes Kochbuch schreiben: Über 99 Gerichte, über Gäste und Menschen als Tiere, die kochen können, über den Vorgang Essen, über Abfälle" (Ta 212).

Zunächst sei der Versuch unternommen, den Roman mit seinen drei hauptsächlichen Themenfeldern Ernährungsfragen, Partnerschafts- bzw. Frauenproblemen und der aus dem Märchen der Brüder Grimm entlehnten Motivklammer ‚Butt' inhaltlich zu vergegenwärtigen. Grass eröffnet den Roman mit dem Hinweis auf die im Mittelpunkt stehende Beziehung zwischen Erzähler und Ilsebill: „Ilsebill salzte nach. Bevor gezeugt wurde, gab es Hammelschulter zu Bohnen und Birnen, weil Anfang Oktober. Beim Essen noch, mit vollem Mund sagte sie: ‚Wolln wir nun gleich ins Bett oder willst du mir vorher erzählen, wie unsre Geschichte wann wo begann?'" (Bu 9). Noch jede Romaneröffnung bei Grass entfaltete in nuce die Gesamtanlage des jeweiligen Werkes, so auch hier: Der Roman spielt während der neun Monate jener bereits angedeuteten Schwangerschaft, und zwar vom genannten „Oktober" 1973 bis zum Juli 1974. Allerdings ist das Datum nur einmal fixiert, im Zusammenhang nämlich mit dem Rücktritt von Willy Brandt (Bu 561), sonst bleiben Anspielungen auf chronologisch faßbare Ereignisse in dieser Erzählschicht äußerst selten. Die neun „Monate" geben zugleich die Großgliederung des neunteiligen Romans ab. „Unsere Geschichte" im Einleitungssatz signalisiert ferner die Verbindung zwischen dem zentralen Paar und den übrigen Stoffmassen: Alles, was erzählt wird, kann jeweils als Projektion, Variation oder Komplementärvorgang zu jener zentralen Partnerbeziehung mit all ihren Krisen und Rollenkonflikten aufgefaßt werden.

Auch räumliche Gegebenheiten sind auf dieser Erzählebene nur sehr spärlich skizziert. Man kann annehmen, daß Erzähler und Ilsebill im Großraum Hamburg leben; von Wedel, Elbe und Stör wird gelegentlich gesprochen (Bu 466f.). Alle topographischen Angaben deuten darauf hin, daß Grass sich die Vorgänge um Ilsebill lokalisiert denkt an seinem eigenen Wohnsitz Wewelsfleth bei Glückstadt.

179

Im Zentrum des Romans steht also die Frage nach den gestörten Rollenbeziehungen zwischen den Geschlechtern – insofern ist das Buch historisch ohne weiteres den Fragen der Emanzipation der Frau und der damit verbundenen Erschütterung männlichen Selbstverständnisses zuzuordnen, wie sie um die Mitte der siebziger Jahre in der westlichen Welt diskutiert wurden. Ilsebill und der Erzähler stehen zutiefst konsterniert vor der Einsicht, daß herkömmliche Verhaltensregeln außer Kraft geraten sind; die antrainierten Rollenstereotypen funktionieren nicht mehr. Männlicher Überlegenheitswahn steht vor dem Bankrott, und zwar im Weltmaßstab, denn planende Rationalität und ausbeuterische Welteroberung führen politisch und ökologisch zur Katastrophe. Die Frau ihrerseits ist, auf dem Wege in die Emanzipation, über eine Erschütterung ihres bisherigen Selbst- und Rollenverständnisses noch nicht hinausgelangt – neue, tragfähige Positionen sind beiderseits nicht in Sicht. Von dieser Krise herkömmlicher Leitbilder und Werthaltungen aus wird nun die Welthistorie ins Auge gefaßt, und zwar unter Gesichtspunkten, die für die konventionelle, an männlichen Eroberungsleistungen orientierte Geschichtsbetrachtung gar nicht vorhanden waren – eben jenen von Grass erwähnten Ernährungs- und Frauenproblemen.

Das Zerbrechen traditionell handlungsleitender Normen und Zielvorstellungen ist anhand des zentralen Paares mehrfach vorgeführt. Einmal etwa beklagt der Narrator, daß die verunsicherte Ilsebill sich analen Sexualpraktiken verweigere: „Sie ist viel zu gut erzogen worden . . . Sie ziert sich, geil zu sein wie sie ist . . . Dabei liest Ilsebill dicke und dünne Bücher, in denen Enthemmung erste Voraussetzung ist für eine repressionsfreie Gesellschaft. Und ich werde ihr diese spätbürgerlichen Verweigerungsmechanismen . . . austreiben oder abgewöhnen, und zwar, wie es in ihren Manzibüchern steht: Durch partnerzentrierte Konfliktrollenspiele" (Bu 258). Ilsebill ihrerseits fällt trotz aller reflektierenden Bemühung immer wieder in starr internalisierte Verhaltensklischees zurück. Ein Leitmotiv des Romans, ihr ständiges Verlangen nach einer „geräuscharmen

Geschirrspülmaschine", weist hin auf geradezu manisch immer wieder hervorbrechende Konsumgläubigkeit.

Unglücklich automatisiertes und deshalb in Irritation, ja fast schon Schizophrenie umkippendes Rollenverhalten markiert zum Beispiel eine Szene beim Kauf von Umstandskleidern im „sechsten Monat" des Romans. Ort: ein indischer Kramladen in Hamburg, „vollgestopft bis unter die Decke ... Soviel Auswahl. Man mußte nur zugreifen ... Fünf oder sieben ... Kleider nahm sie, nein raffte Ilsebill von der Stange und rettete ihre Beute in eine der durch Vorhänge geteilten Umkleidekabinen. Dann trat sie in kurzen Abständen fünf- oder siebenmal indisch in Baumwolle oder Seide auf". Der Erzähler, seinerseits bei allem ironischen Durchblick ebenfalls festen Rollenstereotypen verhaftet, auch wenn er deren Brüchigkeit unmittelbar vor Augen hat, weiß, daß hier ein Ritual durchgespielt wird, bei dem er seinen Part mitmimen muß: „Eine Vorstellung einzig für mich. Ich nickte, gab zu bedenken, lobte ... krittelte an dem, was ich an ihr sehen wollte, verhielt mich meiner Rolle gerecht und siegte halbwegs ... ‚Das ist schon gut hier im Westen', sagte Ilsebill. ‚Ich meine, wühlen, probieren, einfach nicht wollen, frei entscheiden, auswählen dürfen.' Und nur beiseite sprach sich schlechtes Gewissen aus: ‚Natürlich kosten die Dinger so wenig, weil das schon wieder Ausbeutung ist. Die billigen Arbeitskräfte in Pakistan, Indien, Hongkong und sonstwo.' Das sagte sie ... anklagend mir ins Gesicht." Und nun von diesem Romandrehpunkt aus der Blick auf die Gesamtmasse des im ‚Butt' erzählten Stoffes: „Als ihr Mann habe ich geradezustehen für jede in historischer Zeit und gegenwärtig begangene männliche Untat. ‚Oder kannst du mir vielleicht sagen, was die dicken Bosse da unten den Näherinnen pro Stück zahlen?'" (Bu 435 f.).

Für Grass geht mit dieser Zerstörung herkömmlicher Partnerrollen in historischer Perspektive auch die Weltgeschichte zu Bruch, war sie bislang doch nicht mehr als eine Projektion männlichen Konkurrenz- und Leistungsdenkens. „Mir ist auch bei der Vorarbeit noch deutlicher geworden, als ich es vorher geahnt habe, wie sehr unsere Geschichtsschreibung, die sich als authentisch ausgibt, weil sie auf Dokumenten fußt, Fiktion ist", äußerte Grass 1977 gesprächsweise und meinte damit wohl ein Zurechtrücken der jeweiligen Vergangenheit nach Maßgabe augenblicklicher Interessenkonstellationen. Vor Gutenberg, sagte Grass, „ist das alles entweder kirchliche oder fürstliche Schreiberei jeweils zu dieser oder jener Position, und damit arbeiten die Historiker. Die Löcher dazwischen sind für den Schriftsteller interessant. Ich sehe mich in der Lage, genauere Fakten zu erfinden als die, die uns angeblich authentisch überliefert wurden" (TK 31).

Wir stoßen hier auf das alte, schon früher besprochene Problem des Verhältnisses von Realität und Fiktion bei Grass. Im Falle des ‚Butt' geht es darum, herkömmliche Geschichtsschreibung zu überholen und mittels des Zugriffs der Phantasie das einzubringen, was im Schulgeschichtsbuch unterdrückt bleibt. Diese Thematik des Romans lag für Grass schon zu Beginn der siebziger Jahre als Projekt bereit; schlüssig wurden bildhafter Zusammenhang und Werkkonstruktion, als Grass etwa 1973 auf das Märchen vom ‚Butt' stieß. Der Literaturwissenschaftler Heinz Rölleke hatte damals in einem Aufsatz der Zeitschrift ‚Fabula' nachgewiesen, daß der Maler Philipp Otto Runge im Jahre 1806 zwei divergierende Fassungen des ‚Butt'—Märchens aufgezeichnet hatte. Rölleke schilderte die Überlieferungsgeschichte des ursprünglichen Volksmärchens und teilt die von ihm recherchierte Urfassung des Runge-Textes mit.[52] Grass eignete sich die Fiktion an, er wolle seinerseits eine verlorene Urfassung neu erarbeiten (vgl. Bu 450) und fand den kunstvoll weitgespannten Rahmen, innerhalb dessen sich Frauen- und Ernährungsprobleme als welthistorische Ausweitung des Märchens vom ‚Fischer un siene Fru' darstellen ließen.

„Im ersten Monat" des Romans unternimmt es Grass, den komplexen Bauplan des Werkes zu exponieren. Der Erzähler schlüpft in alle Männerrollen des Romans von der Steinzeit bis zur Gegenwart, ebenso wie Ilsebill in allen weiblichen Figuren wiedersteht. Damit stimmt überein, daß weder Erzähler noch Ilsebill individualisierende Namen tragen: In millenarer Perspektive wird der Zusamenbruch des Matriarchats vom Neolithikum bis ins frühe Mittelalter umrissen, andererseits aber auch der Einsturz des männlichkeitsgeprägten Geschichtsbildes in der Gegenwart. Es ergibt sich, daß der Erzähler dieses weltumspannenden Teppichs als „Ich" ebensowenig eine festumrissene Identität besitzt wie als Partner und rollenverstörter Tisch- und Bettgenosse der Ilsebill.

Edek, Jäger und Fischer, aber auch Töpfer und Schnitzer, ist die Steinzeitvariante des Erzähler-„Ichs". Ihm geht im Jahre 2211, „gegen Ende der Steinzeit" (Bu 29), in der Danziger Bucht der „Butt" an die Leine. War Edek zuvor noch von der dreibrüstigen Urmutter Aua abhängig, so stimuliert der Butt ihn nun, das seit Jahrtausenden herrschende Matriarchat abzuschütteln. Der Fisch vertritt also, im Anschluß an das Märchen von der Ilsebill im „Pißpott", das gegenweibliche Prinzip, er veranlaßt den Mann, sich zum Herren der Geschichte aufzuwerfen: „Wir, jedenfalls, brauchten noch ein sattes Jahrtausend, um männlich im Sinne des Butt zu werden. Doch dann wurden wir Männer, wie man nachlesen kann: Männer unter Lederkappen und Helmen mit nagelndem Blick. Männer mit schweifendem, die Horizonte abtastendem Auge. Zeugungswütige Männer, die ihre Stinkmorcheln zu Geschlechtertürmen, Torpedos, Weltraumraketen umdachten. Männer mit System, in Männerorden versammelt. Wortgewaltige Wortspalter. Sich unbekannte Entdecker. Helden, die nicht, nie und auf keinen Fall im Bett sterben wollten. Männer, die mit hartem Mund Freiheit verordneten. Durchhaltende, sich selbst überwindende, standhafte, ungebeugte, immer wieder trotzdem sagende, den Feind sich erfindende, grandios verstiegene, die Ehre um der Ehre willen suchende, prinzipielle, zur Sache kommende, sich ironisch spiegelnde, tragische, kaputte, darüberhinaus weisende Endzielmänner" (Bu 44). Der Butt war schon im Märchen der Brüder Grimm derjenige, der die Fischersfrau dadurch ruinierte, daß er sie in immer maßlosere

Wünsche hineintrieb; in der Grasschen Fiktion ist er der Initiator des männlich geprägten Weltalters, das sich jedoch gegenwärtig seinem Ende zuneigt.

Denn dieser merkwürdige, allegorische Fisch geht in der Gegenwart ein weiteres Mal an die Angel, diesmal in der Ostsee drei Frauen, die sich „aus vagen Gründen als Lesbierinnen begriffen und deshalb einem feministischen Zirkel angehörten" (Bu 47). Die Frauen begründen daraufhin zu Berlin ein „feministisches Tribunal", um den Butt zur Rechenschaft zu ziehen für seine der Weiblichkeit über Jahrtausende hinweg verderbliche Rolle. Der Butt stellt sich als fintenreicher Rhetor heraus und schlüpft – jedenfalls seinen Erklärungen vor Gericht zufolge – in eine neue Rolle: Über das Märchen hinaus macht Grass ihn jetzt zum Prinzip des historischen Wandels überhaupt, denn der Fisch möchte nunmehr die Frauensache befördern: „Hier, heute gilt es, die Zeitenwende zu datieren. Auf dem Machtwechsel der Geschlechter beruht mein Prinzip. Die Frauen sind aufgerufen" (Bu 52). Entsprechend der Rollenirritation der Geschlechter ist Wandel allerdings immer wieder ironisch infrage gestellt, wie Grass überhaupt seine erhebliche Distanz zu feministischen Absolutheitsansprüchen niemals verhehlt. So stellt denn auch der Butt sein proweibliches Engagement jederzeit mit ironischer Hinterlist infrage, gerade wenn er seinen Willen kundtut, „eine neue Phase der Humanentwicklung" einzuleiten. „Die Männersache gebe nichts mehr her. Demnächst werde eine Krise weltweit das Ende maskuliner Herrschaft signalisieren. Die Herren seien bankrott" (Bu 51).

Die Gesamtkonstruktion des Romans ist also auf drei Ebenen abgewickelt: Erstens ist da die schon dargelegte Beziehung zwischen gegenwärtigem Erzähler und Ilsebill, die sich über „neun Monate" einer Schwangerschaft hinzieht. Zweitens gibt es das feministische Tribunal, gebildet von einem Kranz gelehrter und für die Frauensache engagierter Damen. Drittens entsteht eine, wie man sagen darf mittlere Ebene, eine Galerie von neun (eigentlich elf, da im „ersten Monat" an sich drei Gestalten abgehandelt werden) Köchinnen von der Steinzeit bis zur Gegenwart. Am Beispiel dieser Köchinnen verhandelt nun das feministische Tribunal gegen den Butt, um jeweils die unselige antiweibliche Beratungstätigkeit des Fisches über die ganze Historie hinweg ans Licht zu bringen. Auf dieser Ebene geht es also um die thematische Hauptlinie des Romans: Niederhaltung der Männer im Matriarchat, Umschwung zur Männerherrschaft aufgrund der Beratung durch den Butt und damit verbunden die Unterdrückung der Frau, zuletzt – ironisch angedeutet – neuerliche Weltwende zurück zur weiblichen Dominanz. Der große Mittelabschnitt des männlichen Zeitalters gibt Gelegenheit, die nie recht beachtete Geschichte des Kochens und der Ernährung darzustellen als Gegenentwurf zur Männerhistorie der sogenannten ,großen' Individuen und ereignisgeschichtlichen Staatsaktionen.

Aua, Wigga und Mestwina sind die Köchinnen des ,,ersten Monats". Aua, pomorsche Urmutter, gilt als ,,dreibrüstiger Ausbund geschichtsloser Weiblichkeit". Wigga lebt dann bereits im dritten nachchristlichen Jahrhundert und Mestwina erschlägt ums Jahr 1000 den Bischof Adalbert von Prag mit einem gußeisernen Kochlöffel, als er die störrischen ,,Pomorschen", die Grasschen Frühbewohner der Weichselniederung, zum Christentum bekehrt. Mit ihrer Hinrichtung endet – so gibt der Universalhistoriker Grass zu erkennen – das Matriarchat ein für allemal, nachdem es bereits durch Völkerwanderung und Stammesgeplänkel im feuchten Weichseldelta – einem im Vergleich zum minoischen Kreta um zwei Jahrtausende zurückhängenden Passivraum – schwere Einbußen hinnehmen mußte.

Grass verstrebt die Romankonstruktion auch insofern, als er den am feministischen Tribunal tätigen Damen jeweils eine der historischen Köchinnen zuordnet. (Ein der ZEIT-Besprechung von Rolf Michaelis vom 12. August 1977 beigegebenes Schema machte diese Korrespondenz zwischen Köchinnen und Tribunalteilnehmerinnen als versteckte Figurenparallele deutlich.) Den drei genannten Köchinnen Aua, Wigga und Mestwina entsprechen also die Tribunalvorsitzende Dr. Ursula Schönherr und die Beisitzerinnen Helga Paasch und Ruth Simoneit. So heißt es bei späterer Gelegenheit aus der Rückschau: ,,Und wenn ich unter den Beisitzerinnen des Tribunals in Frau Helga Paasch meine mürrische Wigga, in der immer angetrunkenen Ruth Simoneit meine Stutenmilch saufende Mestwina wiedererkannt haben, dann darf ich auch sicher sein" – die Grassche Verklammerungstechnik reicht nämlich bis zur zentralen Ilsebill –, ,,daß die Anklage nicht nur durch Sieglinde Huntscha (und durch dich, Ilsebill) vertreten wird, sondern auch indirekt meiner Dorothea zu Vorteilen verhilft" (Bu 178).

Die Vertikalschichtung des Romans in seinen drei Ebenen Erzähler/Ilsebill – Köchinnen mit zugehörigen Männern, in deren Rolle jeweils der Erzähler schlüpft – Tribunal gegen den Butt liegt also auf der Hand. Um die neun Romankapitel auch horizontal zusammenzuschließen, bedient sich Grass des einfachen Kunstgriffes, beständig auf Parallelen zwischen den Köchinnen untereinander und den Frauen des Tribunals hinzuweisen: Ähnlichkeiten, analoge Vorgänge, immer wiederkehrende Verhaltensmuster werden unterstrichen. Hatte Grass frühere Bücher vielleicht eher mittels ausgefeilter Leitmotivtechnik zusammengehalten, so gelangt er im ,Butt' in Fortführung der Parallelfigurationen des ,Schneckentagebuches' durch fortwährendes Zurück- und Vorwärtsdeuten zur Integration der Erzählebenen.

Am Leitfaden der ,,neun Monate" 1973/74 soll sich im Kopf des Lesers eine Simultanvorstellung aller Ereignisse herausbilden, wozu nicht zuletzt der nahezu immergleiche Schauplatz Danzig/Weichselniederung beiträgt. ,,Wir sind immer nur zeitweilig gegenwärtig. Uns nagelt kein Datum. Wir sind nicht von heute. Auf unserem Papier findet das meiste gleichzeitig statt" (Bu 156), erläutert Grass sein Erzählverfahren. Hinter der Absage an die Kategorie Zeit verbirgt sich wohl der Protest gegen die herkömmliche ,männliche' Art, Historie zu schreiben. Grass läßt die Zeitdimension offenbar auch in geschichtsphilosophischer Absicht wegschmelzen zugunsten eines großen ,Zugleich' aller Epochen, Figuren und Ereignisse, denn, wie es einmal ausdrücklich heißt, es findet „keine männlich datierte Geschichte mehr statt"; und als utopische Glücksverheißung: „es zählte niemand mehr Zeit" (Bu 280).

Ebenso zielt das Verdünnen der für die historiographische Stoffanordnung unverzichtbaren Kategorie Zeit auf den Märchencharakter des ‚Butt'. Was jetzt „Roman" heißt, sollte ursprünglich den Untertitel „Märchen" tragen. Dazu Grass: „Der Begriff Märchen ist bei uns mit so viel Lieblichkeit und Anheimelndem und Vorgefaßtem besetzt, daß ich diese Formbezeichnung nicht benutzen konnte, es sei denn" – unverhohlenes Mißtrauen gegenüber den Kritikern –, „ich hätte in Kauf genommen, daß man sich mehr über diese Begriffsbestimmung als über das Buch ausgelassen hätte". Er habe, setzte Grass bei dieser Gelegenheit 1977 noch hinzu, „die Märchenform, das ‚Es-war-einmal-Erzählen', von Anfang an benutzt, von der ‚Blechtrommel' angefangen, und halte auch diese spezifisch deutsche Form des Erzählens für eine der Grundlagen unserer Literatur". Für ihn stehe fest, „daß im Märchen in bündiger Form oft mehr Realität eingefangen ist als zum Beispiel im angeblich so tiefschürfenden psychologischen Roman" (Ra 12f.). Dies also ist das poetologische Programm, das Grass erzähltechnisch mit den schon im „ersten Monat" gegenwärtigen zeitaufhebenden Vor- und Rückverweisen zu verwirklichen sucht.

„Im zweiten Monat" rückt auf Köchinnenseite Dorothea von Montau (1346–1394) in den Vordergrund. Damit tritt Grass im Bestreben, die Unsinnigkeit der Schulbuchgeschichte darzutun, ins Licht des historisch Belegten. Dorothea ist eine fanatische Betschwester, ihre Biographie bietet Anlaß, von der Kolonisation des Weichselraumes, vom Deutschritterorden zu sprechen, dann zum Danziger Brand 1945 und zum Film 1974 über den Danziger Wiederaufbau (Grass hat mitgewirkt und berichtet exakt) überzuspringen. Dorothea wird schließlich im Dom zu Marienwerder eingemauert und stirbt nach mehr als einjährigem Ausharren. Als Dorotheas Fall vor dem Tribunal verhandelt wird, räsoniert der Butt über sein damaliges Zusammentreffen mit dieser Nonne und legt auch gegenüber dem Erzähler (der in der Gegenwart allerdings nicht als Zeuge vor dem Tribunal zugelassen wird) nochmals seine zeitenwendende Funktion dar: ,,,Was habe ich nicht alles für dich getan, mein Sohn! Dich deiner Aua entwöhnt. Dir das Metallgießen, Münzprägen, dir das Ertüfteln in sich geschlossener Systeme, das logische Denken beigebracht. Ich habe dein vernünftiges Vaterrecht vor das nur dumpfe Mutterrecht gesetzt'' (Bu 169). Als Parallelgestalt auf dem Tribunal fungiert in diesem Falle die Anklägerin Dr. Sieglinde Huntscha, die Verzahnung der Ebenen wird folgendermaßen sichtbar: ,,Da saß Sieglinde Huntscha wie versiegelt''; und: ,,So war es gewesen, wenn sich vor Dorotheas Blick ein Grauschleier schob; so ist es, wenn Ilsebill, die sonst grünlich guckt, plötzlich ... ihre Optik gegen Glasaugen vertauscht'' (Bu 181) – die Grassche Geschichte des Immergleichen.

Zwischendurch schaltet sich der Erzähler ins fiktive Spiel ein und referiert Teile seiner Autobiographie: ,,Das Tribunal an sich, das ganze Thema überhaupt interessiere mich. Ich sei nicht nur als Autor, sondern auch als Mann betroffen. Und zwar irgendwie schuldhaft''. Und zugleich ein Blick auf die Entstehungsgeschichte des Romans: ,,Anfangs hätte ich nur über neun oder elf Köchinnen eine Art Ernährungsgeschichte schreiben wollen: vom Schwadengras über die Hirse zur Kartoffel. Aber der Butt sei gegengewichtig geworden. Und der Prozeß gegen ihn''. Und wieder zurück zur fiktiven textinternen Funktion des Erzählers: ,,Leider habe man mich als Zeugen nicht zulassen wollen'' (Bu 184f.).

Schließlich behandelt Grass noch die Heiligsprechung der Dorothea; betrieben hat sie in der Gegenwart jener ,,Doktor Stachnik'' (Bu 206ff.), der, als Danziger Lateinlehrer von Grass, bereits in ,Katz und Maus' und ,Hundejahre' Eingang gefunden hatte – durchaus ein Stück autobiographischer Realität, wie sie im ,Butt' erheblich klarer in Erscheinung tritt als in den früheren Büchern.

Der ,,dritte Monat'' präsentiert die Köchin Margarethe

Rusch (1498–1585), auf der Seite der Tribunals entspricht ihr die Beisitzerin Ulla Witzlaff, Berliner Organistin, wohl ein versecktes Porträt der Organistin Ute Grunert, die Grass im Mai 1979 in zweiter Ehe geheiratet hat. Als es vorm Tribunal um die Verhandlung jenes Falles Rusch geht, werden mehrere Attentate auf den in offener Wanne plätschernden Butt verübt, so daß er durch Panzerglas und Gegensprechanlage geschützt werden muß. Gegenwart wird zugeblendet mittels eines ausführlichen Berichtes über die Indienreise von Grass 1975. Über die Assoziationskette Vasco da Gama/ Pfefferimport u. a. für die kochende Rusch/ 14. Jahrhundert wird die Reise etwas mühsam mit dem Romankontext verkittet – zugleich ein Beispiel für die bei aller Integrationstechnik des Erzählverfahrens strekkenweise sehr harte Montage autobiographischen Materials. Einem Lutheraner Hegge beißt Margarethe eine Hode ab, ihr Vater wird als unzünftiger Handwerker wegen eines Aufstandes gegen die Danziger Zünfte hingerichtet – das Motiv der Revolte kehrt auch sonst in anderen Romanabschnitten wieder –, die ,,dicke Gret'' bringt als Rache den Bürgermeister Ferber und den Abt Jeschke aus dem Kloster Oliva mit ihren Mitteln der Erotik und des Kochens zu Tode.

Der ,,vierte Monat'' gilt auf Köchinnenseite der Magd Agnes Kurbiella (1619–1689); am Tribunal ist die Pflichtverteidigerin des Butt, Bettina von Carnow, die Parallelfigur (Bu 326). Der Erzähler, wie immer in allen Männerrollen präsent, übernimmt abwechselnd den Part des Danziger Stadtmalers Möller und des Barockpoeten Martin Opitz. Im Kapitel ,Von der Last böser Zeit' ist ein Danziger Zusammentreffen zwischen Opitz und Andreas Gryphius 1636 geschildert – aus überbordendem Material zu dieser Epoche ging später die Erzählung ,Das Treffen in Telgte' hervor. Vorm Tribunal wird mit dem Fall Kurbiella auch die Vorgeschichte der Magd aufgerollt: Seit einer Vergewaltigung durch schwedische Reiter 1632 ist sie geistesgetrübt, später verbrennt man sie als Hexe.

Als der Butt vor dem Tribunal ein kleines Kolleg über Liebe und Emanzipation hält, ist wiederum Gelegenheit, die Romanklammer der unablässig herbeigezogenen Parallelfälle sichtbar zu machen: Fast alle Köchinnen und Damen des Tribunals müssen herhalten, um das zeitübergreifende Prinzip der Liebe anschaulich werden zu lassen (Bu 339f.) – vorm Auge des Erzählers passieren allerdings auch die Tribunaldamen als zu verbrennende Hexen Revue (Bu 359).

Amanda Woykes (1734–1806) Verdienste werden im „fünften Monat" abgehandelt. Sie ist auf der Königlich-Preußischen Staatsdomäne Zuckau ansässig, wo auch der Alte Fritz auftreten darf; ihr Verdienst besteht darin, in Preußen die Kartoffel durchgesetzt zu haben. Der Erzähler übernimmt wieder den zugehörigen männlichen Part, diesmal den des Domäneninspektors August Romeike. Auf Seiten des Tribunals rückt die Beisitzerin Therese Osslieb in Parallelbeziehung, sie ist Wirtin einer Gaststätte „Ilsebills Schuppen" in Berlin-Kreuzberg. Amanda führt eine „Gesindeküche" und hängt der „Utopie einer weltweit verabreichten westpreußischen Kartoffelsuppe" (Bu 381) nach. Ihre Briefverbindung mit einem „Grafen Rumford" verweist zurück auf den amerikanischen Unabhängigkeitskrieg, an dem jener Graf als Benjamin Thompson teilgenommen hat. Hier ergibt sich nun Gelegenheit, die politische Arbeit von Grass ins Gespräch zu bringen. Gegenüber der Maoistin Ilsebill, die sich beim „Sprung" über einen Wassergraben symbolisch-real den Fuß verstaucht und dennoch vom chinesischen Modell nicht lassen will, vertritt das Erzähler-„Ich" die Schneckenphilosophie der kleinformatigen Vorwärtsbewegung. Wirklichkeitsgetreu schiebt Grass seine Teilnahme am Kongreß in Bièvres vom Februar 1974 (vgl. Bü 178ff.) ein, wo er ‚Sieben Thesen zum Demokratischen Sozialismus' vortrug, wovon er nun als Erzähler auch den ‚Butt'-Leser in Kenntnis setzt (Bu 417ff.).

Das Versorgungsdenken des durch Briefwechsel mit Amanda verbundenen Grafen Rumford erinnert streckenweise an das technokratische Hygienekonzept des Zahnarztes in ‚örtlich betäubt'. Grass nimmt also in diesem Romankapitel die Chance wahr, wenigstens per Reminiszenz an seine politische

Tätigkeit zu erinnern. Die Positionen der Amanda und des Grafen, ebenso aber auch die der Ilsebill und des Erzählers werden in diesem Kapitel aufs Politische zugeschnitten, die Verklammerung des Heterogenen, die Härte des Montageverfahrens vergegenwärtigt den Rollenzwiespalt des Künstlers und Politikers Grass in anschaulicher Weise.

Der „sechste Monat" stellt mehrfach ausführlich die Erzählerpartnerin Ilsebill vor: Beim Kauf von Umstandskleidern in Hamburg (Bu 435 ff.), beim vergeblichen Warten auf Hamburger Gäste und beim Essen in Ilsebills Heim, zu dem die diesmal auf Tribunalseite herausgehobene Beisitzerin und Apothekerin Griselde Dubbertin aus Berlin anreist (Bu 484 ff.). Als Köchin und Gegenstand der Tribunaldiskussionen fungiert die „Immernochjungfrau" Sophie Rotzoll (1784–1849). Der Erzähler ist gegenwärtig als Sophies Liebschaft Friedrich Bartholdy, ein Danziger Gymnasiast, der nach gescheitertem jakobinischen Aufstandsversuch 1797 für 38 Jahre hinter den Mauern der Festung Graudenz verschwindet; ferner als Pastor Blech, ein Geschichtsprofessor, der ein Werk über die Danziger Napoleonzeit schreibt, endlich noch als Napoleons Danzig-Gouverneur, General Rapp. Sophie Rotzoll versucht als Pilzspezialistin – Pilze sind das Hauptnahrungsmittel dieses „Monats" – und preußische Patriotin, den Fremdgouverneur Rapp mittels eines giftpilzgefüllten Kalbskopfes aus dem Weg zu räumen – Gelegenheit für Grass, eine tragisch endende Freßszene vorzuführen (Bu 466 ff.).

In diesem Roman-„Monat" werden auch die Geschehnisse um die richtige Fassung des ‚Butt'-Märchens entwickelt: Im Herbst 1807 treffen sich die Brüder Grimm mit den Dichtern Clemens Brentano und Achim von Arnim, mit Bettina Brentano und dem Maler Philipp Otto Runge in der Försterei des Olivaer Waldes (Bu 438 ff.). Runge bringt den märchensammelnden Brüdern aus Rügen zwei Fassungen des ‚Butt' mit – eine gelangt in die Sammlung, die andere Fassung wird im Walde verbrannt: Damit kann der Erzähler die Ausarbeitung des Romans als Versuch darstellen, die Urfassung des Märchens zu rekonstruieren: ,,Darauf gingen alle ins Haus zurück. Und ich muß nun schreiben und schreiben" (Bu 450).

Ein Essen mit Ilsebill und Griselde Dubbertin wird zum Anlaß, kritisch über den Erzähler sprechen zu lassen, woraus ein angedeutetes Selbstporträt von Grass entsteht. Über seine Kreativität: ,,Dabei kommt ja was raus bei ihm. Wenn auch ironisch und um drei Ecken nur. Den mußt du mal über Natur reden hören. Ist ihm fremd eigentlich. Sieht er als Katastrophe an". Zur politischen Arbeit: Was ihm ,,trotz bester Absicht alles daneben gegangen sei. Und zwar folgerichtig, weil" er sich ,,nicht eindeutig entscheiden könne: immer einerseits andererseits". Seine ,,absurde Ideologiefeindlichkeit sei ja bereits schon wieder" eine ,,Ideologie" (Bu 490). Über ,,Frühprägungen" und ,,Mutterkomplex" wird geeifert: ,,wen jemals die Stallwärme einer dicken Gret umfangen hat, der fürchtet sich immerfort, der sucht umfassende Wärme, und sei es in der chaotischen Küche einer sonst wohltemperierten Organistin" (Bu 491).

Als Fliegenpilze zu wirken beginnen wie Drogen, entwickeln sich halluzinatorische Tischszenen, der Autor bringt nahezu sämtliche Damen aus dem ,Butt' in Erinnerung und zeigt ein weiteres Mal seine erzähltechnischen Spielregeln vor: ,,Alle waren mit allen gedoppelt", lautet die Formel für die Beziehung zwischen Köchinnen und Tribunal; und zum Bestreben simultaner Vergegenwärtigung der Historie: ,,Zeitaufhebende Rede lief", ,,Zeit zahlte sich zurück" (Bu 498f.).

,,Im siebten Monat" geht es um die Volksköchin Lena Stubbe (1848–1942), Tochter eines Ziegeleiarbeiters, tätig in der Danziger Volksküche, als Sozialdemokratin später im KZ Stutthof ermordet. 1896 trifft sie mit dem SPD-Parteivorsitzenden August Bebel zusammen, der jedoch den Druck ihres ,,Proletarischen Kochbuches" von sich weist. Im August 1913 fährt sie zur Beerdigung Bebels nach Zürich. Grass schwenkt erneut aufs Feld seines politischen Engagements über und bespricht den ,,Revisionismusstreit der späten neunziger Jahre". Lena Stubbe wohnt Diskussionen von Rosa Luxemburg und

Robert Michels bei, Grass skizziert einmal mehr den Zusammenhang von „radikalem Bürgerssohn", utopiegläubigen Sozialisten und „radikalen Faschisten" (Bu 560). Im Vordergrund befindet man sich im Mai 1974, so daß Grass den Tod August Bebels und den Rücktritt Willy Brandts als jeweilige Niederlagen für das von ihm verfolgte politische Konzept in Korrespondenz bringen kann (Bu 555 ff.). Die Gesamtkontinuität des Grasschen Schreibens bleibt gewahrt, wenn zu Nazizeiten Oskar Matzerath auftreten darf: „Jener dreijährige Junge, der wütend auf seine Blechtrommel schlug" (Bu 569) ist unweigerlich wieder mit von der Partie (vgl. auch Bu 276, 636, 688). Auf Seiten des Tribunals ist die nur knapp skizzierte Beisitzerin Erika Nöttke erwähnt, sie ist in Wedding Sozialarbeiterin und damit eine zeitgemäße Variante der Lena Stubbe in der Danziger Volksküche.

Weitgehend herausgelöst aus der Romankonstruktion ist der „achte Monat": Dr. Sybille Miehlau, eine Lesbierin, macht mit drei Freundinnen, darunter Dr. Ursula Schönherr vom Feministischen Tribunal, am Vatertag 1963 einen Ausflug in den Berliner Grunewald. Dort wird sie nach grotesken Ausflugsepisoden von Motorradrockern vergewaltigt und zu Tode gefahren. Mit dem Erzähler-„Ich" hatte sie früher ein Verhältnis, aus dem eine Tochter hervorging. Neben dieser ‚Tochter' gibt es aber noch andere Hinweise auf die Verklammerung der Vatertagsepisode mit dem Romankontext: auf die Vergewaltigung der Agnes Kurbiella im „vierten Monat", auf die „Urgroßmutter" (Bu 586) Stubbe, auf das Ilsebill-Märchen (Bu 612 ff.).

Grass orientiert sich in diesem Romanabschnitt erzähltechnisch an Mitteln des Films („Billy in einem Film, der Vatertag heißt", Bu 595): kurze Schnitte, Rückblenden, rascher Perspektivenwechsel. Aufs ganze gesehen führt dieser gleichsam exterritoriale Erzählabsatz (kein Tribunal, keine wechselnden Erzählerrollen, keine Ilsebill) doch wieder zum Gesamtthema hin: Billy und ihre Freundinnen verkörpern im Bemühen, die Männer überflüssig zu machen, eine besonders radikal überspitzte

Form des Feminismus. Sie eignen sich männliche Leitbilder an und schlüpfen in satirisch überspannter Weise in das männliche Rollensystem bis hin zum Urinieren und Koitieren per Kunststoffpenis. Der Zusammenbruch des männlichen wie des weiblichen Verhaltensschemas wird auf die Spitze getrieben: ,,Vor der Geschichte" meint eine der Ausflüglerinnen, ,,die unsere Sache, die einzig Männersache gewesen ist, sind wir gescheitert. Oder politisch gesprochen: Wir verwalten nur noch die Konkursmasse" (Bu 608). Das Vatertagskapitel ist insgesamt ein Fremdeinschub, der dennoch die großen Linien des Romans in variierter Form weiterführt. Literarhistorisch wäre an das Modell von Goethes ‚Wilhelm Meisters Lehrjahre' zu denken, wo im sechsten Buch ‚Bekenntnisse einer schönen Seele' das Bildungsproblem gleichfalls zwar von ganz anderer Seite, aber trotzdem in Übereinstimmung mit der Zentralthematik aufgenommen wird.

,,Im neunten Monat" hält der Butt vor dem Tribunal seine Schlußansprache (Bu 655 ff.). ,,Die Geschichte will weiblich geprägt werden. Zeitenwende!" (Bu 662) propagiert er. Bevor es jedoch zum abschließenden Urteil kommt, ist noch der Fall Maria Kuczorra zu verhandeln, Köchin auf der Lenin-Werft zu Gdansk. Ihr Mann Jan Ludkowski wird im Dezember 1970 bei einem Streik von polnischer Miliz erschossen. Der Erzähler tritt auf als Halbcousin jener Maria, er hat zum Schluß auch sexuelle Beziehungen mit ihr. Ein großes Buttessen als Finale stellt nochmals alle Frauen auf Köchinnen- und Tribunalseite teils in der Erinnerung, teils gegenwärtig vor. Nach heftigem Fraktionsdisput wird der Originalbutt zur dänischen Insel Møn geschafft und dort, gegenüber von Rügen, dem Herkunftsort des Runge-Märchens, ausgesetzt. Möglicherweise führt er jetzt ein neues Frauenzeitalter herauf und wird ,,fortan nur noch die Frauensache" beraten (Bu 664). Ilsebill gebiert das vom Erzähler empfangene Kind, eine Tochter. Drei Monate danach begibt sich der Erzähler, wie damals Grass im September 1974, zu Filmaufnahmen über die Rekonstruktion der Stadt nach Danzig. Maria Kuczorra steigt am Romanende ins Ostseewasser, der Butt springt ihr in die Arme und berät sie: ein erster Schritt ins nunmehr anhebende Weltalter der Frau?

Wie immer wieder hervorgehoben, ist der Roman trotz heterogener Einschübe (Indienreise, Revisionismusdisput, Vatertagsepisode, Danziger Filmaufnahmen) mit äußerster Sorgfalt durchkonstruiert. Als Hauptbindeglieder wären nochmals zu nennen: die Figurenparallelen zwischen Köchinnen und Tribunal, die Dauerpräsenz des Erzählers in nahezu allen Männerrollen, wobei auch die berufliche Tätigkeit zu erwähnen bleibt; stets herrschen bildnerische oder künstlerische Interessen vor: Als Töpfer und Schnitzer, Maler, Schreiber und Historiograph, auch als Dichter tritt er auf. Ebenso läßt Grass viele weibliche Figuren immer wieder als Reinkarnationen jener zentralen Erzähler-Partnerin Ilsebill agieren. Zu erwähnen wäre auch das Verwandtschaftsmotiv: Verwandt sind zahlreiche Köchinnen untereinander, verwandt ist der Erzähler mit Maria Kuczorra, ja ganz grundsätzlich heißt es: ,,Schließlich sind wir Kaschuben alle über paar Feldwege miteinander verwandt" (Bu 636).

Als weitere konstruktive Klammern blieben zu nennen: In vielen der ,,Monate" kommt es zu Aufständen: Erhebungen von Zünften und Handwerkern, US-Befreiungskrieg, Gymnasiastenrevolte, Streiks auf den immergleichen Danziger Werften. Anderes tritt hinzu: In jedem ,,Monat" wird mindestens einmal getafelt; nahezu alle Köchinnen gebären dem Erzähler im jeweiligen Zeitalter Töchter. Zudem ist den meisten ,,Monaten" eine Essens- oder Ernährungsform schwerpunktartig zugeordnet: Buchweizen, Hirse, Kartoffeln, Wruken, Fisch, Pilze, Kohl usw. Eingeschobene Gedichte verklammern zusätzlich die Erzählteile, Namen werden durchs ganze Buch hindurchgewoben, vor allem der immer auftauchende ,,Lud" (zum Gedenken an den verstorbenen Grass-Freund Ludwig Gabriel Schrieber, Bu 629 ff.).

Bei der Kritik fand dieses weitgespannte und dabei doch sorgfältig durchgearbeitete Buch überwiegend Zustimmung; der Verkaufserfolg (von 1977 bis 1979 ca. 450 000 Exemplare der Erstausgabe, Reinerlös für Grass ca. drei Millionen Mark) ließ alles Vergleichbare auf dem Markt anspruchsvoller Belletristik hinter sich. Plastik und Einfallsreichtum des Romans konnten ernsthaft nicht infrage gestellt werden; ob allerdings das ideelle Konzept des ‚Butt‘ sich als tragfähig erweist, bleibt abzuwarten. Der Grassche Ehrgeiz, über ein belletristisches Werk Denkanstöße zu vermitteln in Richtung einer Aufarbeitung bislang verdrängter Geschichtsfragen – Ernährung, Anteil der Frauen an der Geschichte – scheint zunächst keine Resonanz zu finden. Ob der ‚Butt‘ über die Fiktion hinaus Anregungen vermittelt, etwa in den Bereich der Historie hinein, wie dies bei der ‚Blechtrommel‘ als Gegenentwurf zur offiziell verdrängten Nazi-Geschichte zweifellos der Fall war, steht dahin.

Einwände gegen den ‚Butt‘ gab es vor allem vom feministischen und vom politischen Standpunkt aus. So schrieb Marieluise Janssen-Jurreit in der Zürcher ‚Weltwoche‘: ‚‚ ‚Der Butt‘ ist unter dem Anspruch, ein frauenfreundliches Buch zu sein, ein extrem frauenfeindliches, uneinsichtiges Buch, das nicht auf Analyse, Aufklärung, sondern auf Schauereffekte setzt und bürgerliches Publikum durch neue Tabubrüche faszinieren will. Vitalitätsprotzerei, grobianische Sprache, Furzen und Rülpsen, das ganze Panoptikum einer vorindustriellen Welt wirken wie eine Zirkusvorstellung, nicht wie eine geschichtliche Bilanz der Geschlechterbeziehung‘‘. Demgegenüber bliebe doch anzumerken, daß Grass durchaus den Zusammenbruch männlichkeitsgeprägter Leitbilder und Werthaltungen miterzählt: Es gibt genug Szenen männlicher Impotenz und Verunsicherung, auch wenn der ironische Tonfall als Gegengewicht funktionieren mag. Ebenso spricht der offenbar bis in jedes Detail autobiographische Hintergrund des Romans keineswegs für ungebrochenes Durchsetzungsvermögen des männlichen Prinzips. Das Scheitern des Grasschen Familien- und Ehelebens läßt sich unschwer aus dem Roman herauslesen, der ‚‚Zusammenbruch des eigenen Selbstbildes‘‘ (TK 27) den die Kritikerin vermißt, ist mit nahezu exhibitionistischer Eindringlichkeit übermittelt. Daß Grass sich nicht auf entschieden feministische

Positionen zurückzuziehen vermag, ist ihm kaum vorzuwerfen.

Hartmut Schulze monierte in ‚Literatur Konkret‘ den publizistischen Rummel um den ‚Butt‘ (z. B. 4000 Vorausexemplare für die Kritiker) und argumentierte im wesentlichen politisch: ,,Günter Grass ist mit der ‚Schnecke‘ stehen geblieben, mit dem ‚Butt‘ wurde er selber restaurativ, politisch und literarisch, so restaurativ wie diese Zeit‘‘. Der ‚Butt‘ sei ,,*der* Roman der postbrandt’schen siebziger Jahre, weitschweifig im Ausdruck einer enttäuschten Hoffnung, weil sie geschichtslos unmaterialistisch war‘‘.[53] Dieser Vorwurf gegen Grass ist allerdings älteren Datums, er stammt aus den späten sechziger Jahren, als man Grass regelmäßig Theoriedefizit und mangelnde Perspektivik vorzuhalten pflegte. Schulzes Einstufung des ‚Butt‘ als des repräsentativen Romans der ,,siebziger Jahre‘‘ nach der Ära Willy Brandt dürfte sich, ob ablehnend, ob zustimmend gemeint, als stichhaltig erweisen.

Im Mai 1978 begründete Grass aus den Einnahmen, die ihm der ‚Butt‘ beschert hatte, eine unter der Schutzherrschaft der Berliner Akademie der Künste stehende Stiftung Alfred-Döblin Preis. Die Begründung lautet folgendermaßen: ,,Ich habe mit dem ‚Butt‘ mehr Geld verdient, als ich für mich persönlich benötige. Ich sehe nicht ein, daß ich mich durch einen Bucherfolg etwa zwingen oder verführen lassen sollte, meinen Lebensstil zu ändern. Ein Rolls-Royce, da ich nicht Auto fahren kann notwendigerweise mit Chauffeur, käme mir über die Maßen lächerlich vor‘‘ (ZEIT vom 12. Mai 1978). Vom eingebrachten Stiftungskapital (200 000 Mark) soll ein jährlicher Preis verliehen werden.

Kurz danach hielt Grass bei der Eröffnung der Marbacher ‚Döblin-Ausstellung‘ eine Rede, in der er ein weiteres Mal diesem visionären Schriftsteller seine Reverenz erwies. Stand bei der Döblinrede von 1967 dessen ‚Wallenstein‘ im Vordergrund, so bezog sich Grass diesmal im Zusammenhang mit einer eigenen Asienreise auf Döblins ‚Berge, Meere und Giganten‘. Besonders die Stadtprobleme von Tokio und Bombay sah Grass in den Döblinschen Utopien vorausentworfen (ZEIT, 16. 6. 1978). Die Döblin-Tradition, in die Grass sich immer wieder hineingestellt hat, ist zwar an der Reißbrett-Konstruktion des ‚Butt‘ nicht unmittelbar auszumachen; dennoch bleibt sie für Grass offenbar lebendig und zukunftsträchtig.

‚Das Treffen in Telgte‘ (1979)

Diese „Erzählung" von 1979 entstand, was die stoffliche Seite angeht, als Nachspiel zu den Barockpassagen des ‚Butt‘. Die Fülle des Materials, die im ‚Butt‘-Kapitel „Von der Last böser Zeit" zu dem Danziger Treffen zwischen Martin Opitz und Andreas Gryphius offenbar zur Verfügung stand, schien eine Weiterverwendung nahezulegen.

Aus Anlaß von Hans Werner Richters 70. Geburtstag im November 1978 hat Grass diesen Erzählfaden fortgesponnen zur Darstellung eines barocken Dichtersymposions zu Ehren des Gründers der ‚Gruppe 47‘. Das Treffen deutscher Nachkriegsliteraten 1947 unter der Regie von Hans Werner Richter nahm Grass (der erst seit 1955 zur Gruppe gestoßen war) zum Anlaß, 300 Jahre zurückzugreifen, sich zurückzuphantasieren und dabei nachzudenken über Kontinuität und Geschichtsbruch, nicht nur im Hinblick auf deutsche Dichtkunst und ihre Schöpfer, sondern auch in Beziehung auf die nationale Historie mit ihren immergleichen Katastrophen.

Grass hat stets in besonderem Maße an der ‚Gruppe 47‘ gehangen, verdankt er ihr doch die Startbasis für seine später weitreichenden Erfolge. Noch 1979 meinte er geradezu nostalgisch: „die Gruppe wird fehlen. Ich bin immer dagegen gewesen, ihre Arbeit einzustellen". Das Ende der Gruppe 1967 in Zusammenhang mit Studentenprotesten bedauert Grass noch immer: „Den jungen Autoren fehlt das jetzt. Und der Kritik fehlt es auch. Es war in einem Land ohne Hauptstadt, bestehend aus Provinzen, notwendig, zumindest einmal im Jahr so etwas wie eine literarische Ersatzhauptstadt zu konstituieren" (SP 14/79, 222). Damit ist angezeigt, daß die Gruppe eine Aufgabe wahrnahm, die letztlich in der territorialen Zerrissenheit Deutschlands begründet lag, sich also durchaus in historische Zeiten zurückprojizieren ließ.

Hans Werner Richter hat die Entstehung der ‚Gruppe 47' beschrieben: Sie kam zustande aus dem Protest der aus dem Kriege zurückkehrenden Schriftstellergeneration gegen den reaktionären Ästhetizismus damals tonangebender Literaturkreise. ,,Das Schloß in Altenbeuren", so beschrieb Richter den Kunstbetrieb, gegen den er mit seiner Gruppe alsbald Front machte, ,,gehörte einer Gräfin Degenhardt, eine ehemalige Freundin von Hugo von Hofmannsthal. Das war Tradition genug: eine gepflegte ästhetische Tradition. Dazu, ein Freund des Hauses: Rudolf Alexander Schröder. Hier waren die ‚Dichter' zu Hause, ein Wort, das die Jungen ablehnten. Zu viele ‚Dichter' hatten das besungen, was den großen ‚Orlog', wie sie es nannten, ausgelöst hatte. Nein, es bestand kein Verständnis für Dichterlesungen bei weihevoller Stille und Kerzenschein. Man wünschte sich etwas anderes: Kritik, Auseinandersetzungen, Unruhe".

So kam es im Sommer 1947 zur Ausrufung einer Gegengruppe: ,,Es war Abend, ein Juniabend, der eine laue Nacht ankündigte. Wir saßen auf dem Rasen vor dem Schloß unter einem Baum, der seine Blüten gerade abgeworfen hatte. Um mich herum ein paar junge Leute, die aus ihren Arbeiten oder besser aus ihren Versuchen gelesen hatten. Die meisten waren unzufrieden mit dem Verlauf der Tagung. Nein, das, was sie gehört hatten, war nicht das, was sie sich unter Literatur vorstellten, einer neuen Literatur, einer Literatur der Gegenwart". Daraufhin ergriff Richter die Initiative: ,, ‚Ich lade ein, und wir alle treffen uns irgendwo.' Alle stimmten zu, das wäre eine gute Idee, sagten sie, nur müsse man es anders machen als hier, ganz anders".[54] So kam es schließlich zum ersten Treffen in Bannwaldsee bei Füssen. Die Entstehungsgeschichte der ‚Gruppe 47' ist deswegen heranzuziehen, weil Grass Richters

Erinnerungen gewiß benutzt und von der damaligen Aufbruchsstimmung manches in seine Erzählung hinübergenommen hat. Auf die Ablehnung der alt-konservativen, politisch kompromittierten Dichtergarde wird einmal ausdrücklich angespielt: ,,denn das fürstliche Gönnergeschrantz, dem nur an Huldigungspoemen und vorbestellten Trauercarmina gelegen war, blieb ohne Einladung" (Te 25).

Grass versetzt die Barockdichter des Sommers 1647 in den westfälischen Wallfahrtsort Telgte am Emsufer zwischen Münster und Osnabrück; dort trifft man sich für drei Tage. ,,Gestern wird sein, was morgen gewesen ist. Unsere Geschichten von heute müssen sich nicht jetzt zugetragen haben. Diese fing vor mehr als dreihundert Jahren an. Andere Geschichten auch. So lang rührt jede Geschichte her, die in Deutschland handelt" (Te 7), so eröffnet Grass seine Erzählung und steckt damit von Anfang an die Kontinuitätsbeziehung von einst und jetzt ab. Ein einziges Mal nur stellt sich die von ‚Schneckentagebuch' und ‚Butt' her so geläufige Identität von Autor und Erzähler ein: ,,Was in Telgte begann, schreibe ich auf, weil ein Freund, der im siebenundvierzigsten Jahr unseres Jahrhunderts seinesgleichen um sich versammelt hat, seinen 70. Geburtstag feiern will; dabei ist er älter, viel älter – und wir, seine gegenwärtigen Freunde, sind mit ihm alle aschgrau von dazumal" (Te 7).

Das Szepter in Telgte schwingt, als genialer Organisator, kluger Vermittler, geschickter Arrangeur und ausgleichendes Temperament, wie in späteren Zeiten Hans Werner Richter, so in tiefer barocker Vergangenheit der Schriftsteller Simon Dach – ein sprechender Name gleich dem des späteren Initiators, worauf Grass gelegentlich anspielt (Te 27). Nur diese Figur ist also dem lebenden Freund nachgestaltet, ansonsten scheint es Grass darauf anzukommen, die Spuren zu verwischen, um sich vom Verdacht freizuhalten, hier lege er eine beziehungsvolle Schlüsselerzählung vor.

Die Parallelen zwischen beiden Zeitläuften ergeben sich vielmehr beiläufig, unaufdringlich. Damals wie später: ein verwüstetes, vom Kriege geschundenes, aufgeteiltes Land, in dem fremde Besatzungstruppen verständnislos herumwirtschaften. Ein Friedensschluß steht bevor, ist aber noch nicht ausgehandelt – Münster 1648 und der nach 1945 niemals formell erlangte Friede entsprechen sich ebenso wie die bange Hoffnung der zusammengetroffenen Dichter auf Besserung und Beruhigung der allseits zerrütteten Zustände. Und stets ist da auch der immergrüne, ewig neu enttäuschte Glaube, die Literatur könne, gerade während Krisenzeiten, in die Wirklichkeit steuernd und richtungsgebietend eingreifen: ,,Schließlich war man wer. Wo alles wüst lag, glänzten einzig die Wörter. Und wo sich die Fürsten erniedrigt hatten, fiel den Dichtern Ansehen zu. Ihnen, und nicht den Mächtigen, war Unsterblichkeit sicher" (Te 26). Simon Dach deutet in einleitender Ansprache die historische Parallele an: ,,Wo laß ich, Deutschland, dich? Du bist durch Beut vnd morden bald dreissig Jahr her nun dein Hencker selbst geworden" (Te 27).

Drei Tage also eine vom Krieg umdrohte Idylle im Brückenhof zu Telgte. Neben Lesungen, Kritiken, Stellungnahmen zu den Vorfällen der großen Politik geht es immer erneut um die Sprache, auch dies eine Parallele zwischen beiden Zeitaltern. Zur Barockzeit: ,,weil die Deutschen den fremdländischen Horden das Vaterland preisgegeben und die Fremden sich Deutschland zum Tummelplatz erkoren hätten, so daß es nun zerstückt liege ... Einzig die Dichter ... wüßten noch, was deutsch zu nennen sich lohne. Sie hätten ,mit vielen heißen Seufftzern und Zähren' die deutsche Sprache als letztes Band geknüpft. Sie seien das andere, das wahrhaftige Deutschland" (Te 92). Im Anschluß an die barocken Sprachpflegegesellschaften wird in Telgte vielfach über Sprache gestritten: ,,Was sie zerstört habe und woran sie gesunden könne"; ferner, ,,was als Hochdeutsch gelten dürfe und welchen Wert man den Mundarten beimessen solle" (Te 31 f.), der ,,allgemeine Ärger über die Verhunzung der deutschen Sprache" (Te 38) macht sich immer wieder Luft.

Dahinter scheint sehr deutlich die 1947er Nachkriegssituation durch. So hatte Richter erinnernd hervorgehoben: ,,Und die Sprache, diese gebeutelte und verdorbene Sprache, es war keine ‚Dichtersprache' mehr". Was man 1947 anstreben mußte, war: „Eine neue andere Sprache, weg von der Propagandasprache des Dritten Reiches und weg von der Sprache der inneren Emigration, die jemand später die ‚Sklavensprache' nannte". Fast schon im Barocktonfall: „Das Wort mußte wieder seinen Sinn bekommen, die Sprache wieder ursprünglich und frei von allen Verschnörkelungen werden".[55] Grass arbeitet also sehr bewußt und pointiert die Parallelsituation der jeweiligen Nachkriegszeiten heraus.

Die in 23 Abschnitte gegliederte Erzählung beginnt mit der Anreise der Barockpoeten aus allen Teilen Deutschlands, Weckherlin kommt gar aus London, der Komponist Heinrich Schütz aus Italien (man könnte eine Anspielung auf H. W. Henze vermuten, der gelegentlich an Tagungen der ‚Gruppe 47' teilnahm). Von zentraler Wichtigkeit ist von Anbeginn Christoffel Gelnhausen, der spätere Verfasser des großen ‚Simplicissimus'-Romans. Er läßt als kühner Haudegen zunächst einmal mit „einem Kommando kaiserlicher Reiter und Musketiere" (Te 11) die Tagesstätte räumen, um Quartier für die Dichter zu machen. Simon Dach, „dessen breitgelagertes Gemüt mit rundum verschenkter Wärme den Kreis eines solchen Treffens geräumig genug machte" (Te 25), präsidiert und legt die Spielregeln fest. Nach Gebet und einleitender Rede versammelt man sich in der „Großen Diele", der Vortragende nimmt Platz auf einem „Schemel": „Jeder Lesung schloß sachliche, nun ganz beim Text bleibende und nicht mehr theoretisch auswuchernde Kritik an" (Te 99). Zur Debatte stehen einzelne Werke, Gattungsfragen, Spottlieder und Trauercarmina, Gesprächsspiele und Schäferromane, Tragisches wie Hervorbringungen der leichten Muse. Kritiker mäkeln, Verleger wittern Geschäfte, Fraktionen entstehen, infantil angehauchte Streitereien werden vom Zaun gebrochen, Kürbishütte, Pegnitzschäfer, Fruchtbringender Palmenorden und Aufrichtige Tannengesellschaft gruppieren sich.

Die Freuden von Tisch und Bett fehlen auch diesmal nicht: Der zweite Tag des Treffens beschert eines jener Gelage, wie

Grass sie im ‚Butt‘ präsentierte, jugendliche Dichter und Studenten ziehen sich mit den Mägden aufs Stroh der Dachböden zurück – ‚Telgte‘ ist Nachspiel zum ‚Butt‘, wie zu Beginn der sechziger Jahre ‚Katz und Maus‘ Nebenprodukt der großräumigen Romane der ‚Danziger Trilogie‘ war.

Am letzten Tag versuchen sich die Barockdichter mit einem politischen Manifest: ,,Wieder einmal war den Poeten nichts gewisser als ihre Ohnmacht und ihre mangelnde Kenntnis der politischen Kräfte. Denn als nun (wider Erwarten) der alte Weckherlin zur Rede bereit stand, sprach jemand zu ihnen, der sich als einziger ihrer Versammlung politisch in Kenntnis gesetzt, am Kräftespiel beteiligt, Macht gekostet, die Gewichte ein wenig verschoben und dabei verbraucht hatte‘‘ (Te 169). Hier schmuggelt Grass ohne Frage ein behutsam angedeutetes Selbstporträt mit ein, das Resignation zu erkennen gibt, auch politisch, und sich insofern der melancholischen Tonlage dieser Erzählung fügt. Das Manifest kommt letztlich nicht zustande, denn ein plötzlich ausbrechendes Feuer zerstört die Lokalität und treibt die Poeten auseinander: ,,Keiner ging uns verloren. Alle kamen wir an. Doch hat uns in jenem Jahrhundert nie wieder jemand in Telgte oder an anderem Ort versammelt. Ich weiß, wie sehr uns weitere Treffen gefehlt haben‘‘ (Te 181), so schlägt der Erzähler abschließend erneut die Brücke zur Gegenwart.

Stilistisch fällt das Vorherrschen der indirekten Rede auf. Dadurch werden die Wechselgespräche der Poeten transparent und lassen einen Hintergrund von Trauer, gescheiterten Möglichkeiten, Irrealem, fehlschlagender Hoffnung durchscheinen – die Beziehung zur religiös motivierten barocken ‚vanitas‘ liegt auf der Hand. Als Hinweis auf den Erzählton vielleicht eine Bemerkung über eine der gewichtigeren Figuren: ,,Einzig von Gryphius, dem Meister der Düsternis, ging Frohsinn aus. Ihm war solche Stimmung üblich. Gelassen hielt er im Chaos stand. Sein Begriff menschlicher Ordnung fußte auf Trug und Vergeblichkeit‘‘ (Te 128).

Eine ähnliche Haltung prägt die Erzählerposition dieses Werkes. Der Erzähler stellt sich dar als ein „Ich", das überall dabei ist und doch Abstand wahrt: „Woher ich das alles weiß? Ich saß dazwischen, war dabei ... Wer ich wirklich gewesen bin? ... Als wer auch immer, ich wußte", und nun folgen Details von den Münsteraner Friedensverhandlungen: „Ich wußte sogar, was niemand sonst wußte ... Ich hätte weinen mögen über den Schacher, aber ich lachte, weil ich dabei sein, dazwischensein durfte" (Te 114 f.). Der Erzähler, teils allwissend, teils sich selbst infragestellend, wird nicht faßbar, sein Rückzug in die Anonymität mag jene ‚vanitas'-Tonlage unterstreichen, auf die hin die ganze Erzählung komponiert ist.

Die besondere Sympathie von Grass gilt dem „Stoffel", dem „Gelnhausen", dem Romancier Grimmelshausen, auf dessen späteren ‚Simplicissimus' häufig verwiesen ist. „Libuschka" ist die Wirtin zu Telgte, später wird sie als „Landstörzerin Courage" und anderweitig in Grimmelhausens Werk auftauchen. Einmal will das Erzähler-„Ich" gar „für den Stoffel sprechen" (Te 156) – die besondere Sympathie, die Grass häufiger für die simplicianische Erzähltradition bezeugt hat, tritt hier wohl unmittelbar vor Augen.

‚Das Treffen in Telgte' fand bei der Kritik überwiegend freundliche Zustimmung. Fritz J. Raddatz meinte in der ZEIT: „Die Perfektion dieses schmalen Bändchens ist schlechterdings bewundernswert" und unterstrich den unphilologischen Charakter des Buches: „Grass hat ein nahezu unübersichtliches Material nahezu mühelos geordnet, die Arbeit vieler schwitzender Germanistikseminare spielerisch bewältigt" (30. 3. 1979). Rolf Schneider versuchte im SPIEGEL entgegen der Grasschen Beteuerung, eine Schlüsselerzählung liege nicht vor, Personenparallelen sichtbar zu machen: „man überlegt, ob in dem bärbeißigen Magister Buchner Reich-Ranicki wohnt und ob der zarte Birken eher Walser oder Enzensberger sei. In Gryphius, auch Gryf genannt, schien mir Böll versteckt. Mit Georg Greflinger aber, der nach fleißigem Alexandriner-Machen gen Hamburg zieht, dort ein Wochenblatt herauszugeben, ist unabweislich Gruppe–47–Gast Rudolf Augstein gemeint" (SP 14/

79, 219). Reinhard Baumgart hingegen monierte in der ‚Süddeutschen Zeitung' mit letztlich altbekannter, gegen Grass immer schon vorgetragener Argumentation: ,,Ganz gleich, wie man diesen Ton und seine Botschaft nennen will – patriarchalisch, altlutherisch, prälatenhaft –, in ihm jedenfalls wird neokonservativer Zeitgeist zurückübersetzt in altfromme Zeitgeistlichkeit" (5./6. Mai 1979). Der Konservativismus-Vorwurf gehört seit Mitte der sechziger Jahre zu den stehenden rhetorischen Figuren der Grass-Kritik, ständige Wiederholung macht ihn nicht stichhaltiger. Grass wird immer wieder eingeholt von dem Bild, das die bundesdeutsche Gesellschaft sich von ihm gemacht hat – dem nämlich eines politischen Autors. Indessen wird auch künftig zu fragen bleiben, ob ein Schriftsteller schon deshalb nach politischen Kriterien beurteilt werden darf, weil er selbst politisch gearbeitet hat. Das Grasssche Lebenswerk ist komplex, da auf vielen Ebenen angesiedelt. Einen Bereich, den politischen etwa, herauszugreifen und ihn auf andere Sektoren zu übertragen, bedarf behutsamer Methodenreflexion. Bei Martin Walser, Max Frisch oder Uwe Johnson käme es niemandem in den Sinn, fortwährend den politischen Standort des jeweiligen Autors festzustellen und zu bewerten. Das durchaus gewichtige graphische Œuvre von Grass etwa entzieht sich jeder politischen Einordnung. Auch auf dem Felde der Literatur empfiehlt sich Zurückhaltung, gerade für diejenigen, die mit der Rolle nicht einverstanden sind, die Grass in der bundesrepublikanischen politischen Öffentlichkeit gespielt hat und noch immer spielt.

X. Anmerkungen

Genauere bibliographische Angaben siehe Literaturhinweise

1 Zur Herausbildung des Images von Grass in der Kritik vgl. die rezeptionskritische Studie F. J. Görtz: Günter Grass. Zur Pathogenese eines Markenbildes, Meisenheim 1978. Zum Mißbrauch, den eine allzu willfährige Kritik vor allem mit dem ‚Kaschubischen' getrieben hat, vgl. ‚Das Wappentier der Republik', a. a. O., S. 48 ff.

2 Dieses Gedicht muß zitiert werden nach Günter Grass: Gesammelte Gedichte, Neuwied/Berlin 1971 (Sammlung Luchterhand 34) S. 19. Es fehlt im leicht veränderten Nachdruck der ‚Vorzüge der Windhühner' (^{2}1977), nach dem sonst zitiert wird.

3 Karl Krolow: Günter Grass in seinen Gedichten. In: Manfred Jurgensen (Hg.): Grass. Kritik – Thesen – Analysen, Bern/München 1973, S. 12 f.

4 Peter Rühmkorf: Die Jahre die Ihr kennt. Anfälle und Erinnerungen, Reinbek 1972, S. 107.

5 Zitiert nach Kurt Wolff: Briefwechsel eines Verlegers 1911–1963, Frankfurt 1966, S. 37.

6 Rühmkorf: a. a. O., S. 107 ff.

7 Zur Beziehung zwischen Gottfried Benn und Grass vergl. Hanspeter Brode: Die Zeitgeschichte im erzählenden Werk von Günter Grass. Versuch einer Deutung der ‚Blechtrommel' und der ‚Danziger Trilogie', Frankfurt/Bern 1977, S. 53 ff. Ferner auch Michael Harscheidt: Günter Grass: Wort – Zahl – Gott. Der ‚phantastische Realismus' in den Hundejahren, Bonn 1976, vor allem S. 524 f.

8 Die Äußerung stammt aus einem Gespräch von Grass mit dem ‚Generalanzeiger für Bonn und Umgebung' vom 18. 10. 1963 (‚Bild eines Bestseller-Autors').

9 Max Frisch: Tagebuch 1966–1971, Frankfurt 1972, S. 326.

10 Günter Grass: Die bösen Köche. Ein Drama in fünf Akten. Mit fünf Reproduktionen nach Radierungen des Autors und einem Nachwort von H. L. Arnold, Stuttgart 1978 (Reclam RUB 9883). Das Nachwort von Arnold gibt Hinweise zur Rezeption

und Deutung des Theaterstückes. Zu den ‚Bösen Köchen' vgl. ferner Peter Spycher: Die bösen Köche von Günter Grass – ein ‚absurdes' Drama? In: Rolf Geißler (Hg.): Günter Grass – ein Materialienbuch, Darmstadt/Neuwied 1976, S. 33 ff. Spycher untersucht Elemente des absurden Theaters im Grass-Stück, gelangt jedoch zu keiner definitiven Zuordnung.

11 Gespräch mit der ‚Frankfurter Neuen Presse' vom 14. November 1959 („Sein Zwerg haut auf die Trommel').

12 Diesen Interpretationsansatz suche ich zu entfalten in meinem in Anm. 7 genannten Buch. Vgl. ferner meinen Aufsatz H. B.: Die Zeitgeschichte in der ‚Blechtrommel' von Günter Grass. Entwurf eines textinternen Kommunikationsmodells. In: R. Geißler (Hg.): Grass-Materialienbuch, S. 86–114.

13 Gespräch mit ‚Frankfurter Neue Presse', siehe Anm. 11.

14 Vgl. hierzu die Analyse von Mitglied- und Wählerschaft der NSDAP bei Martin Broszat: Der Staat Hitlers. Grundlegung und Entwicklung seiner inneren Verfassung, München 1969 (dtv-Taschenbuch), S. 50 ff.

15 Diese Formel, der sich aus der Grass-Sekundärliteratur zahllose sinnentsprechende an die Seite stellen ließen, stammt aus Hans Mayers Studie: Felix Krull und Oskar Matzerath. In: Das Geschehen und das Schweigen. Aspekte der Literatur, Frankfurt 1969 (Edition Suhrkamp), S. 39.

16 Hermann Rauschning: Gespräche mit Hitler, Wien 1973 (Nachdruck der Ausgabe von 1940), S. 34. In seinen Tischgesprächen erzählte Hitler, „daß er das Danziger Stadtwappen auf seinen Manschettenknöpfen habe und diese trage, seitdem er einst den Schwur getan, Danzig heimzuholen ins Reich" (H. Picker: Hitlers Tischgespräche im Führerhauptquartier 1941–1942, hg. v. A. Hillgruber, München 1968, dtv-Taschenbuch, S. 136).

17 C. J. Burckhardt: Meine Danziger Mission 1937–1939, München 1962 (dtv-Taschenbuch), S. 262.

18 Zitiert nach Burckhardt: Danziger Mission, S. 24.

19 A. Bullock: Hitler. Eine Studie über Tyrannei, Frankfurt 1964 (Fischer-Taschenbuch), Bd. 2, S. 526.

20 A. und M. Mitscherlich: Die Unfähigkeit zu trauern. Grundlagen kollektiven Verhaltens, München 1967. Mitscherlichs Analysen decken sich in vielen Punkten mit dem, was Grass essayistisch und erzählerisch zum Thema Geschichtsverdrängung vor-

gebracht hat. Vgl. dazu auch die Zustimmung von Grass zu Mitscherlich in: Bü 202, ferner den Hinweis in: ‚Aus dem Tagebuch einer Schnecke‘, Ta 359 (siehe Siglenverzeichnis).

21 Mitscherlich: Unfähigkeit, S. 10.

22 Vgl. dazu mein in Anm. 7 genanntes Buch, vor allem S. 94 ff.

23 Manfred/Barbara Grunert (Hg.): Wie stehen Sie dazu? Jugend fragt Prominente, München/Bern 1967, S. 83.

24 Zitiert nach K. L. Tank: günter grass, Berlin 1965, S. 49.

25 Zur romaninternen Rolle der Maria vgl. meinen Aufsatz im Grass-Materialienbuch (siehe Anm. 12), vor allem S. 104 ff.

26 Mitscherlich: Unfähigkeit, S. 9 und 40.

27 A. Hitler: Mein Kampf, München 1939 (424.–428. Auflg.), S. 15.

28 Aus Hitlers Schlußrede, zit. nach A. Bullock: Hitler, Bd. 2, S. 114.

29 Zitiert nach A. Schöne: Über politische Lyrik im 20. Jahrhundert, Göttingen 1965 (Kleine Vandenhoek-Reihe), S. 4. Zur Popularität der ‚‚Trommler‘-Bezeichnung vgl. auch zahlreiche Gedichte Brechts, so etwa das von 1937 ‚Beginn des Krieges‘: ‚‚Wenn Deutschland bis an die Zähne gerüstet ist / Wird ihm ein großes Unrecht geschehen / Und der Trommler wird seinen Krieg führen‘‘ usw. (B. Brecht: Gesammelte Werke in 20 Bänden, Bd. 9, Gedichte 2, Frankfurt 1967, S. 603).

30 Zitiert nach W. Kleinknecht/H. Krieger (Hg.): Materialien für den Geschichtsunterricht. Die Neueste Zeit 1850–1945, Frankfurt/Berlin/Bonn 1965 (Diesterweg), S. 239.

31 Vgl. hierzu A. Ritter (Hg.): Erläuterungen und Dokumente. Günter Grass. Katz und Maus, Stuttgart 1977 (Reclam RUB 8137), die Karten S. 3 ff.

32 Gegen ‚Katz und Maus‘ wurde 1962 ein Indizierungsantrag gestellt wegen der ‚‚zahlreichen Schilderungen von Obszönitäten‘‘ in der Novelle; das Verfahren wurde jedoch eingestellt (vgl. die Dokumentation bei Lo 51 ff.).

33 A. Speer: Erinnerungen, Frankfurt/Berlin 1969, S. 115.

34 H. M. Enzensberger: Einzelheiten, Frankfurt 1962, S. 227 ff.

35 Zu den Einzelnachweisen vgl. die Angaben oben in Anm. 7.

36 H. W. Richter (Hg.): Plädoyer für eine neue Regierung oder Keine Alternative, Reinbek 1965 (Rowohlt-Taschenbuch), S. 96 ff.

37 G. Grass: Über das Selbstverständliche. Reden, Aufsätze, Offene Briefe, Kommentare, Neuwied/Berlin 1968, S. 219. Das Zitat entstammt der Schlußbemerkung ‚Zwischenbilanz‘, die in der dtv-Ausgabe nicht enthalten ist. ‚Über das Selbstverständliche‘ zitieren wir sonst nach der um mehrere Arbeiten angereicherten Taschenbuchausgabe.

38 G. Grass/Pavel Kohout: Briefe über die Grenze. Versuch eines Ost-West-Dialogs, Hamburg 1968.

39 Günter Herburger: Überlebensgroß Herr Grass. Porträt eines Kollegen. In: DIE ZEIT, 4. Juni 1971.

40 M. Frisch: Tagebuch 1966–1971, S. 331 und 334.

41 Rühmkorf: Jahre die Ihr kennt, S. 133 f.

42 Dieses und das nächste Zitat stammen aus einer von Joachim Kaiser angeregten Umfrage ‚Brecht nach zehn Jahren‘, Süddeutsche Zeitung vom 13./14./15. August 1966.

43 Diese und die nachfolgenden Angaben zur Entstehungsgeschichte von ‚örtlich betäubt‘ stammen aus: ad lectores 9, Luchterhand-Verlag, Neuwied/Berlin, September 1969, S. 6.

44 ad lectores, S. 6.

45 M. Frisch: Tagebuch 1966–1971, S. 331.

46 H. L. Arnold: Zeitroman mit Auslegern: Günter Grass‘ ‚örtlich betäubt‘. In: Jurgensen (Hg.): Grass, Kritik, S. 102.

47 M. Durzak: Plädoyer für eine Rezeptionsästhetik. Anmerkungen z. deutschen u. amerikanischen Literaturkritik am Beispiel von Günter Grass’ ‚örtlich betäubt‘. In: ‚Akzente‘ 1971, S. 499.

48 Grass benutzt folgende Dokumentation zur Austreibung der Danziger Juden: Erwin Lichtenstein (Hg.): Die Juden der Freien Stadt Danzig unter der Herrschaft des Nationalsozialismus, Tübingen 1973 (Schriftenreihe Wissenschaftliche Abhandlungen des Leo Baeck Instituts 27), vgl. Ta 40, 334.

49 Diesen Gesichtspunkt verfolgt mein Aufsatz H. B.: Kommunikationsstruktur und Erzählerposition in den Romanen von Günter Grass. ‚Die Blechtrommel‘, ‚Aus dem Tagebuch einer Schnecke‘, ‚Der Butt‘ (vorgesehen für ‚Germanisch-Romanische Monatsschrift‘, Jg. 1980).

50 Vgl. dazu die Belege in meinem in Anm. 7 genannten Buch, vor allem S. 41 ff.

51 ,,Meine Kriechspur zeichnet eine Gesellschaft ... ‘‘. Ein Gespräch mit Günter Grass. In: Bücherkommentare 3/1972.

52 Diese Informationen entnehme ich dem Buch von H. Rölleke: Der wahre Butt. Die wundersamen Wandlungen des Märchens vom Fischer und seiner Frau, Düsseldorf/Köln 1978 und der Besprechung dieses Buches von Thomas B. Schumann: Der wahre Butt. In: Deutsche Zeitung, 13. Oktober 1978.

53 Hartmut Schulze: Matière Grasse im Kulturbetrieb. Warum der ‚Butt‘ ein Bestseller ist. In: literatur konkret, Jg. 1, Heft 1, 12. Oktober 1977, S. 48.

54 Hans Werner Richter: Bruchstücke der Erinnerung. In: Literaturmagazin 7. Nachkriegsliteratur, Reinbek 1977 (Rowohlt Taschenbuch), S. 135 ff.

55 Richter: a. a. O., S. 135.

XI. Zeittafel zu Leben und Werk

1927 Am 16. Oktober 1927 in Danzig geboren.

1933–1944 Volksschule und Gymnasium in Danzig.

1944/45 Luftwaffenhelfer und Soldat, Verwundung, amerikanische Kriegsgefangenschaft in Bayern.

1946 Landarbeiter und Arbeiter in einem Kalibergwerk.

1947 Steinmetzlehre in Düsseldorf, Mitglied einer Jazz-Gruppe.

1948/49 Schüler von Sepp Mages und Otto Pankok an der Düsseldorfer Kunstakademie.

1951 Italienreise bis Palermo.

1952 Autostopreise in Frankreich.

1953 Ansiedlung in Berlin. An der Hochschule für Bildende Künste Schüler des Bildhauers Karl Hartung.

1954 Heiratet die Schweizer Tänzerin Anna Schwarz.

1955 Dritter Preis im Lyrikwettbewerb des Süddeutschen Rundfunks. Erste Lesung vor der ‚Gruppe 47‘ in Berlin. Mehrere Gedichte in ‚Akzente‘. Spanienreise.

1956 Gedichtband ‚Die Vorzüge der Windhühner‘. ‚Die Ballerina‘ in ‚Akzente‘. Übersiedlung nach Paris. Plastik- und Grafikausstellung in Stuttgart.

1957 Uraufführung des Stückes ‚Hochwasser‘ in Frankfurt und des Balletts ‚Stoffreste‘ in Essen. ‚Der Inhalt als Widerstand: Bausteine zur Ästhetik‘ in ‚Akzente‘. Geburt der Söhne Franz und Raoul. Plastik- und Grafikausstellung in Berlin.

1958 Polenreise. Förderpreis vom Kulturkreis im Bundesverband der Deutschen Industrie. Preis der ‚Gruppe 47‘ in Großholzleute/Allgäu. Aufführung von ‚Onkel, Onkel‘ in Köln. ‚Noch zehn Minuten bis Buffalo‘ und ‚Beritten hin und zurück: Ein Vorspiel auf dem Theater‘ in ‚Akzente‘.

1959 ‚Die Blechtrommel‘. Bremer Literaturpreis (von der Jury zuerkannt, vom Senat abgelehnt). Ballett ‚Fünf Köche‘ in Aixles-Bains und Bonn, ‚Zweiunddreißig Zähne‘ im Süddeutschen Rundfunk. Grafikausstellung in Bremen.

1960 Gedichtband ‚Gleisdreieck‘, Rückkehr von Paris nach Berlin, Literaturpreis des Verbandes Deutscher Kritiker.

1961 ‚Katz und Maus‘, Aufführung ‚Die bösen Köche‘ in Berlin. Offener Brief an Anna Seghers. ‚Das Gelegenheitsgedicht ...‘ in ‚Akzente‘, politischer Beitrag ‚Wer wird dieses Bändchen kaufen?‘ in: M. Walser (Hg.): Die Alternative oder brauchen wir eine neue Regierung? Unterstützung für Willy Brandt im Wahlkampf. Geburt der Tochter Laura.

1962 Französischer Literaturpreis ‚Le meilleur livre étranger‘ (für ‚Die Blechtrommel‘). Reisen nach Skandinavien und England.

1963 ‚Hundejahre‘. Aufnahme in die Berliner Akademie der Künste. ‚Eine öffentliche Diskussion‘ im Hessischen Rundfunk.

1964 ‚Goldmäulchen‘ im Werkraumtheater München. ‚Kleine Rede auf Arno Schmidt‘. Rede in der Berliner Akademie zu Shakespeares 400. Geburtstag ‚Vor- und Nachgeschichte der Tragödie des Coriolanus ...‘ Reise in die USA.

1965 Ehrenpromotion des Kenyon-College (USA). Wahlreise für die SPD mit 52 Veranstaltungen. Georg-Büchner-Preis Darmstadt. Reden ‚Über das Selbstverständliche‘ und andere Wahlreden. ‚POUM oder die Vergangenheit fliegt mit: Ein Spiel in einem Akt‘ in: H. W. Richter (Hg.): Plädoyer für eine neue Regierung ... ‘. Geburt des Sohnes Bruno.

1966 Aufführung ‚Die Plebejer proben den Aufstand‘ in Berlin. Amerika-, CSSR-, Ungarnreise. Teilnahme am bayerischen Landtagswahlkampf, ‚Hofnarren‘-Rede in ‚Akzente‘. Verfilmung von ‚Katz und Maus‘.

1967 Gedichtband ‚Ausgefragt‘. Carl-von-Ossietzky-Medaille des Kuratoriums der Internationalen Liga für Menschenrechte (Sektion Berlin). Reise nach Israel. Teilnahme am Wahlkampf in Schleswig-Holstein und in Berlin. Briefwechsel mit Pavel Kohout. Fall Arnold Zweig gegen Springer-Blätter. Rede ‚Über meinen Lehrer Döblin‘. Verschiedene politische Reden.

1968 Politische Essays ‚Über das Selbstverständliche‘. Fontane-Preis Berlin. Rede zum 1. Mai, Mitarbeit im Berliner Bürgerkomitee, Auftritt beim SPD-Parteitag. Politische Reden.

1969 Premiere von ‚Davor‘ in Berlin. ‚örtlich betäubt‘. Theodor-Heuss-Preis. Frühjahr bis Herbst: Wahlreisen durch die Bundesrepublik, ca. 190 Veranstaltungen, Teilnahme am Evangelischen Kirchentag in Stuttgart. Schriftstellerkongreß Belgrad, Rede ‚Literatur und Revolution'. Zahlreiche politische Reden. Südosteuropareise.

1970 Ballett ‚Die Vogelscheuchen' in Berlin. Reise als Begleitung von Willy Brandt nach Warschau. Teilnahme an Wahlkämpfen in Nordrhein-Westfalen und Bayern. Auftritt beim Schriftstellerkongreß in Stuttgart. Zahlreiche politische Reden. Reise in die Sowjetunion.

1969/70 Berater der Städtischen Bühnen Frankfurt.

1971 Wahlkämpfe in Rheinland-Pfalz, Schleswig Holstein, Berlin. Rede zum Dürerjahr in Nürnberg. Affäre mit Heinar Kipphardt. Politische Reden.

1972 ‚Aus dem Tagebuch einer Schnecke'. Griechenlandreise (Einladung der Gesellschaft für das Studium der griechischen Probleme, ‚Rede gegen die Gewöhnung'). Reden zum Bundestagswahlkampf, ca. 130 Veranstaltungen. Landtagswahlkampf Baden-Württemberg. Polenreise.

1973 Israel- und New York-Reise mit Willy Brandt. Bildband ‚Mariazuehren'. Tagung des Europarates Florenz.

1974 Teilnahme am Kongreß der im Exil lebenden tschechischen Reformsozialisten in Bièvres bei Paris (Rede ‚Sieben Thesen zum Demokratischen Sozialismus'). ‚Gesammelte Gedichte'. Politische Reden und Aufsätze ‚Der Bürger und seine Stimme'. Sieben Radierungen und Gedichte ‚Liebe geprüft'. Rücktritt Willy Brandts. Geburt der Tochter Helene.

1975 Indienreise, Rede in Neu-Delhi.

1976 Ehrendoktor der Harvard-University. Zeitschrift 'L 76. Demokratie und Sozialismus'. Autoren-Mitbestimmungsmodell beim Luchterhand-Verlag nach Verhandlungen auch mit den Verlagen Fischer und Hanser. Zwei Einsätze zur Bundestagswahl (zusammen mit S. Lenz). Aufsatz ‚Einige Denkzettel nach der Wahl'.

1977 ‚Der Butt'. Lesungen in USA und Kanada. Premio Internationale Mondello in Italien.

1978 Stiftung des Alfred-Döblin-Preises unter der Schutzherrschaft der Berliner Akademie der Künste. Rede zur Eröffnung der Marbacher Döblin-Ausstellung ‚Im Wettlauf mit den Utopien'. Scheidung von Anna Grass. Mitarbeit am ‚Blechtrommel'-Film. Viareggio-Preis. Asien- und Afrikareise.

1979 ‚Das Treffen in Telgte‘. Film ‚Die Blechtrommel‘ von Volker Schlöndorff (Goldene Palme in Cannes). Heirat mit der Berliner Organistin Ute Grunert in Wewelsfleth bei Glückstadt.

XII. Siglenverzeichnis

Au   G. G.: Ausgefragt. Gedichte und Zeichnungen, Neuwied/
      Berlin [2]1967

Bl   G. G.: Die Blechtrommel. Roman, Neuwied/Berlin [14]1971
      (714 S.)

Blo   P. A. Bloch u. a. (Hg.): Gegenwartsliteratur. Mittel und Be-
      dingungen ihrer Produktion. Eine Dokumentation Bern/
      München 1975. Daraus: G. Grass, Gespräch, S. 213 ff.

Bu   G. G.: Der Butt. Roman, Darmstadt/Neuwied 1977
      (699 S.)

Bü   G. G.: Bürger und seine Stimme. Reden, Aufsätze, Kom-
      mentare, Darmstadt/Neuwied 1974

De   G. G.: Denkzettel. Politische Reden und Aufsätze
      1965–1976, Darmstadt/Neuwied 1979 (Sammlg. Luchter-
      hand 261)

Gl   G. G.: Gleisdreieck, Neuwied/Berlin [2]1967

Hj   G. G.: Hundejahre. Roman, Neuwied 1963 (682 S.)

KM   G. G.: Katz und Maus. Eine Novelle, Reinbek 1963 (Ro-
      wohlt-Taschenbuch, 139 S.)

LC   G. G.: Über meinen Lehrer Döblin und andere Vorträge,
      Literarisches Colloquium, Berlin 1968

Lo   Gert Loschütz (Hg.): Von Buch zu Buch – Günter Grass in
      der Kritik, Neuwied/Berlin 1968

Mb   Rolf Geißler (Hg.): Günter Grass – Ein Materialienbuch,
      Darmstadt/Neuwied 1976 (Sammlg. Luchterhand 214)

ö   G. G.: örtlich betäubt. Roman, Neuwied/Berlin 1969 (358 S.)

PW   H. L. Arnold/F. J. Görtz: Günter Grass – Dokumente zur
      politischen Wirkung, München 1971

Ra   Fritz J. Raddatz: ZEIT-Gespräche, Frankfurt 1978, (Suhr-
      kamp Taschenbuch). Daraus: Günter Grass, ‚Heute lüge
      ich lieber gedruckt‘, S. 7 ff.

Ru   E. Rudolph (Hg.): Protokoll zur Person. Autoren über ihr
      Werk, München 1971. Daraus: Günter Grass, S. 59 ff.

Se   G. G.: Über das Selbstverständliche. Politische Schriften,
      München 1969 (dtv-Taschenbuch)

SP   SP 8/69, 145 = DER SPIEGEL 8/1969, S. 145

Ta   G. G.: Aus dem Tagebuch einer Schnecke, Neuwied/ Darmstadt 1972 (368 S.)

Te   G. G.: Das Treffen in Telgte. Eine Erzählung, Darmstadt/ Neuwied 1979

TK   Text + Kritik, Zeitschrift für Literatur 1/1 a Günter Grass, [5]1978. Daraus: H. L. Arnold: Gespräche mit Günter Grass, S. 1 ff.

TS   G. G.: Theaterspiele, Neuwied/Berlin 1970 (409 S.)

Wh   G. G.: Die Vorzüge der Windhühner, Darmstadt/Neuwied [2]1977

XIII. Literaturhinweise

Werke von Grass nach Gattungen chronologisch, Sekundärliteratur alphabetisch

1. Bibliographien, Hilfsmittel

Cepl-Kaufmann, Gertrude: Günter Grass. Eine Analyse des Gesamtwerkes unter dem Aspekt von Literatur und Politik, Kronberg 1975 (kaum überzeugend in den Analysen, ausführliche bibliographische Angaben, synoptische Tabellen zu Leben und Werk)

Everett, George A.: A Selected Bibliography of Günter Grass (From 1956 to 1973), New York 1974

Görtz, Franz Josef: Kommentierte Auswahl-Bibliographie. In: Text + Kritik 1/1 a Günter Grass, [5]1978, S. 175 ff. (mit knappen Kommentaren zur Sekundärliteratur)

Neuhaus, Volker: Günter Grass, Stuttgart 1979 (Sammlung Metzler M 179) (materialreiche Werkübersicht, Zusammenfassung und Wertung der Grass-Forschung)

O'Neill, Patrick: Günter Grass. A Bibliography 1955–1975, Toronto/Buffalo 1976 (University of Toronto Press) (gründliches Verzeichnis der Grass-Veröffentlichungen und -Übersetzungen, über 1100 Titel zur Sekundärliteratur)

2. Erzählende Texte

Die Blechtrommel, Roman, Neuwied 1959
Katz und Maus. Eine Novelle, Neuwied 1961
Hundejahre. Roman, Neuwied 1963
örtlich betäubt. Roman, Neuwied 1969
Aus dem Tagebuch einer Schnecke, Neuwied 1972
Der Butt. Roman, Neuwied 1977
Das Treffen in Telgte. Eine Erzählung, Neuwied 1979

3. Theater, Funk

Beritten hin und zurück: Ein Vorspiel auf dem Theater. In: Akzente 5/1958, S. 399 ff.
POUM oder die Vergangenheit fliegt mit: Ein Spiel in einem Akt. In: Der Monat 17/207, 1965
Zweiunddreißig Zähne. Süddeutscher Rundfunk 1959
Eine öffentliche Diskussion. Hessischer Rundfunk 1963
Theaterspiele. Neuwied 1970

4. Ballett-Libretti (unveröffentlicht)

Stoffreste. 1957 Stadttheater Essen
Fünf Köche. 1959 Aix-les-Bains und Bonn
Goldmäulchen. 1964 Werkraum-Theater München
Die Vogelscheuchen. 1970 Deutsche Oper Berlin

5. Lyrik

Die Vorzüge der Windhühner, Neuwied 1956
Gleisdreieck, Neuwied 1960
Ausgefragt, Neuwied 1967
Gesammelte Gedichte, Neuwied 1971 (Gedichte aus den drei Lyrikbänden, einzelne Gedichte aus Zss. und den Romanen)
Mariazuehren. Hommageàmarie. Inmarypraise, Fotos Maria Rama, München 1973 (interessant für die Verbindung von Graphik und Lyrik; biographisch bemerkenswerte Fotos)
Liebe geprüft, Bremen 1974

6. Theoretische und politische Schriften

G. G./Pavel Kohout: Briefe über die Grenze. Versuch eines Ost-West-Dialogs, Hamburg 1968
Über das Selbstverständliche, Reden, Aufsätze, Offene Briefe, Kommentare, Neuwied 1968 (enthält Arbeiten bis zum September 1967)

Über meinen Lehrer Döblin und andere Vorträge, Literarisches
Colloquium, Berlin 1968

Über das Selbstverständliche. Politische Schriften, München 1969
(dtv-Taschenbuch; enthält weitere Arbeiten und Reden von
1968/69)

H. L. Arnold/F. J. Görtz (Hg.): Günter Grass – Dokumente zur
politischen Wirkung, München 1971 (zahlreiche anderweitig
nicht nachgedruckte Texte von Grass; Arbeiten und Artikel über
Grass)

Der Bürger und seine Stimme. Reden, Aufsätze, Kommentare,
Neuwied 1974 (Arbeiten und Reden bis zum Februar 1972,
druckt einige Arbeiten aus dem dtv-Band ‚Über das Selbstverständliche‘ nach)

Im Wettlauf mit den Utopien. In: DIE ZEIT, 16. Juni 1978

Denkzettel. Politische Reden und Aufsätze 1965–1976, Neuwied
1978 (Sammlg. Luchterhand 261; Auswahl aus früheren Sammelbänden; vier zuvor in Buchform ungedruckte Arbeiten und
Reden von 1974–1976)

7. Gespräche und Interviews

Kirn, Richard: Sein Zwerg haut auf die Trommel, Frankfurter
Neue Presse, 14. November 1959

Anon.: Bild eines Bestsellerautors, Bonner Generalanzeiger,
18. Oktober 1963

Grunert, Manfred und Barbara (Hg.): Wie stehen Sie dazu? Jugend
fragt Prominente, München/Bern 1967, S. 74ff.

Arnold, H. L.: Ein Gespräch mit Günter Grass. In: Text + Kritik
1/1a, [4]1971 und [5]1978

Rudolph, Ekkehardt, (Hg): Protokoll zur Person. Autoren über sich
und ihr Werk, München 1971. Darin: Günter Grass S. 59ff.

Kurz, Paul Konrad: ‚Meine Kriechspur zeichnet eine Gesellschaft . . .‘. Ein Gespräch mit Günter Grass. In: Bücherkommentare 3/1972

Arnold, H. L.: Gespräche mit Schriftstellern, München 1974, Gespräch mit Günter Grass, S. 74ff.

Bloch, Peter André: Gegenwartsliteratur. Mittel und Bedingungen
ihrer Produktion. Eine Dokumentation, Bern/München 1975.
Darin: Günter Grass, S. 213ff.

Arnold, H. L.: Gespräch mit Günter Grass. In: Text + Kritik 1/1 a, [5]1978, S. 27 ff.

Raddatz, Fritz J.: ZEIT-Gespräche, Frankfurt 1978 (Suhrkamp-Taschenbuch). Darin: Günter Grass, ‚Heute lüge ich lieber gedruckt‘, S. 7 ff. und: Alfred Grosser und Günter Grass, ‚Das Deutschlandbild der Franzosen ist gefährlich‘, S. 61 ff.

8. Sekundärliteratur

Behrendt, Johanna E.: Die Ausweglosigkeit der menschlichen Natur. Eine Interpretation von Günter Grass' ‚Katz und Maus‘. In: Geißler (Hg.): Grass-Materialienbuch, S. 115 ff.

Brode, Hanspeter: Die Zeitgeschichte im erzählenden Werk von Günter Grass. Versuch einer Deutung der ‚Blechtrommel‘ und der ‚Danziger Trilogie‘, Frankfurt/Bern 1977 (Regensburger Beiträge zur deutschen Sprach- und Literaturwissenschaft. Reihe B: Untersuchungen, Bd. 11)

Brode, Hanspeter: Die Zeitgeschichte in der ‚Blechtrommel‘ von Günter Grass. Entwurf eines textinternen Kommunikationsmodells. In: Geißler (Hg.): Grass-Materialienbuch, S. 86 ff.

Brode, Hanspeter: Von Danzig zur Bundesrepublik. Grass' Bücher ‚örtlich betäubt‘ und ‚Aus dem Tagebuch einer Schnecke‘. In: Text + Kritik 1/1 a, [5]1978, S. 74 ff.

Brode, Hanspeter: Kommunikationsstruktur und Erzählerposition in den Romanen von Günter Grass. ‚Die Blechtrommel‘, ‚Aus dem Tagebuch einer Schnecke‘, ‚Der Butt‘. In: Germanisch-Romanische Monatsschrift, ca. 1980

Cepl-Kaufmann, Gertrude: Günter Grass. Eine Analyse des Gesamtwerkes unter dem Aspekt von Literatur und Politik, Kronberg 1975 (Scriptor Literaturwiss. 18)

Durzak, Manfred: Plädoyer für eine Rezeptionsästhetik. Anmerkungen zur deutschen und amerikanischen Literaturkritik am Beispiel von Günter Grass' ‚örtlich betäubt‘. In: Akzente, 1971, S. 487 ff.

Durzak, Manfred: Der deutsche Roman der Gegenwart. Entwicklungsvoraussetzungen und Tendenzen, Berlin/Köln/Mainz [3]1979, vor allem S. 247–327

Geißler, Rolf (Hg.): Günter Grass. Ein Materialienbuch, Neuwied

1976 (Sammlung Luchterhand 214). (Texte von Grass und Analysen über die Lyrik, über Bl, KM, ‚Böse Köche‘, Ta und die politische Arbeit)

Görtz, Franz Josef: Günter Grass. Zur Pathogenese eines Markenbilds. Die Literaturkritik der Massenmedien 1959–1969. Eine Untersuchung mit Hilfe datenverarbeitender Methoden, Meisenheim/Glan 1978 (Hochschulschriften Literaturwiss. 20)

Harscheidt, Michael: Günter Grass. Wort-Zahl-Gott. Der ‚phantastische Realismus‘ in den Hundejahren, Bonn 1976 (Abhandlungen zur Kunst-, Musik- und Literaturwissenschaft, Band 210)

Jurgensen, Manfred (Hg.): Grass. Kritik-Thesen-Analysen, Bern/München 1973 (Queensland Studies in German Language and Literature, Bd. IV), (Sammlung von Essays zu allen Aspekten des Werkes von Grass)

Jurgensen, Manfred: Über Günter Grass. Untersuchungen zur sprachbildlichen Rollenfunktion, Bern/München 1974

Just, Georg: Darstellung und Appell in der ‚Blechtrommel‘ von Günter Grass. Darstellungsästhetik versus Wirkungsästhetik, Frankfurt 1972 (Literatur und Reflexion, Bd. 10)

Kaiser, Gerhard: Günter Grass. Katz und Maus, München 1971 (Literatur im Dialog 1)

Loschütz, Gert (Hg.): Von Buch zu Buch – Günter Grass in der Kritik. Eine Dokumentation, Neuwied 1968 (Sammlung von Kritiken über die bis 1967 erschienenen Werke und zur Person)

Mitscherlich, Alexander und Margarete: Die Unfähigkeit zu trauern. Grundlagen kollektiven Verhaltens, München 1967

Ritter, Alexander (Hg.): Erläuterungen und Dokumente. Günter Grass, Katz und Maus, Stuttgart 1977 (Reclam 8137)

Rölleke, Heinz: Der wahre Butt. Die wundersamen Wandlungen des Märchens vom Fischer und seiner Frau, Düsseldorf/Köln 1978

Rothenberg, Jürgen: Günter Grass – Das Chaos in verbesserter Ausführung. Zeitgeschichte als Thema und Aufgabe des Prosawerks, Heidelberg 1977

Schlöndorff, Volker: ‚Die Blechtrommel‘. Tagebuch einer Verfilmung, Neuwied 1979 (Sammlung Luchterhand 272)

Schlöndorff, V./Grass, G.: Die Blechtrommel als Film, Frankfurt 1979 (Zweitausendeins), (instruktiver Bildband zur Erarbeitung des Films, zeigt auch Schauplätze aus Danzig-Langfuhr)

Schneider, Irmela: Kritische Rezeption. ,Die Blechtrommel' als Modell, Bern/Frankfurt 1975 (Europäische Hochschulschriften, Reihe I, Deutsche Literatur u. Germanistik, Serie I, Bd. 123)

Schwarz, Wilhelm Johannes: Der Erzähler Günter Grass, Bern/München ²1971

Spycher, Peter: Die bösen Köche von Günter Grass – ein ,absurdes' Drama?. In: Geißler (Hg.): Grass-Materialienbuch S. 33 ff.

Tank, Kurt Lothar: günter grass, Berlin 1965 (Köpfe des XX. Jahrhunderts)

Text + Kritik. Zeitschrift für Literatur, hg. von H. L. Arnold, 1/1a, München ⁵1978 (zwei Gespräche mit Grass und Studien zu allen Aspekten seines Werkes)

XIV. Personenregister

(Berücksichtigt sind Text und Anmerkungen)

225

Autorenbücher

*Einführungen für alle Leser deutschsprachiger Gegenwartsliteratur
Herausgegeben von Heinz-Ludwig Arnold
und Ernst-Peter Wieckenberg*

„Hier wird ein pädagogischer Zweck verfolgt . . . Dem Leser, vor allem wohl auch dem Lehrer, der sich mit dem Unterrichtsstoff herumschlägt, soll der Zugang zu den Schriftstellern erleichtert werden; er soll etwas erfahren über den Stand der kritischen Diskussion. Hier sollen Fakten und Argumentationshilfen geliefert werden."
Frankfurter Allgemeine Zeitung

Die bisher erschienenen Bände:

Die Reihe wird fortgesetzt

Verlag C.H. Beck · edition text + kritik · München

TEXT+KRITIK

die Reihe über Autoren

Herausgeber
Heinz Ludwig Arnold

Bisher sind erschienen
und lieferbar:

(1/1 a) Günter Grass
201 Seiten, DM 21,—

(2/3) Hans Henny Jahnn
88 Seiten, DM 7,80

(4/4 a) Georg Trakl
81 Seiten, DM 8,80

(5) Günter Eich
47 Seiten, DM 4,50

(6) Ingeborg Bachmann
61 Seiten, DM 6,80

(7/8) Andreas Gryphius
54 Seiten, DM 6,80

(9/9 a) Politische Lyrik
106 Seiten, DM 9,80

(10/11) Hermann Hesse
122 Seiten, DM 13,50

(12/12 a) Robert Walser
85 Seiten, DM 12,—

(13/14) Alfred Döblin
80 Seiten, DM 8,80

(15/16) Henry James
71 Seiten, DM 6,80

(17) Cesare Pavese
35 Seiten, DM 3,50

(18/19) Heinrich Heine
75 Seiten, DM 9,80

(20/20a) Arno Schmidt
102 Seiten, DM 12,—

(21/22) Robert Musil
87 Seiten, DM 8,80

(23) Nelly Sachs
51 Seiten, DM 4,50

(24/24 a) Peter Handke
151 Seiten, DM 14,50

(25) Konkrete Poesie I
47 Seiten, DM 6,50

**(26/27) Lessing contra
Goeze,** 81 Seiten,
DM 7,80

(28) Elias Canetti
59 Seiten, DM 5,50

(29) Kurt Tucholsky
49 Seiten, DM 6,—

(30) Konkrete Poesie II
55 Seiten, DM 5,50

(31/32) Walter Benjamin
92 Seiten, DM 8,80

(33) Heinrich Böll
71 Seiten, DM 8,—

(34) Wolfgang Koeppen
60 Seiten, DM 6,—

(35/36) Kurt Schwitters
87 Seiten, DM 8,80

(37) Peter Weiss
48 Seiten, DM 5,50

(38) Anna Seghers
46 Seiten, DM 5,50

(39/40) Georg Lukács
90 Seiten, DM 9,80

(41/42) Martin Walser
86 Seiten, DM 9,80

(43) Thomas Bernhard
56 Seiten, DM 6,—

(44) Gottfried Benn
55 Seiten, DM 6,50

(45) Max von der Grün
53 Seiten, DM 6,50

(46) Christa Wolf
56 Seiten, DM 6,50

(47/48) Max Frisch
104 Seiten, DM 12,—

(49) H. M. Enzensberger
67 Seiten, DM 7,80

**(50/51) Friedrich
Dürrenmatt I**
110 Seiten, DM 13,50

(52) Siegfried Lenz
54 Seiten, DM 8,—

(53/54) Paul Celan
106 Seiten, DM 13,50

(55) Volker Braun
65 Seiten, DM 6,50

**(56) Friedrich
Dürrenmatt II**
67 Seiten, DM 8,—

(57) Franz Xaver Kroetz
65 Seiten, DM 8,—

(58) Rolf Hochhuth
67 Seiten, DM 8,—

(59) Wolfgang Bauer
53 Seiten, DM 8,—

(60) Franz Mon
80 Seiten, DM 9,80

(61/62) Alfred Andersch
125 Seiten, DM 15,—

(63) Ital. Neorealismus
Juli 1979

(64) Marieluise Fleißer
Oktober 1979

Sonderbände

Jean Paul
145 Seiten, DM 12,20

Heinrich Mann
160 Seiten, DM 14,80

Bertolt Brecht I
165 Seiten, DM 14,50

Bertolt Brecht II
228 Seiten, DM 18,50

Joseph Roth
140 Seiten, DM 16,50

Karl Kraus
243 Seiten, DM 19,50

Thomas Mann
226 Seiten, DM 19,50

Theodor W. Adorno
194 Seiten, DM 19,50

**Jahrbuch
Offene Literatur**
228 Seiten, DM 24,—

Georg Büchner I/II
März 1979